UTB **2360**

Eine Arbeitsgemeinschaft der Verlage

Böhlau Verlag · Köln · Weimar · Wien
Verlag Barbara Budrich · Opladen · Farmington Hills
facultas.wuv · Wien
Wilhelm Fink · München
A. Francke Verlag · Tübingen und Basel
Haupt Verlag · Bern · Stuttgart · Wien
Julius Klinkhardt Verlagsbuchhandlung · Bad Heilbrunn
Lucius & Lucius Verlagsgesellschaft · Stuttgart
Mohr Siebeck · Tübingen
Orell Füssli Verlag · Zürich
Ernst Reinhardt Verlag · München · Basel
Ferdinand Schöningh · Paderborn · München · Wien · Zürich
Eugen Ulmer Verlag · Stuttgart
UVK Verlagsgesellschaft · Konstanz
Vandenhoeck & Ruprecht · Göttingen
vdf Hochschulverlag AG an der ETH Zürich

Margot Berghaus

Luhmann leicht gemacht

Eine Einführung in die Systemtheorie

2., überarbeitete und ergänzte Auflage

BÖHLAU VERLAG KÖLN WEIMAR WIEN · 2004

Margot Berghaus war Professorin für Medien- und Kommunikationswissenschaft an der Universität Mannheim.

Bibliografische Information der Deutschen Bibliothek:

Die Deutsche Nationalbibliothek verzeichnet diese Publikation in der Deutschen Nationalbibliografie; detaillierte bibliografische Daten sind im Internet über http://dnb.ddb.de abrufbar.

ISBN 978-3-8252-2360-1 (UTB)
ISBN 978-3-412-09204-7 (Böhlau)

2. Auflage 2004
1. Auflage 2002

© 2004 by Böhlau Verlag GmbH & Cie, Köln Weimar Wien
Ursulaplatz 1, D-50668 Köln, www.boehlau.de

Alle Rechte vorbehalten. Dieses Werk ist urheberrechtlich geschützt. Jede Verwertung außerhalb der engen Grenzen des Urheberrechtsgesetzes ist unzulässig.

Einbandgestaltung: Atelier Reichert, Stuttgart
Druck und Bindung: AALEXX Buchproduktion GmbH, Großburgwedel
Gedruckt auf chlor- und säurefreiem Papier. Das eingesetzte Papier stammt aus nachhaltig bewirtschafteten Wäldern.
Printed in Germany

ISBN 978-3-8252-2360-1

Inhalt

KAPITEL 1 – ZUM BUCH

1. Ziel: Vom „Buhmann" zu Luhmann 11
2. Vorgehen: Reduktion von Komplexität 12

KAPITEL 2 – LUHMANN: PERSON UND WERK

1. Biografie: zufällig 14
2. Lebenswerk: Theorie der Gesellschaft 16
3. Luhmann-Habermas-Kontroverse 19
4. Arbeitsweise: Kommunikation mit Zettelkästen 22

KAPITEL 3 – SYSTEMTHEORIE

1. Diese „Supertheorie" ist super und universell 24
2. Systemtheorie plus Konstruktivismus 26
3. Ein „beobachtungstheoretischer" Ansatz... 29
4. ... für Systeme allgemein, die Gesellschaft und ihre Funktionssysteme 31
5. Biologische, psychische und soziale Systeme – bloß keine menschlichen 32
6. Exkurs über die Unzulänglichkeit sprachlicher und bildlicher Darstellung 35

KAPITEL 4 – SYSTEME

1. Systeme sind, was sie tun: sie „operieren" 39
2. Operationen erzeugen „Differenz zur Umwelt" 40
   1. Welt ist „unerreichbar" fern, Umwelt jedoch „systemrelativ" nah 40
   2. In System/Umwelt-Differenz *operieren* Systeme 42
   3. In System/Umwelt-Differenz (Selbstreferenz/Fremdreferenz) *beobachten* Systeme 44
   4. So werden Systeme auch von außen beobachtet 47
   5. So beobachten Systeme auch sich selbst 49
3. Systeme machen sich selbst in „Autopoiesis" 51
   1. Von anderen gemacht ist kein System 51
   2. Systeme operieren und operieren und operieren – „anschlussfähig" 54
   3. Die Evolution produziert Ausdifferenzierung 55
   4. Gleichzeitig (umwelt-)offen und (operativ) geschlossen 56

KAPITEL 5 – SOZIALE SYSTEME

1. Soziale Systeme sind, was sie tun: sie „kommunizieren" 61
2. Gesellschaft, Organisationen, Interaktionen – alles soziale Systeme 62
3. Nur soziale Systeme kommunizieren – Menschen sind draußen 63
4. Auch menschliches Bewusstsein ist draußen 67
   1. Soziale und psychische Systeme operieren getrennt.................. 68
   2. ... aber wechselseitig abhängig in "Interpenetration" 69

KAPITEL 6 – KOMMUNIKATION

1. Robust und formelastisch 73
2. Kommunikation hat die Wahl 75
3. Stück mit zwei Akteuren in drei Akten 76
   1. Akt eins, Auftritt Alter: ‚Was finde ich informativ?' 78
   2. Akt zwei, Alter: ‚Was davon teile ich bloß mit?' 80
   3. Akt drei, Auftritt Ego: ‚Aha, mir wird was mitgeteilt – selektiv!' 82
4. Kommunikation ganz neu aufgefasst 86
   1. Nicht der Mensch, nur die Kommunikation kommuniziert 86
   2. Keine Übertragung von Information 87
   3. Der Sender ist nicht mehr der Boss 88
   4. Nicht Verständigung/„Konsens", sondern Differenz 89
   5. Aufrichtigkeit ist nicht kommunizierbar 92
5. Kommunikation konkret, Beispiel Massenkommunikation 94

KAPITEL 7 – ANSCHLUSSKOMMUNIKATION

1. Kommunikation läuft und läuft und läuft... 97
2. Gleichsam Akt vier, Anschlusskommunikation: Ego wird zu Alter 98
3. Anschlusskommunikation konkret, Beispiel Massenkommunikation 101
4. Kommunikation über Kommunikation 102
5. Erfolg von Kommunikation 104

KAPITEL 8 – DOPPELTE KONTINGENZ UND MEDIEN

1. Kommunikation ist „unwahrscheinlich" 107
2. Selektionen sind „kontingent" und „doppelt kontingent" 108
3. Mit „Medien" klappt alles etwas wahrscheinlicher 110
4. „Medien" erlauben „Formen" 111
5. Luhmanns Medien-Liste 115

KAPITEL 9 – SINN

1. Sinn ist so unvermeidlich wie die Welt 118
2. Sinnvoll wird die Welt beobachtet, psychisch und sozial 121
3. Drei Sinndimensionen – drei Weltdimensionen 122

KAPITEL 10 – SPRACHE

1. „Laut" und „Sinn" – für Bewusstsein und Kommunikation 124
2. Kommunikationsmedium Nr. 1, „Muse der Gesellschaft" 127
3. Exkurs: Nichtsprachliche Kommunikation – gibt es die? 128
4. Fortsetzung Exkurs: Ja! Aber zu Sonderbedingungen 131
5. Neben der „realen Realität" eine „zweite Realität" 133
6. Neben der Zeit der realen Realität eine zweite Zeit 135
7. Deine Rede sei „Ja, Ja – Nein, Nein"! 136
8. Ja oder Nein, gelogen oder ungelogen – der Sprache ist das gleich ... 138

KAPITEL 11 – SCHRIFT

1. Sprache „optisch" – anfangs unkommunikativ 140
2. „Verbreitungs"medium Nr. 1 für breitere Kommunikation 141
3. Gesellschaften mit Schrift sind „katastrophal anders" 143
4. So ist Kommunikation sogar besonders kommunikativ 146
5. Erneut neue Realitätsebenen 150
6. Ganz neue Bedeutung von Zeit und Raum 153
    1. Gleichzeitig abwesend und kommunizieren 153
    2. „Selbstgemachtes soziales Gedächtnis" 155
7. Schreiben kannst du auch „Vielleicht" 156
8. Kritik – schriftlich gänzlich ungeniert 158

KAPITEL 12 – BUCHDRUCK

1. Erneute Revolution der Kommunikation 160
2. Gedrucktes orientiert sich am Markt 161
3. Distanz zum Autor – Distanz zur Autorität 162
4. Wissen systematisiert, Sprachen standardisiert 164
5. Zeit wertvoll, Denken linear 166
6. Lob des Neuen 167
7. Liebe ist – wie im Roman 170
8. Gedrucktes für Beobachtung und Selbstbeobachtung der Gesellschaft 171

KAPITEL 13 – ELEKTRONISCHE MEDIEN

1. Wieder alles anders durch Film, Fernsehen und Computer 175
2. Film und Fernsehen schaffen eine „Alibi-Realität" – glaubwürdig 176
3. Wo bleibt denn hier die Kommunikation? 179
4. Computer-Kommunikation: *von, mit* oder *mittels* Computer 180
5. Un-„autoritär", a-„sozial", „sinn"-frei... 182
6. ... und „azentrisch": Weltkommunikation und Weltgesellschaft verwirklicht 184

KAPITEL 14 – MASSENMEDIEN

1. Verbreitungsmedien in besonderer gesellschaftlicher Funktion 187
2. Typisch: ohne Interaktion mit massenhaft Kommunikation 189
3. Technik macht Kontaktunterbrechung – Kontaktunterbrechung macht *System* 191
4. Die Realität der Massenmedien ist zwei Realitäten 194
5. Bloß keine „Verzerrungen"! 196
6. Mit „Information/Nichtinformation" sind Massenmedien in Form 198
7. Verderbliche Ware zum Einmalgebrauch. Darum: Tempo! 200

KAPITEL 15 – NACHRICHTEN UND BERICHTE

1. Nachrichten und Berichte sagen „wahr", mehr oder weniger „aktuell"...... 204
2. Seligiert wird nackte Wahrheit – vorzugsweise wahre Nacktheit 205
3. Immer dabei: „Manipulationsverdacht" 207
4. Zehn „Selektoren" konstruieren Informationen 209
5. So werden Nachrichten und Berichte *gemacht* 213

KAPITEL 16 – WERBUNG

1. Werbung täuscht – ehrlich gesagt 215
2. Und leistet „Beihilfe zur Selbsttäuschung" 216
3. Latente Funktion: Leute ohne Geschmack mit Geschmack versorgen 217
4. Werbung und Mode wollen stets Neues. Darum: Tempo! 219
5. Werbung wie Alltagskultur: Balance zwischen Zwang und Freiheit 220

Inhalt

KAPITEL 17 – UNTERHALTUNG

1. Die „reale Realität" öffnet ein Fenster zu ‚Fenster im Hof' 222
2. Informationen für eine „zweite Realität" 224
   1. Fiktionale Unterhaltung mit Happy Anfang und End – plausibel 224
   2. Inszenierte Unterhaltung – glaubwürdig 227
3. So lernen Kulturen das Inszenieren und Beobachten 229
4. Unterhaltung „re-imprägniert", was man ohnehin weiß und ist 230
5. Der „Witz": Rückschlüsse auf sich selbst und „Selbstverortung" 232

KAPITEL 18 – MASSENMEDIEN, FORTSETZUNG

1. Medien, Menschen, Gesellschaft – „strukturell gekoppelt" 236
2. Das klappt mit Schema und Thema 238
3. Massenmedien erzeugen Gewissheit, „soziales Gedächtnis" 242
4. Massenmedien erzeugen Ungewissheit, „Irritation" 245
   1. Sie halten der Gesellschaft Mängel vor – irritierend 246
   2. Ihr Wissen ist „doppelbödig" – irritierend 248
5. Realität konstruiert – Konstruktion real 251
6. Konsens oder nicht Konsens, das ist die Frage 253

KAPITEL 19 – ÖFFENTLICHE MEINUNG

1. Öffentlichkeit heißt: von außen beobachtet werden 256
2. Peep auf Politik 258
3. Eben nicht *Meinungen*, sondern *Themen* 261
4. Jede Menge Mängel, Konflikte und Moral 265
5. Konstruktion gegen Komplexität 266

KAPITEL 20 – GESELLSCHAFTLICHE SELBSTBESCHREIBUNG ALS KONSTRUKT – FAZIT I

1. Realität erster und zweiter Ordnung, Kybernetik erster und zweiter Ordnung 269
2. Konstruktion unvermeidbar 272
3. Selbstbeschreibung der Gesellschaft – paradox 273
4. … mit blindem Fleck 274

KAPITEL 21 – EVOLUTION VON KOMMUNIKATION UND GESELLSCHAFT – FAZIT II

1. Drei Steine im Brunnen: System, Kommunikation, Evolution 279
2. Kommunikation und Gesellschaft – *eine* Evolution 280
3. Von Archaisch über Hochkulturen zur Weltgesellschaft 282
4. Wohin geht es? Ausblicke 286
   1. Die Gesellschaft beobachtet ihre Zukunft – Risiko 287
   2. Die Kommunikation evoluiert – grenzenlos 290
5. Luhmann – weitergeführt 295

LITERATUR 298

ZU DEN ABBILDUNGEN 302

Kapitel 1 – Zum Buch

1.1 Ziel: Vom „Buhmann" zu Luhmann

- Am Anfang steht nicht Identität, sondern Differenz
- Kommunikation ist unwahrscheinlich und riskant
- Einmal in Kommunikation verstrickt, kehrt man nie mehr ins Paradies der einfachen Seelen zurück
- Nur soziale Systeme kommunizieren, nicht Menschen
- Die Sprache ist die Muse der Gesellschaft
- Mit der Sprache kommen Irrtum, Täuschung, Lüge in die Welt
- Schon mit der Schrift beginnt die Telekommunikation
- Schrift und Druck sind kommunikativer als mündliche Sprache
- Massenmedien verzerren nicht die Realität, sie erzeugen sie
- Presse, Hörfunk und Fernsehen bestimmen die Art, wie die Welt gelesen wird, z.B. wer die Guten und wer die Bösen sind
- Werbung nimmt die Todsünde moderner Massenmedien auf sich: Manipulationsverdacht
- Die Medien dirigieren die Selbstbeobachtung der Gesellschaft
- Öffentliche Meinung ist zum Mitlaufen
- Die Weltgesellschaft ist schon verwirklicht

Das sind einige der provokanten Aussagen Niklas Luhmanns. Viele unserer vertrauten, scheinbaren Gewissheiten werden von ihm aus dem Sattel gehoben, und zwar nicht durch bloße Behauptungen, sondern in einem komplexen, überzeugenden Theoriegebäude. Worauf Luhmann den Blick bei der Gesellschaft und anderen sozialen Systemen, bei Kommunikation, Sprache, Schrift, Massenmedien, Werbung, öffentlicher Meinung usw. lenkt, hilft wesentlich zu einem neuen Zugang sowohl im Alltag wie in der wissenschaftlichen Analyse. Seine zunächst ungewohnte Definition von Kommunikation beispielsweise erweist sich praktisch als sehr nützlich.

    Als ich das erste Mal „Luhmann" in meinen Computer eintippte, hielt das Schreibprogramm den Namen für einen Tippfehler und machte mir den Korrekturvorschlag „Buhmann". Tatsächlich kommt vielen potentiellen Interessenten, die eigentlich diese Systemtheorie gern näher kennenlernen würden, Luhmann zunächst wie ein „Buhmann" vor, der abschreckt, weil er so kompliziert und schwer verständlich scheint. Dabei ist das Denken und Schreiben dieses Autors klar wie Glas. Es ist allerdings anfangs ungewohnt, abstrakt und höchst komplex mit einer hohen Einstiegsbarriere. Inzwischen ist mein Computer Luhmann-Fan. Das sollen auch die Leser dieses Einführungsbuches werden. Ziel des Buches ist, den Kern seiner allgemeinen Systemtheorie samt Anwendung auf Kommunikation, Medien und Massenmedien so aufzuschließen, dass der Zugang einfach und einladend wird – kurz: vom „Buhmann" zu Luhmann zu führen.

Abb. 1.1 Ziel: vom „Buhmann" zu Luhmann

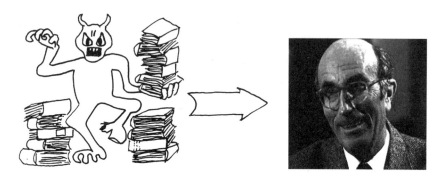

1.2 Vorgehen: Reduktion von Komplexität

Der Titel „Luhmann leicht gemacht" ist Programm. Es ist alles getan, um einen leichten, gut verständlichen, aber keineswegs oberflächlichen Zugang zu schaffen. Dieser führt (1) über die Interpretation des Autors im Text, (2) über Veranschaulichungen in Abbildungen, Schaubildern, Tabellen, Karikaturen und (3) über zusammengestellte, eingerückte Zitatpassagen. Text und Bilder enthalten zahlreiche Anwendungsbeispiele, vielfach aus den Massenmedien, aber auch aus verschiedenen anderen vertrauten Kontexten, die sämtlich – sofern nicht ausdrücklich anders vermerkt – nicht von Luhmann stammen, sondern hier zugefügt wurden, um die theoretischen Aussagen konkret zu machen. Die Zitate dagegen sind alle – bis auf wenige, gekennzeichnete Ausnahmen – wörtlich Luhmann; aus welchen Werken, ist nach der Literaturliste entschlüsselbar.

Die einfache Darstellung, gar noch mit Bildern, mag mancher als zu simpel kritisieren. Ich berufe mich aber auch dabei auf den Autor, der sogar seine eigene, doch höchst komplexe Darstellung als Verkürzung empfand:

„Die Darstellung der Theorie praktiziert mithin, was sie empfiehlt, an sich selbst: Reduktion von Komplexität." (1984, 12; vergl. auch 1992d sowie 1997, 144)

1.2 Vorgehen: Reduktion von Komplexität

Abb. 1.2 Vorgehen: Reduktion von Komplexität

Durch 21 Kapitel geht der Weg vom Allgemeinen zum Spezielleren und dann wieder ins Allgemeine:

- ➢ Die Kapitel 1-9 führen in die Grundzüge und Grundbegriffe der Theorie ein. Dazu gehören: ein allgemeiner Überblick und dann Kapitel über Systemtheorie, Systeme, soziale Systeme, Kommunikation, Anschlusskommunikation, doppelte Kontingenz, Medien und Sinn.
- ➢ Auf dieser allgemeinen Basis wird in den Kapiteln 10-19 die Theorie auf einen spezielleren Themenbereich – nämlich Kommunikation und Massenmedien samt Kontext – angewendet. Der Bereich bildet einen inhaltlichen Schwerpunkt in diesem Einführungsbuch. Die einzelnen Themen sind: Sprache, Schrift, Druck, elektronische Medien, das Massenmedien-System mit gesonderten Kapiteln zu Nachrichten und Berichten, Werbung sowie Unterhaltung, schließlich öffentliche Meinung.
- ➢ Am Ende stehen Kapitel 20 und 21 als allgemein zusammenfassende Schlusskapitel über die Selbstbeschreibung der Gesellschaft und die Evolution der Kommunikation samt Ausblick und samt einer kleinen eigenen Weiterführung.

Kapitel 2 – Luhmann: Person und Werk

2.1 Biografie: zufällig

Wie lässt sich eine Person beschreiben? Auf jeden Fall unzulänglich. Und schon gar jemand wie Niklas Luhmann, der persönlich etwas Rätselhaftes, Sphinxhaftes ausstrahlte und dessen Werk von einer einschüchternden Monumentalität ist. Zu den Fakten: ein Lebenslauf könnte folgende Daten enthalten.

Abb. 2.1 Curriculum Vitae von Niklas Luhmann

Curriculum Vitae

8. 12. 1927	Geburt in Lüneburg. Eltern: Brauereibesitzer und Schweizer Hoteliersstochter. Aufwachsen in bürgerlichen wirtschaftlichen Verhältnissen
1944	Luftwaffenhelfer
1945	Amerikanische Kriegsgefangenschaft
1946-1950	Jurastudium, 1. und 2. Staatsexamen
1954-1960	Tätigkeiten in der öffentlichen Verwaltung: Oberverwaltungsgericht Lüneburg und Kultusministerium Niedersachsen
1960	Heirat
1960-1961	Studium der Soziologie an der Harvard University/USA bei Talcott Parsons
1962-1965	Referent an der Hochschule für Verwaltungswissenschaft Speyer
1965	Abteilungsleiter an der Sozialforschungsstelle in Dortmund
1966	Dissertation und Habilitation in Münster bei Helmut Schelsky und Dieter Claessens
1968	Professor für Soziologie an der Universität Bielefeld
1977	Tod der Ehefrau
1993	Emeritierung in Bielefeld
1964-1998	Zahlreiche Veröffentlichungen Ehrungen, Preise, Festschriften, Ehrendoktorwürden
6. 11. 1998	Tod in Oerlinghausen bei Bielefeld

2.1 Biografie: zufällig

Luhmann selbst betont die **Zufälligkeit der Biografie**, die allerdings Anlass ist für eine spezifische Sensibilität, etwas daraus zu machen.

„Eine Biographie ist eine Sammlung von Zufällen, das Kontinuierliche besteht in der Sensibilität für Zufälle. Insofern kann man auch bezüglich meiner Biographie von einer Kette von Zufällen sprechen: der politische Umbruch 1945, den ich mit offenen Augen erlebte; das Jurastudium, in dem man eine Reihe von Organisationstricks lernte und zugleich eine Art Augenmaß, was mich, nebenbei gesagt, für immer für Selbstverwaltung in Universitäten verdorben hat; und dann natürlich die Beschäftigung mit Parsons und Husserl, also die Zusammenschließung von Sinnanalyse und Funktionsbegriff." (2001a, 16 f)

Was lässt sich noch an Persönlichem in Erfahrung bringen? Luhmann ist verheiratet, die Frau stirbt früh; er hat Kinder, mit denen samt ihrer „ganzen Jugendkultur" er gerne zusammen ist; einen Hund, mit dem er gern spazieren geht; Studenten, die ihn bewundern, mögen, verehren – aber eher in überschaubaren Zirkeln als in riesigen Auditorien; Professoren-Kollegen in Universitäts-Gremien, mit denen er sich schwer tut. Während seiner Bielefelder Zeit wohnt er ländlich, liest und schreibt – wenn es seine Zeit erlaubt – von morgens bis abends, und zwar mit Vergnügen: „**Ich tue immer nur das, was mir leichtfällt.**" (2001a, 29). In einem Interview von 1987 nach persönlichen Wünschen gefragt, fallen ihm keine ein, außer:

„Ich mag Sonne, zum Beispiel. Ich mag gerne in der Sonne arbeiten. […]
Wenn ich mir etwas wünsche, dann ist es mehr Zeit. […] Ich könnte mir also vorstellen, daß für mich der Tag 30 Stunden hat, für den anderen dagegen nur 24. Die anderen müßten dann immer schon schlafen, wenn ich noch alles mögliche tue. […]
Ich würde ganz gerne noch andere Sachen studieren, zum Beispiel Mathematik und Wirtschaftswissenschaften." (2001a, 22 f)

Was in der Erinnerung an ihn häufig angeführt wird und ebenfalls in seinem Werk stets durchschimmert, ist sein **Humor – in vielen Facetten**: als Witz, scharfsinnige Ironie, fröhlicher Zynismus, Heiterkeit, Schmunzeln, Verschmitztheit. Allerdings ohne jeden Anflug von Kumpelhaftigkeit; es bleibt immer eine Distanz (vergl. die vielen Zeugnisse in: Bardmann/Baecker 1999). Seine Komik hat auch subversive Züge. In seiner Theorie passt dazu die Hervorhebung der Paradoxie und das durchgängige Muster, alles Vertraute gegen den Strich zu streicheln; es reizt ihn „die radikalste Torpedierung normaler Schiffe", konkret: der rigorose Bruch mit traditionellen Denkweisen (2002b, 196). Dazu gehört auch in seinem Auftreten gegenüber Universitätsinstanzen wohl eine permanente Widerborstigkeit in verbindlicher Form; gegenüber modisch-politischen Moralansinnen die Freude am Politisch-Unkorrekten; und in seinen Seminaren manchmal eine pure Lust am Unsinn. Berühmt sind seine Beispiele: im Zusammenhang der Gentechnik-Debatte etwa der „Vorschlag, die

Gentechniker sollten Äpfel mit den gentechnischen Merkmalen von Glühwürmchen kreuzen, damit man die Äpfel auch bei Nacht pflücken könne" (Kruckis 1999, 49).
Sein Humor führt manchmal zu Irritationen, auch bei Lesern. So wurde ich bei folgender Aussage in „Soziale Systeme", die mir unsinnig erschien, irre an meinem Luhmann-Verständnis:

> Eine Gesellschaft „ist ein vollständig und ausnahmslos geschlossenes System. Das unterscheidet sie von allen anderen sozialen Systemen, also vor allem von Interaktionssystemen, die kommunikative Beziehungen mit ihrer Umwelt aufnehmen, Neuankömmlinge begrüßen, Beschlüsse mitteilen können, und so weiter." (1984, 557)

Unsinnig insofern, als nach Luhmann *jedes* System operativ geschlossen ist (vergl. unten Kap. 4.3.4.). In einem Interview stieß ich dann auf die Lösung. Luhmann sagt da nämlich:

> „**In allen Büchern ist irgendein heimlicher Unsinn drin**, der nicht immer entdeckt wird, aber auch in den Vorlesungen kommt viel dieser Art vor, um eine Orthodoxisierung des Lehrguts zu vermeiden. Das geschieht in der Absicht, zur Reflexion anzustoßen oder zum Weiterdenken anzuregen, ohne irgendwie zu zügeln. Abgesehen davon aber liegt es mir auch vom Naturell her." (1992b, 103, Hervorhebung durch M.B.)

2.2 Lebenswerk: Theorie der Gesellschaft

Luhmanns Lebenswerk ist und sollte sein: eine „Theorie der Gesellschaft". Ein Jahr vor seinem Tod gibt er folgenden Rückblick:

> „Bei meiner Aufnahme in die 1969 gegründete Fakultät für Soziologie der Universität Bielefeld fand ich mich konfrontiert mit der Aufforderung, Forschungsprojekte zu benennen, an denen ich arbeite. Mein Projekt lautete damals und seitdem: Theorie der Gesellschaft; Laufzeit: 30 Jahre; Kosten: keine." (1997, 11)

Seine Theorie der Gesellschaft versteht er als einen „Beitrag zur Selbstbeschreibung der Gesellschaft". *Selbst*beschreibung – das enthält seinen Ansatz: Man kann unmöglich die Gesellschaft von außen als ein Außenstehender beobachten und beschreiben, denn jeder ist ebenfalls Teil der Gesellschaft. Deswegen ist auch eine soziologische Theorie über die Gesellschaft ein Beitrag zur gesellschaftlichen Selbstbeschreibung. (Massenmedien beteiligen sich ebenfalls an der Selbstbeschreibung der Gesellschaft.) Dieses ist eine paradoxe Ausgangslage mit großen Konsequenzen: Es handelt sich zugleich um eine Beschreibung *über* die Gesellschaft *in* der Gesellschaft. Dieses zu wenig zu beachten wirft er anderen soziologischen Theorien vor (vergl. z.B. 1992b, 137 ff

2.2 Lebenswerk: Theorie der Gesellschaft

sowie unten Kap. 20). Darum ist bei Luhmann fast ‚alles anders'. Das hat Methode und verfolgt ein bestimmtes Ziel.

Es wird „um Generierung von Theorien gehen, die eine **Distanz zu den Selbstverständlichkeiten des Alltags** in Kauf nehmen, ja bewußt erzeugen, um ein abstrakter gesichertes Konsistenzniveau zu erreichen. Man könnte an eine Wiederbelebung der Paradoxierungstechnik der klassischen Rhetorik denken, die genau dieses Ziel verfolgte, Probleme anders und im Hinblick auf neuartige Lösungen zu formulieren." (1997, 1133; Hervorhebung durch M.B.)

An dieser Theorie – mit Untertheorien zu Unterthemen – hat er tatsächlich, wie 1969 vorhergesagt, dann noch fast 30 Jahre gearbeitet. Und war dabei unglaublich produktiv: Sein Schriftenverzeichnis umfasst mehr als 70 selbständige Schriften und mehr als 450 Aufsätze. Hinzu kommt sein enorm breites Themenspektrum (vergl. seine Literaturliste bei Schiermeyer/Schmidt 1998 oder bei Krause 2001). Und doch kann man das Ganze als *Einheit* verstehen und bei der Lektüre zeitlich vor- und zurückspringen, ohne auf größere Brüche zu stoßen. Rückblickend unterteilt Luhmann sein Werk in drei Phasen plus Vorlauf. Danach lässt es sich so gliedern:

0. Ende der 50er-Jahre beginnen die Veröffentlichungen. Zu den frühen Büchern und Aufsätzen gehören: „Funktionen und Folgen formaler Organisationen" (1964), „Macht" (1975), „Gesellschaftsstruktur und Semantik" (Band 1, 1980) sowie eine gemeinsame Publikation mit Jürgen Habermas („Theorie der Gesellschaft oder Sozialtechnologie", 1971). Auch Massenmedien sind schon Thema („Veränderungen im System gesellschaftlicher Kommunikation und die Massenmedien", 1975), ferner Öffentlichkeit und öffentliche Meinung. Später beurteilt er diese Phase als **Probelauf für die Theorie der Gesellschaft:** „alles noch Nullserie der Theorieproduktion" (2001a, 25).
I. 1984 erscheint für das Gesamt-Lebenswerk „das **‚Einleitungskapitel' in der Form eines Buches unter dem Titel ‚Soziale Systeme: Grundriß einer allgemeinen Theorie'"** (1997, 11; Hervorhebung durch M.B.). Hier werden die Grundbegriffe der Theorie wirklich grundlegend und allgemein, das heißt relativ abstrakt dargestellt: System und Umwelt, Sinn, doppelte Kontingenz, Kommunikation usw. Die Ausführungen bleiben fundamental für sein ganzes Werk; bei Unklarheiten können Leser hier immer gleichsam nachschlagen. Luhmann sieht durchaus, dass die Abstraktion „eine Zumutung für den Leser" darstellt, aber sie ist hier „eine erkenntnistheoretische Notwendigkeit" (1984, 13).
II. In den folgenden Jahren geht es um die **Anwendung der allgemeinen Gesellschaftstheorie auf konkrete gesellschaftliche Bereiche, das heißt**

Funktionssysteme. Die moderne Gesellschaft zeichnet sich ja dadurch aus, dass die verschiedenen gesellschaftlichen Aufgaben – politische, wirtschaftliche, rechtliche, wissenschaftliche usw. – jeweils von eigenen Spezialsystemen übernommen wurden. „Die *Vergleichbarkeit* der Funktionssysteme" hat nun große Bedeutung für die Überprüfung der allgemeinen Gesellschaftstheorie: „Wenn sich zeigen läßt, daß sehr heterogene Funktionsbereiche wie Wissenschaft und Recht, Wirtschaft und Politik, Massenmedien und Intimbeziehungen vergleichbare Strukturen ausweisen" und man diese mit dem Instrument der allgemeinen Theorie des Gesellschaftssystems untersuchen kann, ist die Bewährungsprobe für die Theorie bestanden (1997,12).

Folgerichtig untersucht Luhmann nacheinander die verschiedenen gesellschaftlichen Funktionsbereiche: „Die Wirtschaft der Gesellschaft" (1988), „Die Wissenschaft der Gesellschaft" (1990), „Das Recht der Gesellschaft" (1993) und „Die Kunst der Gesellschaft" (1995). In diese Reihe kann man vielleicht auch schon „Liebe als Passion" (1982) stellen. „Die Realität der Massenmedien" (1996) gehört sicher dazu. Nach seinem Tod erscheinen „Die Politik der Gesellschaft" (2000), „Die Religion der Gesellschaft" (2000) und „Das Erziehungssystem der Gesellschaft" (2002a). Es zeigt sich tatsächlich, dass alle Funktionssysteme „bei aller Sachverschiedenheit vergleichbare Strukturen aufweisen" (1995a, 7).

III. 1997 erscheint dann „Die Gesellschaft der Gesellschaft". Nach Phase II, der Anwendung auf spezielle Funktionssysteme, weitet Luhmann darin seinen Blick wieder auf die *ganze* Gesellschaft aus. Ein Jahr vor seinem Tod fährt er in diesem Buch die Ernte seiner lebenslangen Theoriekonstruktion ein: **In „Die Gesellschaft der Gesellschaft" präsentiert er seine Theorie der Gesellschaft ausführlich und weniger abstrakt** als in „Soziale Systeme".

Der Titel ist so zu verstehen: Das Verständnis unserer Gesellschaft ist Produkt der Gesellschaft selbst, genauer: der gesellschaftlichen Selbstbeobachtung und -beschreibung. Die Gesellschaft ist also eine durch die Gesellschaft selbst konstruierte, eine „Gesellschaft der Gesellschaft" (vergl. z.B. 1997, 15 und 866 ff). Dieses legt er sowohl theoretisch als auch an empirischem Material, in vielen Beispielen und im historischen Vergleich anschaulich gemacht äußerst kenntnisreich, interessant und geistreich dar.

Es bleibt zu erwähnen, dass neben den großen Arbeiten lebenslang zahlreiche Aufsätze, Vorträge, Zeitungsartikel und Interviews entstehen. Die meisten Aufsätze sind in den Sammelbänden „Soziologische Aufklärung" Band 1: „Aufsätze zur Theorie sozialer Systeme" (1970), Band 2: „Aufsätze zur Theorie der Gesellschaft" (1975), Band 3: „Soziales System, Gesellschaft, Organisation" (1981), Band 4: „Beiträge zur funktionalen Differenzierung der Gesellschaft"

(1987), Band 5: „Konstruktivistische Perspektiven" (1990) und Band 6: „Die Soziologie und der Mensch" (1995) zusammengefasst.

Dieses Einführungsbuch stellt „Soziale Systeme", „Die Realität der Massenmedien" und „Die Gesellschaft der Gesellschaft" in den Mittelpunkt; die anderen Werke sind ebenfalls mit berücksichtigt, sehr viele Aufsätze einbezogen. Einen Überblick über die verwendeten Titel gibt die Literaturliste.

Abb. 2.2 Luhmanns Werk: Theorieproduktion mit Probelauf (0.) und drei Hauptphasen (I. – III.)

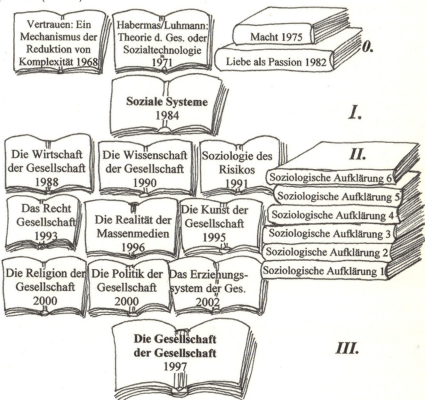

2.3 Luhmann-Habermas-Kontroverse

Luhmann hebelt bisherige Selbstverständlichkeiten der Theorie und des Alltagsdenken aus – ist also alles andere als konservativ. Absurderweise wird ihm im Gefolge der 68er-Jahre genau dieser Stempel aufgedrückt, verbunden mit dem Vorwurf, er sei „anti-humanistisch". Eine solche politisch-moralische Kritik erfährt er in der Auseinandersetzung mit der „Kritischen Theorie" der Frankfurter Schule, speziell mit Jürgen Habermas, bekannt unter dem Schlagwort **„Luhmann-Habermas-Kontroverse"**. Luhmann und Habermas führen zusammen in Frankfurt Lehrveranstaltungen durch, veröffentlichen gemeinsam das Buch „Theorie der Gesellschaft oder Sozialtechnologie" (1971) und nehmen von da an in ihren Werken häufig explizit oder indirekt aufeinander Bezug.

Auch wenn sich beide auf gemeinsame soziologische Väter wie Max Weber und Talcott Parsons berufen, entwickeln sie doch völlig gegensätzliche theoretische Positionen, völlig unterschiedliche Auffassungen von den Aufgaben der Wissenschaft und verwenden zentrale Begriffe wie „System" und „Kommunikation" mit ganz unterschiedlichen Bedeutungen. Sie setzen sich immer wieder mit dem Werk des anderen auseinander, hauptsächlich, um zu widersprechen. Unübersehbar ist Habermas von Luhmanns Kritik beeinflusst; er integriert den System-Begriff in sein Hauptwerk „Theorie des kommunikativen Handelns" (1981), allerdings beschränkt auf gesellschaftliche *Teil*bereiche, nämlich auf die kritisch beurteilten „Systeme" Wirtschaft und Politik in Abgrenzung zur positiv bewerteten „Lebenswelt". Luhmann dagegen versteht die *gesamte* Gesellschaft, *alle* Teilbereiche und Interaktionen als Systeme.

„Kommunikation" ist für beide gleichermaßen eine zentrale Kategorie der Gesellschaftstheorie, aber ebenfalls in völlig verschiedenen Bedeutungen. Habermas bezieht sein „kommunikatives Handeln" auf handelnde „Subjekte", knüpft daran normative Forderungen und moralische Bewertungen. Luhmann dagegen bezieht „Kommunikation" nicht auf Subjekte, sondern soziale „Systeme"; moralische Urteile liegen ihm fern. Habermas versteht sich als „Kritiker", Luhmann als „Beobachter" der Gesellschaft. Weil Luhmann den Begriff des Menschen bzw. des Subjekts als soziologische Kategorie ablehnt, gilt er als „anti-humanistisch" (s. dazu unten Kap. 3.5; zur Beziehung der Soziologie zum „Menschen" s. auch Luhmann 1995b). Habermas kritisiert Luhmanns „Übergang vom Subjekt zum System" (Habermas 1985, 431). Luhmann dagegen sieht Habermas' Position als nicht ergiebig an, um neue Erkenntnisse über die Gesellschaft zu gewinnen.

2.3 Luhmann-Habermas-Kontroverse

Abb. 2.3 Habermas' und Luhmanns Positionen im Vergleich

	HABERMAS	LUHMANN
Wissenschaftsverständnis / Soziologieverständnis	Soziologie ist *Kritik* an der Gesellschaft. Wissenschaft ist *Moral*, moralische Verpflichtung. Beschreibung der Gesellschaft von einer ideologiekritischen, d.h. besserwisserischen Position aus, mit der Idee: „Es muß gleichsam eine gute Gesellschaft hinter der Gesellschaft geben." (So Luhmann über Habermas in 1997, 1116) Dahinter steht die Einstellung, dass die *Gesellschaft* alles viel besser machen könnte.	Soziologie ist *Beobachtung* der Gesellschaft, genauer: *Selbstbeobachtung* und *Selbstbeschreibung* der Gesellschaft, Beobachtung 2. oder 3. Ordnung, d.h. Beobachtung von Beobachtern (z.B. Beobachtung, wie Massenmedien die Gesellschaft beobachten). „Wir [müssen] mit der Gesellschaft zurechtkommen, die als Resultat von Evolution entstanden ist." (1997, 1117) Dahinter steht die Einstellung, dass die Gesellschafts*theorie* „alles viel besser machen könnte, als es bisher zu lesen ist. Deshalb muß man ein moralisches Urteil oder eine Kritik zurückhalten, bis man sieht, wie man über die moderne Gesellschaft denken kann." (1987b, 128)
„System"	In der Gesellschaft gibt es (1) „Systeme" (Wirtschaft, Politik) *versus* (2) „Lebenswelt" (Privatsphäre, Kultur, Öffentlichkeit)	Die Gesellschaft ist ein System. *Alles* – Wirtschaft, Politik, Massenmedien, Familien, alle sozialen Kontakte usw. – sind ausnahmslos soziale Systeme.
„Kommunikation"	„Kommunikatives Handeln" ist verständigungsorientiertes Handeln der einzelnen Menschen in (2) Lebenswelt, *versus* strategisches, erfolgsorientiertes Handeln in (1) Systemen.	„Kommunikation" ist das, woraus soziale Systeme bestehen. Alle sozialen Systeme konstituieren sich *ausschließlich* aus Kommunikation; daneben gibt es keine andere soziale Operationsweise.
Subjekt/ (Anti)Humanismus	*Einzelne Menschen* handeln kommunikativ (oder auch nicht). Habermas Theorie ist also subjektbezogen.	Nur soziale Systeme, *nicht Menschen,* können kommunizieren. „Anti-Humanismus" als Luhmanns Methode
Einheit/ Differenz	Kommunikatives Handeln zielt auf Verständigung, gesellschaftlichen *Konsens*.	Kommunikation ist Verstehen der *Differenz* von Information und Mitteilung. Wissenschaftliche Analyse muss mit Vergleichen arbeiten, also mit *Differenz*.

Was im Gefolge der 68er-Bewegung bis heute bei Habermas für seine Anhänger als die besondere Qualität der Kritischen Theorie angesehen wird: ihre *politisch-moralische* Ausrichtung und ihr Bezug auf das handelnde menschliche *Subjekt*, ist nach Luhmann der Grund für ihre *wissenschaftliche* Begrenztheit. Sein Urteil in einem Interview von 1987:

> „Ich finde, daß man mit dem Theoriekonzept der ‚Frankfurter Schule', wenn es ein solches überhaupt gibt, wissenschaftlich nicht arbeiten kann. Das ist eine Position, die nicht kompliziert genug, nicht variantenreich genug ist [...] um etwas anderes als ein protestierendes oder resignatives Verhalten zu provozieren. Der Ausweg, den Habermas geht, verschiedene Theorien zu diskutieren und zu synthetisieren, hat bisher nicht zu einer eigenen systematischen Position geführt. [...] Das Problem von Habermas besteht darin, daß sein Denken um eine moralische Verpflichtung von Gesellschaftstheorie organisiert ist. Das gibt dieser Theorie zwar eine besondere Attraktivität, zeigt zugleich aber auch ihre Grenzen an." (1987b, 126; vergl. auch 1990b, 228 ff)

2.4 Arbeitsweise: Kommunikation mit Zettelkästen

Der Umfang des Luhmannschen Werks, die Breite seiner Themen und die Fülle der Verweise auf andere Autoren nahezu jeder Sprache und Disziplin provozieren die Frage: **Wie lässt sich eine derart komplexe Arbeit überhaupt organisieren?** Luhmanns Antwort: durch Zettelkästen. Von allem, was er liest und ihm einfällt, fertigt er Notizzettel an und ordnet sie in Zettelkästen ein. Mit diesem Material – bzw. mit sich selbst in diesem Material – kann er dann regelrecht „kommunizieren", die Zettel „denken" mit (vergl. den Aufsatztitel „Kommunikation mit Zettelkästen" in: 1992b, 53 ff).

> „Ich denke ja nicht alles allein, sondern das geschieht weitgehend im Zettelkasten.
> [...]
> Meine Produktivität ist im wesentlichen aus dem Zettelkastensystem zu erklären.
> [...]
> Alle Zettel haben eine feste Nummer, es gibt keine systematische Gliederung, der Zettelkasten ist also nicht systematisch geordnet. Hinter diesen einzelnen Nummern gibt es dann Unterabteilungen, zum Beispiel a, b, c, a1, a2, a3 usw., das geht manchmal bis zu zwölf Stellen. Ich kann dann von jeder Nummer auf jede andere Stelle in dem Zettelkasten verweisen. Es gibt also **keine Linearität, sondern ein spinnenförmiges System, das überall ansetzen kann.**" (1987b, 142 f; Hervorhebung durch M.B.)

2.4 Arbeitsweise: Kommunikation mit Zettelkästen

Abb. 2.4 Luhmann kommuniziert mit einem Zettelkasten

Die vernetzte, nicht-lineare Struktur der Notizen und Verweise entspricht der Komplexität der Theorie: „Die Theorie [hat] einen Komplexitätsgrad erreicht, der sich nicht mehr linearisieren lässt" (1984, 14 f). Das prägt die Darstellung: In den grundlegenden Werken „Soziale Systeme" und „Die Gesellschaft der Gesellschaft" fällt es Luhmann schwer, die Reihenfolge der Kapitel festzulegen; bis zum Schluss nimmt er immer wieder Änderungen vor.

> „Während die Theorie, was die Begriffsfassungen und die Aussagen inhaltlich angeht, sich wie von selbst geschrieben hat, haben Arrangierprobleme mich viel Zeit und Überlegung gekostet." (1984, 14)
> „Die in der Präsentation dieses Buches gewählte Reihenfolge ist beliebig." (1997, 1138)

Dieses wirkt sich auch auf die Lesbarkeit seines Werkes aus. In vielen Veröffentlichungen ist Vorwissen schon Voraussetzung; in vielen Kapiteln müsste man andere Kapitel, die später kommen, eigentlich schon kennen.

> „Die Problematik liegt darin, dass die Begriffe zirkulär sind und ich immer etwas voraussetzen muss, was ich erst später erläutere." (2002b, 81)

Der Einstieg ohne Basiskenntnisse ist daher mühsam. Dieses Einführungsbuch soll helfen. Allerdings unterliegt es selber dieser Notwendigkeit, ‚alles' aus dem Werk einzubeziehen: Anfangs war nur eine Einführung in die Theorie von Kommunikation und Massenmedien von Luhmann geplant – aber es stellte sich heraus, dass dieses ohne eine Einführung in seine Gesamttheorie einschließlich der Grundbegriffe nicht möglich ist.

Kapitel 3 – Systemtheorie

3.1 Diese „Supertheorie" ist super und universell

Luhmann ist „Systemtheoretiker". Die Systemtheorie ist heute in der Wissenschaft bereits etabliert und gewinnt immer mehr Anhänger – bei Soziologen, Kommunikationswissenschaftlern, Psychologen, Ökonomen, Biologen und anderen Disziplinen. Jede Wissenschaftsrichtung betrachtet jeweils „ihre" Objekte als Systeme: die Biologie befasst sich mit Organismen, Zellen und physischen Körpern als Systemen, die Ökologie mit Biotopen als Systemen, die Psychologie mit Bewusstsein als System, die Psychotherapie mit Familiensystemen und die Soziologie mit der Gesellschaft und gesellschaftlichen Tatbeständen als sozialen Systemen. Auch außerhalb der Wissenschaft sind Systeme und systemisches Denken regelrecht in Mode gekommen, so z.B. in der Werbung und Public Relations. Da so viele offensichtlich Gewinn aus einem systemtheoretischen Ansatz ziehen, kann Luhmann sagen:

„Systemtheorie ist eine besonders eindrucksvolle Supertheorie" (1984, 19).

Abb. 3.1 Viele verschiedene Wissenschaften untersuchen Systeme

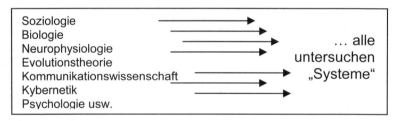

In mehr als dreißig Jahren Forschung hat Luhmann sich immer als Systemtheoretiker verstanden und dadurch in den großen, interdisziplinären Wissenschaftlerkreis, der dieser Richtung anhängt, eingereiht. Er ist nicht *der* Systemtheoretiker, er ist *ein* Systemtheoretiker, der allerdings seine eigenwillige Variante entwickelt.

„Wir behalten ‚Systemtheorie' als Firmenbezeichnung bei." (1984, 12)

3.1 Diese „Supertheorie" ist super und universell

Abb. 3.2 Firma Systemtheorie, Mit-Inhaber Niklas Luhmann

Die Systemtheorie erhebt „Universalitätsanspruch" (1984, 33). Das kann man zunächst oberflächlich so verstehen, dass viele verschiedene Wissenschaften systemtheoretisch vorgehen und so alle zusammen, indem sie sich addieren, das Universum der Wissenschaftsrichtungen und Objektbereiche abdecken. Der „Universalitätsanspruch" ist aber anspruchsvoller gemeint: Luhmann ist zwar Soziologe, und die Gesellschaft steht bei ihm im Mittelpunkt. Aber unter Bezug auf systemtheoretische Erkenntnisse anderer Disziplinen (etwa des Biologen Humberto Maturana, des Kybernetikers Heinz von Foerster und des Anthropologen Gregory Bateson) definiert er zentrale Begriffe einer „allgemeinen" Systemtheorie, die für alle Systeme – nicht nur soziale, sondern auch biologische und psychologische – gelten sollen. **Diese Systemtheorie erhebt für sich selbst den Anspruch, universell zu sein, das heißt „den gesamten Bereich der Wirklichkeit abzudecken"** (1987b, 163). Universell bedeutet hier:

- ➢ Einbezogen ist der umfassende Bereich des Sozialen, also die Gesellschaft sowie alle gesellschaftlichen Teilbereiche und Tatbestände. Das klingt nach einem sehr breiten Ansatz, aber immerhin noch vertraut, da sich die Soziologie ja immer mit dem Sozialen befasst.
- ➢ Einbezogen ist jedoch auch „die gesamte Welt". Und zwar deswegen und insoweit, als soziale Systeme in Abgrenzung zu ihrer Umwelt operieren und sich von ihrer Umwelt unterscheiden. Die „gesamte Welt" ist also zwangsläufig als „Umwelt" sozialer Systeme ebenfalls enthalten. Ferner ist die Auffassung von der Welt eine soziale Konstruktion. Denn alles, was wir als Erkenntnis über die Welt formulieren, ist ja Ergebnis von Beobachtungen und Beschreibungen, also sozial gewonnen (1987b, 164. Vergl. dazu unten Kap. 4.2: System/Umwelt).

➤ Einbezogen ist schließlich die Theorie selbst. Die systemtheoretische Gesellschaftstheorie muss auch auf sich selbst angewendet werden, sie ist „autologisch". Denn die Soziologie ist ja Teil der Gesellschaft; sie liefert eine (Selbst-)Beschreibung von der Gesellschaft, zu der sie selber gehört. Das ist eine zirkuläre, paradoxe Ausgangslage mit großen Konsequenzen, die üblicherweise nicht hinreichend beachtet wird. Luhmanns Systemtheorie ist daher „selbstreferentiell", das heißt auf sich selbst bezogen; auch die Systeme sind „selbstreferentiell" (vergl. 1984, 30 und 1997, 1128 ff. Siehe auch unten Abb. 3.11 sowie Kap. 4.2.3, Kap. 4.2.5, Kap. 20.3 und Kap. 20.4).

„Der Einschluß des Beobachters und der Beobachtungsinstrumente in die Beobachtungsgegenstände selbst [ist] eine spezifische Eigenschaft universeller Theorien". (1987b, 164)

Das „impliziert Selbstreferenz in dem Sinne, daß die Systemtheorie immer auch den Verweis auf sich selbst als einen ihrer Gegenstände im Auge behalten muß". (1984, 31; vergl. auch 1997, 43)

„Wir wissen nur zu gut, daß unsere Konzepte von Kommunikation, Schrift, Veröffentlichung das Ergebnis von Operationen in dem Feld sind, das sie beschreiben." (1993b, 363)

Universell bedeutet jedoch keineswegs:
➤ „Eine Widerspiegelung der vollen [kompletten] Realität"; das ist weder möglich noch beabsichtigt.
➤ Die Erhebung „eines exklusiven Wahrheitsanspruchs gegenüber anderen Theorien"; selbstverständlich hält Luhmann seinen Ansatz für kritisierbar, ergänzbar und gegebenenfalls ersetzbar (1987b, 163 f).

3.2 Systemtheorie plus Konstruktivismus

Luhmann hat sich für die Systemtheorie entschieden, weil für ihn feststeht, dass Systeme real in der Wirklichkeit existieren. Sein Ziel ist, Systeme zu erkennen und zu beschreiben: die „Analyse realer Systeme in der wirklichen Welt" (1984, 30). Das soziale System Gesellschaft existiert real, und er selbst – sein Bewusstseinssystem, mit dem er die Gesellschaft beobachtet – existiert ebenfalls real. Das Massenmedien-System, in dem seine Bücher veröffentlicht sind, und die Bewusstseinssysteme von uns, seinen Lesern, existieren ebenfalls real. Systemtheorie ist also keineswegs bloß eine Betrachtungs*methode*, sondern Systemtheorie ist deswegen angebracht, weil die Realität selbst Systeme *wirklich* aufweist. Hierin stecken Realitätsbehauptungen:
(1) Es gibt eine Realität.
(2) In der Realität gibt es Systeme.

3.2 Systemtheorie plus Konstruktivismus

Nun ist er nicht nur Systemtheoretiker, er ist auch Konstruktivist. Konstruktivisten hinterfragen das Erkennen der äußeren Realität; sie sind der Auffassung, dass Aussagen über die Realität nur Konstruktionen sind. Wie lässt sich das mit den beiden Realitätsbehauptungen vereinbaren?

Der Konstruktivismus ist eine Kognitionstheorie mit der Grundannahme, dass es unmöglich ist, die externe Realität in Erkenntnissen über die Welt abzubilden. Konstruktivistische Positionen werden in unterschiedlichen Disziplinen – ähnlich wie oben in Kap. 3.1 für die Systemtheorie aufgelistet – und in verschiedenen Varianten vertreten. Luhmann nennt seinen Ansatz „operativen Konstruktivismus" und stützt sich dabei auf Biologen, Psychologen, Philosophen und Wissenschaftler weiterer Disziplinen (1991b, 73 Anm. 20; vergl. grundsätzlich: „Erkenntnis als Konstruktion", 1988; „Die Wissenschaft der Gesellschaft", 1990; Soziologische Aufklärung 5 mit dem Untertitel „Konstruktivistische Perspektiven", 1990; vergl. auch unten Kap. 19.5 und Kap. 20).

> „Tatsächlich steht der Realismus des Konstruktivismus auf sicheren Beinen, denn weder Jean Piaget noch Heinz von Foerster, weder Humberto Maturana noch Ernst von Glasersfeld lassen den geringsten Zweifel daran, daß es sich um Konstruktionen real operierender Systeme handelt." (1990b, 9)

Luhmann leugnet die Außenwelt nicht – „kein Zweifel also, daß die Außenwelt existiert" –, sondern stellt nur die Korrespondenz zwischen Welt und Erkenntnis in Frage (1990b, 40). Erkenntnisse sind lediglich *Beobachtungen* der Realität und damit Konstrukte. Beobachtungen sind Operationen von psychischen und sozialen Systemen, darum „operativer Konstruktivismus". Sie beruhen unvermeidlich auf Unterscheidungen, die ein *Beobachter* trifft, die also in der äußeren Realität so nicht vorhanden sind. Realitätsaussagen des einen Beobachters lassen sich mit Realitätsaussagen eines anderen Beobachters vergleichen, aber nicht mit der Realität selbst. **Wir haben es nie mit in den Aussagen *abgebildeter* Realität, sondern immer und ausschließlich mit von Beobachtern *konstruierter* Realität zu tun**.

> „Der Schritt zum ‚Konstruktivismus' wird nun mit der Einsicht vollzogen, daß es [...] für Unterscheidungen und Bezeichnungen (also: für Beobachtungen) in der Umwelt des Systems keine Korrelate gibt." (1990b, 40)
>
> Es muss „alle Realität über Unterscheidungen konstruiert werden und bleibt damit Konstruktion. Die konstruierte Realität ist denn auch nicht die Realität, die sie meint". (1990b, 50)
>
> „Alle Orientierung ist Konstruktion, ist von Moment zu Moment reaktualisierte Unterscheidung." (1997, 45)

Abb. 3.3 Konstruktivismus: Die Bedeutung der Realität liegt nicht in der Außenwelt, sondern kommt vom Beobachter – auch bei der „Suche nach der verlorenen Zeit"

> Gleich darauf führte ich, bedrückt durch den trüben Tag und die Aussicht auf den traurigen folgenden, einen Löffel Tee mit dem aufgeweichten kleinen Stück Madeleine darin an die Lippen. In der Sekunde nun, als dieser mit dem Kuchengeschmack gemischte Schluck Tee meinen Gaumen berührte, zuckte ich zusammen und war wie gebannt durch etwas Ungewöhnliches, das sich in mir vollzog. Ein unerhörtes Glücksgefühl, das ganz für sich allein bestand und dessen Grund mir unbekannt blieb, hatte mich durchströmt. [...] Woher strömte diese mächtige Freude mir zu? Ich fühlte, daß sie **mit dem Geschmack des Tees und des Kuchens in Verbindung stand, aber darüber hinausging und von ganz anderer Wesensart war. [...] Es ist ganz offenbar, daß die Wahrheit, die ich suche, nicht in ihm ist, sondern in mir.** Er hat sie dort geweckt, aber er kennt sie nicht und kann nur auf unbestimmte Zeit und mit schon schwindender Stärke seine Aussage wiederholen.

(Marcel Proust: Auf der Suche nach der verlorenen Zeit. In Swanns Welt 1. Frankfurt a. M. 1974, S. 63 – 64. Französ. Original 1913, Hervorh. durch M.B.)

Auf den ersten Blick scheinen einerseits die Auffassung, dass etwas real existiert, und andererseits, dass Realität konstruiert ist, nicht vereinbar. Aber das täuscht – sie sind es! Man darf sich nicht vorstellen, dass ‚konstruierte Realität' bedeutet: ‚beliebig konstruierbare Behauptungen über die Realität'. Es ist „absurd [...], dem operativen Konstruktivismus ein Bekenntnis zur Beliebigkeit der Erkenntnis [...] zu unterstellen" (1994, 8). Die Konstruktionen müssen der Realität angemessen sein, und das lässt sich durchaus überprüfen: Sie müssen konsistent sein und müssen sich insofern in der Realität behaupten, als gegen x-beliebige, nicht passende Beschreibungen „Widerstand" geleistet wird (vergl. 1996, 158 ff; 1997, 1126 f; vergl. auch unten Kap. 14.5 und Kap. 18.5). Man nehme zum Beispiel die Aussage „Ohne Wasser macht die Qualle schlapp": sie trifft ohne Zweifel zu, ‚entspricht' offensichtlich der Realität, ‚stimmt'. Aber sie ist trotzdem ein Konstrukt, denn sie beruht auf Beobachtungen mithilfe von Unterscheidungen, die in der Realität so nicht vorhanden sind. Beobachtung bedeutet immer, dass „eine Unterscheidung benutzt wird, um etwas als dies, und nicht das, zu bezeichnen" (1992b, 138).

> „Ohne Wasser macht die Qualle schlapp. Das zu erkennen erfordert jedoch Unterscheidungen: mit/ohne Wasser; nicht-schlapp/schlapp. Diese Unterscheidungen selbst sind erkenntnisspezifische Codierungen, und sie fungieren umweltindifferent

(reizunspezifisch) insofern, als es für sie keinerlei Äquivalente in der Umwelt gibt und auch nicht geben kann." (1990 b, 50)

Abb. 3.4 Ohne Wasser macht die Qualle schlapp – eine realistische Erkenntnis…

… aber trotzdem konstruiert, weil sie nur durch Unterscheidungen eines Beobachters zustande kommt

Alle Beschreibungen der Realität beruhen auf Unterscheidungen durch Beobachter, sind also Konstruktionen. Das Material jedoch, auf das sich die Unterscheidung bezieht, muss real in der Welt vorhanden sein. Eine Unterscheidung benutzt bestimmte Kategorien, andere nicht; wenn andere Kategorien verwendet würden, dann mit anderen Ergebnissen. „Unweigerlich stellen wir die Frage: warum diese Kategorie und nicht andere?" (1993b, 363). Es ist nicht die Frage, *ob* konstruiert wird, sondern *wie* konstruiert wird. Erforderlich ist demnach die „Umstellung von ‚Was'-Fragen auf ‚Wie'-Fragen": zu untersuchen, *wie* konstruiert wird (1990b, 14). Man kann auch sagen: zu beobachten, wie beobachtet wird.

3.3 Ein „beobachtungstheoretischer" Ansatz…

Wenn man sich vorstellt, dass nichts in der Welt der direkten Erkenntnis zugänglich, sondern alles nur aus Sicht eines Beobachters erfassbar ist, hat das enorme Konsequenzen. Die alte „Ontologie" ist abgelöst. Die Behauptung, dass die Welt so und so beschaffen *ist*, wird abgelöst von der Aussage, dass es einen Beobachter, „ein Bewusstsein oder was immer gibt, das *behauptet*, die Welt sei so und so beschaffen" (2002b, 139; Hervorhebung durch M.B.).

„Jetzt kommt ein Einschnitt. […] Jetzt erscheint der Beobachter. Nun wird alles anders. Damit wird die ganze Theorielage verändert […] Wenn man den Beobachter einführt, […] relativiert man die Ontologie. Tatsächlich muss man den Gedanken an einen Beobachter immer mitführen, wenn man sagen will, was der Fall ist, muss also immer einen Beobachter beobachten, einen Beobachter benennen, eine Systemreferenz bezeichnen, wenn man Aussagen über die Welt macht.
Wenn man diese Theorieschwelle einmal nimmt, geht das überhaupt nicht mehr pur." (2002b, 138 f)

Beobachten heißt also: Unterscheidungen treffen. Die Beobachtung von Unterscheidungen ist – ganz generell – Luhmanns Ansatz. Für ihn ist es wichtig, eine Theorie „nicht mit Einheit anzufangen, sondern mit Differenz" (1987b, 127; vergl. auch 1984, 112 sowie unten Kap. 4.2). Er vertritt einen „unterscheidungstheoretischen, differenztheoretischen oder beobachtertheoretischen Ansatz" (2002b, 298). Seine Frage allgemein formuliert ist, *wie und mit welchen Unterscheidungen* die moderne Gesellschaft die Welt und sich selbst beobachtet und beschreibt. Oder beispielsweise auf Massenmedien bezogen: *Wie und mit welchen Unterscheidungen* die Massenmedien die Realität beobachten und in ihrer Berichterstattung uns ein Bild von der Realität liefern.

Über die Beobachtung der Realität (Beobachtung erster Ordnung) schiebt sich die Beobachtung der Beobachter (Beobachtung zweiter oder dritter Ordnung), um die Beobachtungsergebnisse zu vergleichen. Allerdings bleibt immer ein „blinder Fleck" – etwas, was der Beobachter nicht sieht, weil er selber in das zu Beobachtende eingeschlossen ist (vergl. unten Abb. 3.11 sowie Kap. 20.3 und Kap. 20.4). Bisher sei festgestellt:
(1) Es gibt eine äußere Realität.
(2) In der Realität gibt es Systeme.
(3) Realität lässt sich nur durch Unterscheidungen erkennen und beschreiben, die nicht in der Realität liegen, sondern von einem Beobachter kommen.
(4) Darum sind alle Realitätsbeschreibungen Konstruktionen.

Abb. 3.5 Luhmann ist Systemtheoretiker und Konstruktivist....

3.4 ... für Systeme allgemein, die Gesellschaft und ihre Funktionssysteme

Luhmann hat sich mit sehr vielen unterschiedlichen Fragestellungen von Makro- bis Mikro-Themen befasst; das reicht von Liebe, Sexualität, Familie, Fußballspiel über Moral, Religion, Erziehung, Recht bis zur Verwaltung, Wirtschaft, Politik und zu den Massenmedien. Alles ist seinem Gesamt-Projekt, der Gesellschaftstheorie, unterstellt (vergl. schon oben Kap. 2.2). Jenseits der Gesellschaftstheorie hat er ebenfalls großes Interesse an einer „allgemeinen", überdisziplinären Systemtheorie.

So sind auch seine speziellen Analysen beispielsweise des Massenmedien-Systems oder des Wirtschaftssystems oder der Kunst in diesem großen Kontext zu verstehen. Wenn ein Wissenschaftler das Vorhaben einer speziellen Theorie, beispielsweise einer Massenmedien-Theorie verfolgt, kann er das ja auf zwei Arten tun: erstens bei dem zu untersuchenden Spezialgebiet ansetzen, etwa vorhandene theoretische Ansätze sowie empirische Befunde speziell über Presse, Hörfunk und Fernsehen integrieren und daraus seine theoretischen Überlegungen entwickeln. Oder zweitens abstrakter vorgehen, indem er eine allgemeine Theorie samt ihrem begrifflichen Apparat an das Spezialgebiet der Massenmedien anlegt. Luhmann geht den zweiten Weg, **vom Allgemeinen zum Speziellen**, den wir in den folgenden Kapiteln mit vollziehen.

➢ Er beginnt bei *Systemen allgemein*, „entwirft eine allgemeine Systemtheorie" und begründet „damit die Verwendung des Begriffs ‚System'" (1984, 33).
➢ Dann geht er zu seinem eigentlichen Gegenstand über, dem *speziellen Typ des sozialen Systems*. Dabei untersucht er die *Gesellschaft im Ganzen* als soziales System. Sein Interesse ist, „Formulierungen aus dem Bereich der allgemeinen Systemtheorie auf Fragen anzuwenden, die [...] für die sozialwissenschaftliche Diskussion relevant sind" (2002b, 195).
➢ Schließlich analysiert er noch spezieller einzelne konkrete *gesellschaftliche Teilsysteme oder Funktionssysteme*, z.B. die Systeme der Massenmedien, Wirtschaft, Wissenschaft, Politik usw.

So enthält seine Systemtheorie unterschiedliche Allgemeinheitsstufen. Dieses scheint ihm sinnvoll, um die Theorie breit zu überprüfen:

> Es kann „kein Zufall sein, [...] daß **sehr heterogene Funktionsbereiche** wie Wissenschaft und Recht, Wirtschaft und Politik, Massenmedien und Intimbeziehungen **vergleichbare Strukturen** ausweisen – allein deshalb schon, weil ihre Ausdifferenzierung Systembildung erfordert. Aber läßt es sich zeigen? [... Es bleibt] die Möglichkeit, **Theorien für die einzelnen Funktionssysteme auszuarbeiten und dabei auszuprobieren, ob man bei aller Verschiedenheit der Sachbereiche mit dem-**

selben begrifflichen Apparat arbeiten kann wie zum Beispiel: Autopoiesis und operative Schließung, Beobachtung erster und zweiter Ordnung, Selbstbeschreibung, Medium und Form [...] Selbstreferenz und Fremdreferenz." (1997, 12, Hervorhebung durch M.B.; vergl. auch 1997, 42)

Abb. 3.6 .... und untersucht die Gesellschaft im Ganzen sowie einzelne gesellschaftliche Funktionsbereiche

3.5 Biologische, psychische und soziale Systeme – bloß keine menschlichen

Luhmanns zentraler Gegenstand sind soziale Systeme samt Kontext. Dazu gehört all das, was in diesem Einführungsbuch behandelt wird: die Kommunikation als die Operationsweise der Gesellschaft und jedes sozialen Systems, bestimmte Kommunikationsformen und Medien wie Sprache, Schrift, Druck und Funk, die Evolution der Kommunikation von archaischen, oralen Stammesgesellschaften bis zur Weltgesellschaft mit Internet sowie die Massenmedien und die öffentliche Meinung. Dazu gehören auch viele andere Themen, die hier nur am Rande mit erwähnt werden. All dieses lässt sich systemtheoretisch untersuchen; Bezugspunkt ist der Typus des „sozialen Systems". Neben „sozialen Systemen" gibt es „biologische Systeme" – bezogen auf Organismen, Zellen, Nervensysteme, Immunsysteme – und „psychische Systeme" – bezogen auf das menschliche Bewusstsein. Man kann sogar Maschinen einbeziehen, „sofern sie nur diskriminieren, das heißt unterscheiden, das heißt beobachten können". Wir halten uns hier an die drei Haupttypen (1990b, 10; vergl. 1984, 16; 1995b, 38; 1997, 24, Anmerkung 14).

3.5 Biologische, psychische und soziale Systeme – bloß keine menschlichen

Abb. 3.7 Es gibt biologische, psychische und soziale Systeme

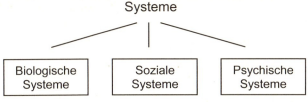

Es gibt also biologische, soziale und psychische Systeme. Der „Mensch" ist in dieser Auflistung nicht enthalten. **Menschen sind keine Systeme. Auch mehrere Menschen bilden kein System.** Unsere intuitive, alltägliche Beobachtungseinheit „Mensch" deckt sich nicht mit einer Systemeinheit.

> „Der Mensch mag für sich selbst und für Beobachter als Einheit erscheinen, aber er ist kein System. Erst recht kann aus einer Mehrheit von Menschen kein System gebildet werden." (1984, 67f, vergl. auch 286; 1990b, 174; 1997, 24 f)

Vielmehr hat der Mensch Anteil an verschiedenen Systemtypen. Der individuelle Mensch ist ein „Konglomerat autopoietischer, eigendynamischer, nichttrivialer Systeme" (2002a, 82): Sein Körper ist ein biologisches, sein Bewusstsein ein psychisches System – das Luhmann auch „Person" nennt –, und soziale Systeme lassen sich in menschliche Handlungen dekomponieren. Aber es gibt keinen konkreten Systemtypus, der das vereint. Die Existenz des Menschen wird von ihm keineswegs geleugnet, aber „Mensch" ist keine Analyseeinheit seiner Systemtheorie – wozu er sich mit „einem radikal antihumanistischen" Gesellschaftsbegriff in aller Deutlichkeit bekennt (1997, 35; vergl. auch verschiedene Aufsätze in 1995b; s. auch oben Kap. 2.3).

Abb. 3.8 Der Mensch ist kein System und mehrere Menschen bilden kein System. Menschen sind Konglomerate verschiedener Systemtypen

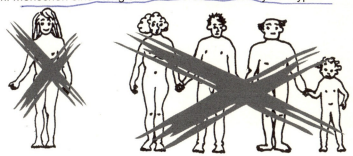

Dieses analytische Vorgehen darf keineswegs verwechselt werden mit inhaltlichen Überzeugungen. Luhmann ist weder menschenfeindlich und inhuman, noch hält er den Menschen für wissenschaftlich unwichtig. Er untersucht ja durchaus Themen, die uns als Menschen fundamental interessieren: Kommunikation, Liebe, Geld, Religion, Massenmedien, öffentliche Meinung usw.; und seine Erkenntnisse sind für Menschen im Alltag und in der Wissenschaft höchst nützlich. Aber um die Phänomene richtig zu erfassen, muss man sich vom Menschen als Analyseeinheit verabschieden.

„Das heißt nicht, daß der Mensch als weniger wichtig eingeschätzt würde im Vergleich zur Tradition." (1998, 288)

Das ist ein Bruch mit Denktraditionen. Unser Alltagsverständnis wehrt sich dagegen. Aber wir sollten diese Auffassung hier zunächst einfach zur Kenntnis nehmen; die Schlüssigkeit der Argumentation wird dann unten in Kapitel 5 bei sozialen Systemen näher erläutert. Auch traditionelle Positionen in der Wissenschaft wehren sich dagegen. In der Philosophie und der Soziologie stehen ja traditionell „Menschen", „Subjekte" oder „Individuen" mit ihren „Handlungen" im Mittelpunkt. Habermas beispielsweise untersucht das kommunikative oder nicht-kommunikative *Handeln* in der Gesellschaft (vergl. oben Kap. 2.3 Luhmann-Habermas-Kontroverse).

Luhmann dagegen schließt sowohl den Menschen als auch sein Handeln, sowohl die Leiblichkeit des Menschen als auch seine Psyche aus der Definition von sozialen Systemen, d.h. von Gesellschaft aus.

„Renate Mayntz hat in einer Bemerkung, die häufiger zitiert wird, einmal gesagt, die Systemtheorie sei, wenn sie von Handlung abstrahiere, wie eine Dame ohne Unterleib. In Wirklichkeit ist es noch schlimmer, denn die Dame hat auch keinen Oberleib. Sie hat überhaupt keinen Leib, und der ganze Leib ist überhaupt nicht Teil des sozialen Systems". (2002b, 255)

3.6 Exkurs über die Unzulänglichkeit sprachlicher und bildlicher Darstellung

Abb. 3.9 Definition von Gesellschaft ohne Mensch und ohne Handlung

Vorwurf traditioneller Soziologen:
Die Gesellschaft zu definieren,
ohne Menschen und Handlungen
einzubeziehen,
sei wie eine Dame ohne Unterleib.

Dagegen Luhmann:
Sogar ohne Unter- und Ober-Leib!
Denn Leib (und Psyche)
gehören überhaupt nicht
in die Definition von Gesellschaft.

(Vorlage: Francisco de Goya, Die Herzogin von Alba, 1797)

3.6 Exkurs über die Unzulänglichkeit sprachlicher und bildlicher Darstellung

Die Sprache allerdings setzt der Ablösung vom menschlichen Subjekt Grenzen. Das behindert die klare Darstellung der Theorie.

> Die Lösung vom Subjekt „führt freilich in **Schwierigkeiten rein sprachlicher Art, die unsere bisherigen Analysen begleitet und belastet haben**. [...] Die Sprache handelt von Subjekten. Alle Verben setzen voraus, daß bekannt oder doch erkennbar ist, auf wen oder was sie sich beziehen [...] Viele Verben, deren Gebrauch wir weder vermeiden können noch vermeiden wollen, verweisen ihrem Alltagsverständnis nach auf einen bewußtseinsfähigen Träger der Operation; man denke z.B. an: Beobach-

ten, Beschreiben, Erkennen, Erklären, Erwarten, Handeln, Unterscheiden, Zurechnen. Dieses Alltagsverständnis ist jedoch theoretisch nicht gedeckt." (1984, 595; Hervorhebung durch M.B.)

Luhmann muss sich im Korsett der vorhandenen Sprache mit ihrer Subjektbezogenheit und ihrem implizierten Alltagsverständnis ausdrücken. Dadurch ist er manchmal zu irreführenden Formulierungen genötigt. So werden „Personen", aber nicht „Menschen" als „Teilnehmer an der Kommunikation" identifiziert; die Personen sind jedoch eigentlich „externe Referenzen" der Kommunikation (1984, 553 f; 1997, 106). Oder er wählt theoretisch korrekte, aber komplizierte Formulierungen: So bezeichnet er die zwei Instanzen der Kommunikation (konventionell „Sender" und „Empfänger") als „zwei informationsverarbeitende Prozessoren" (1984,191; vergl. auch unten Kap. 6.3).

Was für Luhmann gilt, muss noch mehr für dieses Buch gelten, und zwar für sprachliche Aussagen ebenso wie für die zusätzlichen bildlichen Veranschaulichungen. Wenn hier etwa die Redaktionskonferenz einer Zeitung als Beispiel für Kommunikation im Mediensystem dienen soll und abgebildet wird, so müssen dabei *Menschen* gezeichnet werden, selbst wenn weder der einzelne Mensch noch eine Mehrheit von Menschen ein System ist. **Viele der Abbildungen in diesem Einführungsbuch sind also in dieser Hinsicht notwendig theoretisch schief. Das muss man sich immer gewärtig halten.**

Abb. 3.10 Systemtheoretisch unpassend, aber unvermeidbar: Sprache und Bild halten am Menschen fest

Es gibt weitere sprachliche und bildliche Darstellungsprobleme, die Anlass zu Missverständnissen der Theorie sein können:

➢ Sprachliche Formulierungen ordnen Eigenschaften der äußeren, beobachteten Realität zu – während sie doch auf Unterscheidungen durch einen Be-

3.6 Exkurs über die Unzulänglichkeit sprachlicher und bildlicher Darstellung

obachter beruhen, wie oben am Beispiel „Ohne Wasser macht die Qualle schlapp" erläutert (vergl. Kap. 3.2). Schwerwiegend ist das bei Begriffen wie „Information": Informationen scheinen *in der äußeren Realität* vorhanden zu sein, während sie doch ausschließlich auf Unterscheidungen *durch Beobachter* beruhen (vergl. unten Kap. 6.3.1).

„Es gehört zu den schlimmsten Errungenschaften unserer Sprache (und **die Gesamtdarstellung der Systemtheorie in diesem Buche ist aus diesem Grunde inadäquat, ja irreführend**), die Prädikation auf Satzsubjekte zu erzwingen und so die Vorstellung zu suggerieren und schließlich die alte Denkgewohnheit immer wieder einzuschleifen, daß es um ‚Dinge' gehe, denen irgendwelche Eigenschaften, Beziehungen, Aktivitäten oder Betroffenheiten zugeschrieben werden. (1984,115; Hervorhebung durch M.B.)

➤ Sprache und Bilder nehmen Einheiten, Identitäten in den Blick, während es Luhmann auf Unterschiede, Differenzen ankommt (vergl. dazu schon oben Kap. 3.2 – 3.3 und unten Kap. 4.3.4 über System/Umwelt-Differenz).

➤ Sprachlich und bildlich lassen sich Zeit, Bewegung, Operieren und Prozessieren kaum angemessen ausdrücken. Das ist problematisch für eine Theorie, nach der ein System ausschließlich im *Operieren* und die Beobachtung im *Prozessieren* von Unterschieden besteht (vergl. dazu auch unten Kap. 4.1).

➤ Sowohl Sprache als auch Bilder trennen immer säuberlich zwischen Subjekt und Objekt; konkret: zwischen Beobachter und beobachteter Außenwelt, so dass eine Aussage etwa lautet: ‚Luhmann [Subjekt] beobachtet die Gesellschaft [Objekt].' Das ist aber theoretisch unangemessen, wie beim Stichwort „universelle Theorie" bereits erläutert. Denn die Theorie schließt sich selbst ein, der Beobachter ist in seinem Gegenstand enthalten, das Subjekt/Objekt-Schema funktioniert nicht, der Beobachter ist zugleich Subjekt und Objekt (was paradox ist und einen „blinden Fleck" erzeugt; vergl. oben Kap. 3.1 und unten Kap. 4.2.3 sowie Kap. 20).

Abb. 3.11 Paradox und bildlich nicht darstellbar: Luhmann beobachtet die Gesellschaft und ist gleichzeitig Teil der Gesellschaft

Schließlich nötigt die deutsche Sprache eine weitere, allerdings nicht systemtheoretisch-spezifische Unpräzision auf: die unvermeidbare Geschlechtszuschreibung bei Substantiven. Wenn beispielsweise von „einem Beobachter" die Rede ist, so kann das bedeuten:
➢ entweder ein männlicher Beobachter *im Gegensatz zu* einer weiblichen Beobachterin
➢ oder – im traditionellem Sprachgebrauch – ein Beobachter schlechthin *unter Einschluss von* männlich und weiblich.

In diesem Buch ist immer die zweite Möglichkeit gemeint.

Kapitel 4 – Systeme

4.1 Systeme sind, was sie tun: sie „operieren"

„System" ist der abstrakteste Begriff in dieser Theorie. Und einige abstrakte Erläuterungen und Begriffserklärungen sind unumgänglich, bevor es dann später mit „sozialen Systemen" und „Kommunikation" konkreter wird. Jeder hat eine ungefähre Vorstellung davon, was ein „System" ist, nämlich ein kompliziertes Gebilde, das irgendwie geregelt funktioniert. Mit Luhmanns Worten: ein System ist „organisierte Komplexität", die durch die „Selektion einer Ordnung" „operiert". Das System „organisiert", „seligiert", „operiert" – das sind alles Tätigkeiten. Systeme sind dynamisch, **Systeme bestehen nicht aus Dingen, sondern aus „Operationen". „Operationen" sind die „Letztelemente der Systeme"** (1984, 46 ff und 79; 1995b, 12). Wenn man sagt: ‚Ein System existiert', ist das identisch mit: ‚Ein System operiert'. Noch einmal Beispiel Qualle: Als biologisches System besteht sie nicht aus ihrem materiellen Quallenkörper – der ist Voraussetzung –, sondern aus den lebendigen Operation, die in und mit diesem Körper ablaufen.

„Operation" ist der allgemeine Begriff für die entscheidenden Aktivitäten von Systemen. Den Begriff „Operation" reserviert Luhmann für die Aktivitätsart, die für Systeme konstitutiv ist, das heißt „mit der das System sich selbst produziert und reproduziert" (1995b, 26).

> „Nur ein System kann operieren, und nur Operationen können ein System produzieren" (1995b, 27).

Biologische, psychische und soziale Systeme operieren auf eine jeweils ganz bestimmte, charakteristische Weise: Biologische Systeme leben, psychische operieren in Form von Wahrnehmungs- und Bewusstseinsprozessen, und die charakteristische Operationsweise sozialer Systeme, die uns später intensiver beschäftigen wird, ist „Kommunikation". Die Operationen aller drei Systemtypen – so verschieden die Typen und Operationsformen auch sein mögen – folgen denselben Leitprinzipien. Diese sind: die „System/Umwelt-Differenz" und die „Autopoiesis". Nach Luhmann ist alles ein System, das auf diese Weise operiert. Oder umgekehrt: das, was nicht über System/Umwelt-Differenz und Autopoiesis verfügt, ist kein System.

Abb. 4.1 Alle Systeme bestehen aus Operationen; sie operieren in Differenz zur Umwelt und in Autopoiesis

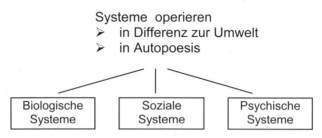

4.2 Operationen erzeugen „Differenz zur Umwelt"

4.2.1 Welt ist „unerreichbar" fern, Umwelt jedoch „systemrelativ" nah

Ein System ist etwas anderes als seine Umwelt. „Umwelt" ist keine feste Größe, etwa wie man heute von „Umweltproblematik" spricht. Umwelt ist vielmehr etwas, was es allein in Bezug auf ein bestimmtes System gibt: pro System definiert, genauer: vom System durch die systemeigenen Operationen erzeugt, also vom System selbst gemacht.

Dass es Umwelten gibt, setzt zunächst einmal voraus, dass es eine reale Welt gibt. Wie schon gesagt, leugnet Luhmann diese keineswegs (vergl. oben Kap. 3.2). Selbstverständlich existieren Luft, Wärme, Schwerkraft, chemische Stoffe und physikalische Bedingungen der verschiedensten Art, gemäßigtes Klima usw. Das alles und überhaupt alles ist gleichsam das Ausgangsmaterial, die *Voraussetzung* von Systemen und von System-Umwelten. „Physische, chemische, organische, psychische Realitäten" bilden die „Grundlage einer vorausgesetzten Komplexität", von wo aus Luhmann argumentiert (1984, 245; vergl. auch 1997, 14). Die objektive Welt ist allerdings nicht objektiv zugänglich. **„Welt" ist immer nur zugänglich als „Umwelt" aus der Sicht eines Systems**.

> Die vertretene Position „führt also nicht zu einem ,Weltverlust', sie bestreitet nicht, daß es Realität gibt. Aber sie setzt Welt nicht als Gegenstand, sondern im Sinne der Phänomenologie als Horizont voraus. Also als unerreichbar." (1996, 18)
> Es gibt „Umwelt im Horizont der weiten Welt des überhaupt Möglichen." (1984, 251 f)
> Man kann „nicht von einer vorhandenen Welt ausgehen, die aus Dingen, Substanzen, Ideen besteht, und auch nicht mit dem Weltbegriff deren Gesamtheit (universitas rerum) bezeichnen. Für Sinnsysteme ist die Welt kein Riesenmechanismus, der

4.2 Operationen erzeugen „Differenz zur Umwelt"   41

Zustände aus Zuständen produziert und dadurch die Systeme selbst determiniert. Sondern **die Welt ist ein unermeßliches Potential für Überraschungen, ist virtuelle Information, die aber Systeme benötigt, um Information zu erzeugen**, oder genauer: um ausgewählten Irritationen den Sinn von Informationen zu geben." (1997, 46; Hervorhebung durch M.B.)

„Die Welt [… ist] Wildnis [… und] Chaos". (1997, 527)

Abb. 4.2 Die unerreichbare Welt wird systemrelativ zur Umwelt

Welt existiert als Chaos, Wildnis, unerreichbarer Horizont, unermessliches Potential

Für ein System wird sie zur Umwelt

Luhmann ist „Konstruktivist", aber kein „radikaler": Die Welt existiert, wenn auch unerreichbar; sie ist keine Konstruktion unserer Einbildung. Als „Umwelt" holt ein System sie nahe, dann ist sie jedoch Konstruktion des Systems. „Welt" kann eigentlich nur eine ohne Beobachter sein. Sobald ‚etwas' unterschieden wird, ist das ein Eingriff durch denjenigen, der das macht; sofort wird aus der Welt damit Umwelt. Unterscheidbar ist selbstverständlich aber nur ‚etwas', was als Möglichkeitspotential in der Welt vorhanden ist. Insofern ist die Umwelt eine Konstruktion des Systems, aber keine x-beliebige. **Erkenntnisse über die Welt lassen sich nur als Erkenntnisse über Umwelten von Systemen gewinnen. Die System/Umwelt-Differenz ist daher die „Leitdifferenz" der Systemtheorie**. „Die Theorie beginnt […] mit der Differenz von System und Umwelt" (2002b, 67). Sie ist so fundamental, dass „alle Entwicklungen der neueren Systemtheorie als Variationen zum Thema ‚System und Umwelt'" erscheinen (1984, 23; 1997, 64).

4.2.2 In System/Umwelt-Differenz *operieren* Systeme

Die Betonung der System/Umwelt-*Differenz* ersetzt die veraltete Auffassung früherer Systemtheoretiker, ein System sei ein Ganzes, zusammengesetzt aus Teilen oder Elementen. Die alte Auffassung ist zu statisch und konzentriert fälschlich den Blick auf das System*innere* anstatt auf die System*grenze*.

> „Wir werden daher immer wieder Anlaß haben, darauf hinzuweisen, daß der primäre Gegenstand der Systemtheorie nicht ein Gegenstand (oder eine Gegenstandsart) ‚System' ist, sondern die Differenz von System und Umwelt." (1984, 115 f)
> „Eine derart resolute Trennung von Systemen und Umwelten ist natürlich nur akzeptabel, wenn Systeme nicht länger substantiell als für sich bestehende Objekte begriffen werden, die in der Welt herumschwimmen wie Fettaugen in der Suppe." (1995b,10)

Falsch ist auch die Vorstellung, es existiere zunächst eine Umwelt, und ein System passe sich dann daran an. System und Umwelt sind vielmehr zwei Seiten derselben Medaille. Die beiden Größen sind aufeinander bezogen. Das heißt, es ist unsinnig, etwas über ein System aussagen zu wollen, ohne diese spezifische Differenz, seine Grenze zur Umwelt, mit zu denken. **Ein System *ist* Differenz zur Umwelt. Umwelt gibt es nur *durch* das System. Die Umwelt ist die „Außenseite" des Systems.** Umwelt ist immer nur „systemrelativ". Also auch für jedes System etwas anderes, nämlich jeweils das außerhalb des Systems Bestehende aus Sicht des Systems selbst. Wenn beispielsweise eine Eizelle befruchtet wird und als eigenes biologisches System zu leben beginnt, grenzt sie sich in demselben Akt vom mütterlichen Körper ab; alles andere außerhalb wird für sie Umwelt – unbenommen davon, dass sie von diesem als Voraussetzung extrem abhängig ist.

Abb. 4.3 Ein System operiert und erzeugt dadurch eine Differenz zur Umwelt – auch wenn es von Voraussetzungen der Umwelt abhängig ist

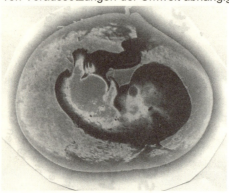

4.2 Operationen erzeugen „Differenz zur Umwelt" 43

Entsprechendes gilt für psychische und soziale Systeme: Eine Person – ein psychisches System – macht alles, was sie wahrnimmt, zu ihrer Umwelt. Eine Redaktionskonferenz macht in ihrer morgendlichen Sitzung als soziales System alles andere zu ihrer Umwelt. Das Massenmedien-System macht die Gesellschaft, über die es berichtet, zu ihrer Umwelt.

> Im Operieren erzeugen Systeme „eine Differenz von System und Umwelt. Sie erzeugen eine Form, die zwei Seiten hat, nämlich eine Innenseite – das ist das System – und eine Außenseite, die Umwelt." (1995b, 27)
> „Die [System/Umwelt-]Differenz ist keine ontologische, und darin liegt die Schwierigkeit des Verständnisses. Sie zerschneidet nicht die Gesamtrealität in zwei Teile: hier System und dort Umwelt. Ihr Entweder/Oder ist kein absolutes, es gilt vielmehr nur systemrelativ, aber gleichwohl objektiv." (1984, 244)
> **„Die Umwelt ist einfach ‚alles andere'."** (1984, 249; Hervorhebung durch M.B.)

Für jedes System ist demnach die Umwelt etwas anderes:

- Für ein Pantoffeltierchen ist alles *außerhalb* seiner selbst, worin es schwimmt, was es fressen und wovon es gefressen werden kann, Umwelt.
- Für einen menschlichen Embryo als biologisches System ist alles *außerhalb* des eigenen lebenden Zellhaufens Umwelt.
- Für das Bewusstsein eines Menschen als psychisches System ist alles, was in der Welt seine Aufmerksamkeit erregt, was es als *Außen* wahrnimmt und *worüber* es nachdenkt, Umwelt. Sogar der eigene Leib (als biologisches System) sowie Kommunikation und soziale Kontakte (als soziale Systeme) sind aus Sicht des psychischen Systems Umwelt.
- Für die Massenmedien sind Wirtschaft, Politik, Kunst, Sport, Prominente usw. Umwelt: alles, *worüber* die Medien Informationen erarbeiten und öffentlich verbreiten.
- Für die Wirtschaft sind Massenmedien, Politik, Ökologie, Familien, Autos, Gummibärchen usw. Umwelt: alles, *womit* die Wirtschaft Geld verdienen will.
- Für die Politik sind Massenmedien, Wirtschaft, Ökologie, Wissenschaft, Personen über 18 als potentielle Wähler usw. Umwelt: alles, *worüber* die Politik Macht haben will.

Die Umwelt ist jeweils größer und ungeregelter als das System. In der Umwelt mögen wieder andere Systeme enthalten sein – aber aus der Sicht jedes Systems ist seine Umwelt immer ziemlich chaotisch und komplex.

> Jedem System ist „seine Umwelt als verwirrend komplexes Gefüge wechselseitiger System/Umweltbeziehungen gegeben". (1984, 37)

4.2.3 In System/Umwelt-Differenz (Selbstreferenz/Fremdreferenz) *beobachten* Systeme

Wir haben festgestellt, dass Systeme existieren, indem sie operieren und dadurch Differenz zur Umwelt erzeugen. Neben **„Operieren" gibt es eine zweite zentrale Aktivität, das ist „Beobachten": „Beobachtung heißt einfach [...] Unterscheiden und Bezeichnen"** (1997, 69; vergl. auch 1990b, 21 f und 2002b, 147; vergl. schon Kap. 3.3). Auch für die Beobachtung ist die System/Umwelt-Differenz leitend. Die Systeme kopieren die System-Umwelt-Differenz, also eigentlich ihre Außengrenze, noch einmal in sich hinein und benutzen diese Abgrenzung intern als Grundkategorie für ihr sämtliches Unterscheiden, sämtliches Beobachten. Diesen Wiedereintritt der Grenze *zwischen* System und Umwelt *in* das System bezeichnet Luhmann nach George Spencer Brown als „re-entry" (oder auch „reentry"). Und die fundamentale Unterscheidung entlang dieser Differenz nennt er „Selbstreferenz/ Fremdreferenz".

> „Die Differenz System/Umwelt kommt zweimal vor: [1.] als durch das System produzierter Unterschied und [2.] als im System beobachteter Unterschied." (1997, 45; vergl. auch 1997, 77)
>
> [1.] „Die Operationen des Systems erzeugen die Differenz von System und Umwelt; [2.] die Beobachtungen kopieren diese Differenz in das System herein und benutzen sie als Unterscheidung mit Verfügungsmöglichkeiten über beide Seiten. Das ‚reentry' ist ein verdecktes Paradox: Zwei Unterscheidungen sind dieselbe Unterscheidung." (1994, 8 f)
>
> [1.] „Also muß das System zuerst operieren und seine Operationen fortsetzen, also zum Beispiel leben oder kommunizieren können, bevor es [2.] die auf diese Weise erzeugte *Differenz* intern als *Unterscheidung* und damit als Schema eigener Beobachtungen verwenden kann." (1996, 24)
>
> **„Das System selbst [1.] erzeugt und [2.] beobachtet die Differenz von System und Umwelt."** (1997, 182; Hervorhebung durch M.B.)

4.2 Operationen erzeugen „Differenz zur Umwelt"

Abb. 4.4 Systeme (1.) operieren in System/Umwelt-Diffferenz und (2.) beobachten in Selbstreferenz/Fremdreferenz (= „Reentry" der Differenz *zwischen* System und Umwelt *in* das System)

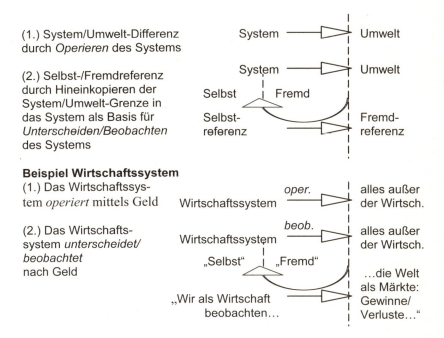

Wir haben also immer zwei Ebenen:
(1.) die Abgrenzung durch die Existenz selbst, das *Operieren*;
(2.) die Abgrenzung durch die Verwendung des Abgegrenztseins, das *Unterscheiden, Beobachten*.

Nicht nur (1.), das Operieren, sondern auch (2.), das Unterscheiden zwischen sich selbst und allem anderen, findet bei allen Systemen statt. Schon bei einem biologischen System, beispielsweise einem Pantoffeltierchen: Es schafft die Unterscheidung zwischen sich und allem anderen durch räumliche Abgrenzung. Ob man dabei schon von „Beobachtung" sprechen kann, lässt Luhmann offen (vergl. etwa 2002b, 86 und 148). Psychische und soziale Systeme konstruieren diese Unterscheidung durch Referenzen wie ‚Ich selbst' bzw. ‚Wir selbst' versus ‚Nicht-Ich' bzw. ‚Nicht-Wir'. Das ist „Beobachtung". Ein Beobachter kann also nicht nur, wie aus dem Alltag vertraut, eine Person, also ein psychisches System, sondern auch, etwas ungewohnt, ein soziales System sein. Etwa aus Sicht der französischen Gesellschaft sind alle anderen ‚*andere* Gesellschaften'. Oder im System der Massenmedien beobachtet jeder Journalist, jede

Zeitung, jeder Sender nach diesem Muster: ‚*Wir* sind die Medien, die berichten; die *anderen* sind die, *über die* berichtet wird'.

> Das System der Massenmedien „kommuniziert tatsächlich – über etwas. Über etwas anderes oder über sich selbst. Es handelt sich also um ein System, das zwischen Selbstreferenz und Fremdreferenz unterscheiden kann. [...] Wir halten uns an den Ausgangspunkt, daß die Massenmedien als beobachtende Systeme genötigt sind, zwischen Selbstreferenz und Fremdreferenz zu unterscheiden." (1996, 15)

Abb. 4.5 Systeme beobachten, indem sie zwischen sich selbst/Selbstreferenz und allem anderen/Fremdreferenz unterscheiden

Dass die Differenz zwischen System und Umwelt, also die Außengrenze des Systems, vom System in das System hineinkopiert und als fundamentale Beobachtungskategorie verwendet wird, hat einige Folgen. So ist dies der erste Schritt, um Komplexität im System aufzubauen. Und die gesamten Möglichkeiten von Unterscheiden, Beobachten und Erkennenkönnen, über die das System verfügt, sind davon bestimmt; es ist die logische Erklärung dafür, dass alle Erkenntnis eine Konstruktion ist. Denn die System/Umwelt-Differenz ist ja vom System selbst erzeugt; sie ist nicht als vorweg fixierte Grenze ontologisch in der Welt außerhalb des Systems vorhanden.

> „Wenn alle Erkenntnis auf Grund einer Unterscheidung von Selbstreferenz und Fremdreferenz erarbeitet werden muß, gilt zugleich, daß alle Erkenntnis (und damit alle Realität) eine Konstruktion ist. *Denn diese Unterscheidung von Selbstreferenz und Fremdreferenz kann es ja nicht in der Umwelt des Systems geben* (was wäre da ‚Selbst' und was wäre da ‚Fremd'?), *sondern nur im System selbst.*" (1996, 16 f)
> „An die Stelle der ontologischen Fixpunkte […] tritt eine beobachterabhängige Unterscheidung." (1997, 195)

Was wie in der Welt beachtet und damit beobachtet werden sollte, gibt die Welt nicht objektiv vor. Sie bietet – wie schon dargestellt – ein unermessliches Potential für unendlich viele mögliche Unterscheidungen. Welche davon tatsächlich realisiert werden und welche nicht, kommt vom Beobachter. Damit fügt jeder Beobachter seinem Beobachtungsgegenstand etwas hinzu, nämlich seine Unterscheidungskategorien, und nimmt etwas weg, nämlich das von ihm als unwichtig Ausgesonderte. Der Beobachter ist also immer drin in dem, was er beobachtet (vergl. oben Abb. 3.11). Das produziert unvermeidbar einen „blinden Fleck". Es ist wie bei einem Arzt, der sich selbst untersucht: Auch bei aller Mühe um objektive Betrachtung kann er immer etwas nicht erkennen. Z.B. kann er sein eigenes Sehen nicht sehen; auch nicht wissen, ob seine Befunde über eine eigene Krankheit nicht durch die Krankheit selbst hervorgerufen sind (vergl. 1997, 18; siehe auch unten Kap. 20.4).

„Bei der Handhabung einer Unterscheidung haben Sie immer einen blinden Fleck oder eine Unsichtbarkeit im Rücken. Sie können sich als denjenigen, der eine Unterscheidung handhabt, nicht beobachten [...] Es gibt keine richtigen Unterscheidungen, die man in bestimmten Fällen anwenden muss, weil die Natur oder der Essenzkosmos das so vorsieht [...], aber es gibt die Notwendigkeit, immer mit einem blinden Fleck oder mit der Unsichtbarkeit der Einheit einer Unterscheidung zu hantieren, weil Sie ohne Unterscheidung überhaupt nicht beobachten können". (2002b, 146)

4.2.4 So werden Systeme auch von außen beobachtet

Die System/Umwelt-Differenz ist ebenfalls Leitdifferenz, wenn Systeme von außen beobachtet werden – wobei die Beobachter psychische oder soziale Systeme sein können. Das lässt sich schon an Alltagserfahrungen veranschaulichen, wo man ebenfalls die klarste Erkenntnis aus dem Erleben und Registrieren von Unterschieden gewinnt. Man registriert allerdings die Unterschiede nur, wenn man entsprechende Beobachtungskategorien mitbringt (vergl. 1997, 470). Beispielsweise auf Reisen: Nachdem man etwa im brasilianischen Fernsehen 25 Werbeunterbrechungen in einer Stunde Fernsehprogramm erlebt hat, registriert man plötzlich die Werbeunterbrechungsbeschränkung im deutschen Fernsehsystem und weiß sie zu schätzen. Oder nachdem man eine neue Art von öffentlicher Höflichkeit, Freundlichkeit und Servicebereitschaft in USA, England oder Südostasien kennengelernt hat, gehen einem plötzlich die Augen auf, wie es um diese Tugenden in der deutschen Gesellschaft bestellt ist.

„Alle Umweltbeobachtung setzt die Unterscheidung von Selbstreferenz und Fremdreferenz voraus, die nur im System selbst (wo denn sonst?) getroffen werden kann. Und das macht zugleich verständlich, daß alle Umweltbeobachtung Selbstbeobachtung stimuliert und jeder Distanzgewinn die Frage des Selbst, der eigenen Identität, aufwirft." (1997, 92 f)

Abb. 4.6 Die System/Umwelt-Differenz leitet Umweltbeobachtung und stimuliert Selbstbeobachtung

(Deutsche) Beobachtung von Höflichkeit in Asien…

… und (Selbst-) Beobachtung von Höflichkeit in Deutschland

Auch die wissenschaftliche Untersuchung präpariert Erkenntnisse heraus, indem sie Differenzen beobachtet. So untersuchen beispielsweise Ökonomen die Wirtschaft in bestimmten Angebots- und Nachfragesituationen und rechtlichen oder politischen Rahmenbedingungen in Differenz zu anderen Bedingungen. Kommunikationswissenschaftler untersuchen die Massenmedien und beobachten, was von ihnen als berichtenswerte Information ausgewählt wird in Differenz zu Nicht-Berichtenswertem.

> „Differenzerfahrung ist die Bedingung der Möglichkeit von Informationsgewinn und Informationsverarbeitung." (1984, 13)
> Die Systemtheorie „benutzt die Unterscheidung System und Umwelt als Form ihrer Beobachtungen und Beschreibungen." (1997, 64)
> **„Das Objekt der Theorie ist somit die Differenz".** (1995b, 10; Hervorhebung durch M.B.)

Die Wissenschaftler beobachten dabei die Vorgehens- und Beobachtungsweise der Wirtschaft oder der Massenmedien und sind so Beobachter von Beobachtern oder auch Beobachter zweiter Ordnung. Von dieser Position aus haben sie den Vorteil, den „blinden Fleck" bei den Beobachtern erster Ordnung – also hier bei der Wirtschaft oder den Medien – zu überblicken. Aber unvermeidbar produziert auch die Beobachtung zweiter Ordnung wieder einen blinden Fleck. Um den zu sehen, braucht es eine dritte Position – aber die Gesetzmäßigkeit, dass jede Beobachtung einen systemrelativen blinden Fleck erzeugt, ist nicht zu durchbrechen (vergl. beispielsweise 1995a, 92 ff: „Die Beobachtung erster und die Beobachtung zweiter Ordnung").

4.2 Operationen erzeugen „Differenz zur Umwelt"

Abb. 4.7 Beobachtung erster, zweiter und dritter Ordnung

Massenmedien beobachten die Gesellschaft/Welt	1. Ordnung
Luhmann beobachtet die Massenmedien bei ihrer Beobachtung der Gesellschaft/Welt	2. Ordnung
Leser von Luhmann beobachten Luhmann bei seiner Beobachtung der Massenmedien, welche beobachten die Gesellschaft/Welt	3. Ordnung

Wir haben einen Regress ohne Endpunkt. Jeder kann andere Beobachtungen beobachten und vergleichen. Und dabei kann jeder beobachtende Beobachter weniger oder anderes in den Blick nehmen als der beobachtete Beobachter. Aber niemand hat ‚alles' im Blick, immer nur ‚etwas'. Eine letzte Instanz, von der aus ‚alles' überblickt werden kann, war „einst ausschließlich für Gott reserviert"; heute ist diese ontologische Sicherheit dahin: „Es gibt kein ‚extramundanes Subjekt'" (1997, 1121, Anmerkung 398; 1995a, 95). Alle Beobachtungen und ihre Ergebnisse sind nur Konstruktionen aus systemrelativer Sicht. Das impliziert die ständige Korrigier- und Kritisierbarkeit aller Weltbeschreibungen. Daraus gibt es keinen Ausweg. Noch einmal die oben bereits teilweise zitierte Aussage Luhmanns in größerem Zusammenhang:

> „Die These des operativen Konstruktivismus führt also nicht zu einem ‚Weltverlust', sie bestreitet nicht, daß es Realität gibt. Aber sie setzt Welt nicht als Gegenstand, sondern im Sinne der Phänomenologie als Horizont voraus. Also als unerreichbar. Und deshalb bleibt keine andere Möglichkeit als: Realität zu konstruieren und eventuell: **Beobachter zu beobachten, wie sie die Realität konstruieren.**" (1996, 18 f; Hervorhebung durch M.B.)

4.2.5 So beobachten Systeme auch sich selbst

Die System-Umwelt-Differenz ist schließlich auch die Leitdifferenz für die Selbstbeobachtung und Selbstbeschreibung von Systemen (vergl. auch das Kapitel „Selbstbeschreibungen" in 1997, 866 ff sowie unten Kap. 20).

„Systeme sind jedenfalls Einheiten, die sich von ihrer Umwelt unterscheiden lassen – und zwar für externe Beobachter ebenso wie, falls die Kapazität dafür ausreicht, für Selbstbeobachtung." (1995b, 13)

„Unter Selbstbeobachtung soll [...] eine im System auf das System gerichtete Operation verstanden werden und unter Selbstbeschreibung die Anfertigung eines entsprechenden Textes." (1997, 887)

„,I am two fools, I know
for loving, and for saying so.'
John Donne, The Triple Fool" (1995b, 189).

Abb. 4.8 Selbstbeobachtung heißt (1.) operieren und (2.) beobachten, dass man operiert

(1) Operieren: **(2) Beobachten, dass man operiert:**
Loving and saying **I am two fools, I know**
for loving and for saying so.

So beobachten sich beispielsweise Wirtschaftsunternehmen mithilfe ihrer Bilanzen und Geschäftsberichte in Abgrenzung zur Konkurrenz und zur umgebenden Gesellschaft. Oder die Massenmedien reflektieren sich selbst in Abgrenzung zur umgebenden Gesellschaft, über die sie berichten: ‚*Wir* sind Kontrollinstanz der Demokratie, Gewissen, Wächter *über* Gesellschaft und Politik', ‚*Wir* sind dazu da, die *Bevölkerung* zu informieren' bzw. ‚*Wir* sind dazu da, die *Leute* zu unterhalten'. Zum Teil sind institutionalisierte Selbst-Beobachter eingesetzt: Buch-Kritiker, Medienstammtisch im Fernsehen, Presse-Rat, Werbe-

Rat. Und auch einzelne Medientitel beobachten sich selbst in Abgrenzung gegeneinander: ‚Der Spiegel mag das so aufziehen, *wir als Focus* ziehen das *dagegen* so auf!'

Selbstbeobachtungen und -beschreibungen werden auf allen sozialen Ebenen angefertigt, auch von der Gesellschaft im Ganzen. Beiträge zur Selbstbeschreibung der Gesellschaft zu liefern haben zu ihrer Aufgabe gemacht:

> Das Massenmedien-System: „Die Funktion der Massenmedien liegt nach all dem im Dirigieren der Selbstbeobachtung des Gesellschaftssystems – womit nicht ein spezifisches Objekt unter anderen gemeint ist, sondern eine Art, die Welt in System und Umwelt zu spalten." (1996, 173)
> Das Wissenschafts-System, speziell die Soziologie mit ihren Gesellschaftstheorien und empirischen Erhebungen. Luhmann sieht ihre „Aufgabe in der Mitwirkung an der laufenden Selbstbeobachtung der Gesellschaft" und liefert selbst ebenfalls ein „Angebot einer Selbstbeschreibung der modernen Gesellschaft" (1992b, 138 und 1997, 1139).

Dabei haben wir wieder das schon erwähnte Problem, dass der Beobachter sowohl drinnen als auch draußen ist, „denn jede Weltbeobachtung findet in der Welt statt, jede Gesellschaftsbeobachtung, wenn sie als Kommunikation vollzogen wird, in der Gesellschaft" (1997, 1118; vergl. auch 1984, 105). Deswegen haben derartige Beobachtungen immer einen „blinden Fleck" (vergl. etwa 1997, 1131 ff und 1996, 162; vergl. auch oben Abb. 3.11 und Kap. 4.2.3 sowie unten Kap. 20.4).

4.3 Systeme machen sich selbst in „Autopoiesis"

4.3.1 Von anderen gemacht ist kein System

Am Anfang dieses Kapitels wurde gesagt, dass Systeme in Differenz zur Umwelt und *in Autopoiesis* operieren. Nun zu diesem zweiten Basismerkmal. Luhmann charakterisiert seine Systemtheorie als „Theorie der sich selbst herstellenden, autopoietischen Systeme" oder als „Theorie autopoietischer, selbstreferentieller, operativ geschlossener Systeme" (1984, 28; 1997, 79). Bei anderen Autoren mag es ein anderes Verständnis von Systemen geben; das hält er für falsch. Nach traditioneller Denkweise und Definition (die nicht seine ist) könnte man beispielsweise eine Uhr als System auffassen, weil sie aus Elementen besteht, die systemisch ineinanderarbeiten. Aber die Uhr ist vom Uhrmacher gemacht, ihr Regelwerk kommt von außerhalb der Uhr selbst. Das ist der

Unterschied zu einem „autopoietischen" System. Denn ein autopoietisches System produziert und reproduziert sich selbst.

Abb. 4.9 Systeme sind autopoietisch, das heißt erzeugen sich selbst – sonst sind sie keine

Systeme schwimmen nicht in der
Welt „wie Fettaugen in der Suppe"

Was sich nicht selbst
gemacht hat, ist kein System

Genau das wird durch den Begriff „autopoietisch" bzw. „Autopoiesis" oder „Autopoiese" ausgedrückt, der aus den zwei Komponenten
➢ „auto" = „selbst"
➢ „poiein" oder „producere" = schaffen, organisieren, produzieren
besteht und folgendermaßen definiert wird:

„Als *autopoietisch* wollen wir Systeme bezeichnen, *die die Elemente, aus denen sie bestehen, durch die Elemente, aus denen sie bestehen, selbst produzieren und reproduzieren.*" (1995b, 56; vergl. auch 1995b, 12)
„Autopoiesis heißt: Selbstreproduktion des Systems auf der Basis seiner eigenen Elemente" (1995b, 189)
„Insofern heißt Autopoiesis: Produktion des Systems durch sich selber." (1997, 97)
„Das System erzeugt sich selber." (2002b, 110)

4.3 Systeme machen sich selbst in „Autopoiesis"

Abb. 4.10 Systeme sind autopoietisch, das heißt sich selbst herstellend und selbstreferentiell geschlossen

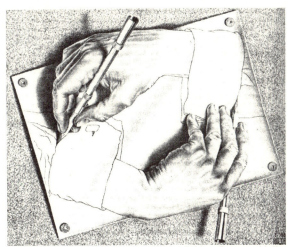

(M.C.Escher's „Drawing Hands" © 2002 Cordon Art B.V. – Baarn - Holland. All rights reserved)

Eine Uhr produziert und reproduziert sich nicht selbst. Wohl aber ist das der Fall beispielsweise bei biologischen Organismen. Und aus diesem Kontext hat Luhmann den Begriff auch übernommen. Der Biologe Humberto R. Maturana hat ihn in seiner Schriftensammlung „Erkennen: Die Organisation und Verkörperung von Wirklichkeit. Ausgewählte Arbeiten zur biologischen Epistemologie" (1982) entwickelt. Für biologische Zusammenhänge ist die Autopoiesis leicht einsehbar. Luhmann überträgt das Konzept auf nichtbiologische Systeme (vergl. 1995b, 12 f, 20 und 55; 1984, 60; 1997, 65, Anmerkung 82).

> „Das Leben selbst kann jedenfalls als Autopoiesis begriffen werden. Das heißt: Leben produziert Leben, und nichts von außen kann Leben hinzufügen." (1995b, 271)

Abb. 4.11 Autopoiesis beispielsweise biologischer Systeme: Nur Leben produziert Leben (so wie nur Denken Denken und Kommunikation Kommunikation)

4.3.2 Systeme operieren und operieren und operieren – „anschlussfähig"

Die autopoietische Basisoperation ist immer gleich. Das ist im Grunde schon enthalten in der Auffassung, dass Systeme nicht statisch aus Dingen, sondern dynamisch aus Operationen bestehen. Sie *müssen* operieren und *weiter* operieren, sonst existieren sie nicht. Sie operieren also so, dass sich weitere Operationen anschließen können. Das ist die „Anschlussfähigkeit" des Systems.

> Die Notwendigkeit der ständigen Selbstreproduktion – „das geht über ein bloßes Ersatzbeschaffen für absterbende Teile weit hinaus und ist auch mit Hinweis auf Umweltbeziehungen nicht zureichend erklärt. Es geht nicht um Anpassung, es geht nicht um Stoffwechsel, es geht um einen eigenartigen Zwang zur Autonomie, der sich daraus ergibt, daß **das System in jeder, also in noch so günstiger Umwelt schlicht aufhören würde zu existieren, wenn es die momenthaften Elemente, aus denen es besteht, nicht mit Anschlußfähigkeit [...] ausstatten und so reproduzieren würde.**" (1984, 28; Hervorhebung durch M.B.)

Dieses gilt für alle Systeme. Selbstverständlich auch für die Gesellschaft: Gesellschaftliche Kommunikation ist darauf angelegt, dass und damit die Gesellschaft weiter besteht. Es gilt ebenfalls für Massenmedien, bei denen uns dieses vertraut ist, weil Massenmedien ja regelrecht als Fortsetzungsapparate arbeiten. Massenmedien, die aufhören zu senden, zu drucken, zu berichten usw., hören auf zu existieren. Sie senden, drucken, berichten also wohlweislich immer so, dass weiterhin derartige Operationen folgen müssen – sie sichern ihre Anschlussfähigkeit.

> „Das System nimmt sich Zeit und formiert alles Operationen in der Erwartung, daß andere darauf folgen werden. Und so arbeitet auch das System der Massenmedien in der Annahme, daß die eigenen Kommunikationen in der nächsten Stunde oder am nächsten Tag fortgesetzt werden. Jede Sendung verspricht eine weitere Sendung. Nie geht es dabei um die Repräsentation der Welt, wie sie im Augenblick ist." (1996, 26)

Um die Anschlussfähigkeit zu sichern, müssen schon die einfachsten biologischen Systeme und alle autopoietischen Systeme ihre Operationen im Verhältnis zu den Resultaten kontrollieren und geeignete Strukturen aufbauen. Das ist eine besondere Form von „Selbstreferenz", die zwischen „Vorher" und „Nachher" unterscheiden kann, also so etwas wie ein Gedächtnis bildet. Das System registriert: So war ‚ich selbst' vor meiner Operation, und so bin ‚ich selbst' danach. Luhmann nennt die Fähigkeit eines Systems, zwischen Vorher und Nachher zu unterscheiden, seine „Reflexivität" (1984, 601; 1995b, 189; 1984, 11 und 57 f). Diese Fähigkeit beginnt also keineswegs erst mit der Entwicklung von Bewusstsein.

4.3 Systeme machen sich selbst in „Autopoiesis"

„Autopoietische Systeme können ihre Strukturen nicht als Fertigprodukte aus ihrer Umwelt beziehen. Sie müssen sie durch eigene Operationen aufbauen und das erinnern – oder vergessen." (1995b, 12)

Abb. 4.12 Systeme sichern sich ihre Anschlussfähigkeit

4.3.3 Die Evolution produziert Ausdifferenzierung

Die Brücke, um das Konzept der Autopoiesis von biologischen auf psychische und soziale System zu übertragen, stellt die Evolution dar. Den Anfang machten biologische Systeme, dann sind „psychische und soziale Systeme [...] im Wege der Co-evolution entstanden" (1984, 92). Im Lauf der Evolution haben sich die Systeme immer weiter ausdifferenziert. Die dahinter stehende Gesetzmäßigkeit ist wieder die System/Umwelt-Differenz. Denn System und Umwelt verändern sich unterschiedlich. Das erzeugt Spannung und Anreiz zur Ausdifferenzierung im System, wobei die Operationen des Systems allein aus den einfachen Grundoperationen bestehen.

„Nur die *Differenz* von System und Umwelt ermöglicht Evolution. Anders gesagt: Kein System kann aus sich heraus evoluieren. Wenn nicht die Umwelt stets *anders* variierte als das System, würde die Evolution in einem ‚optimal fit' ein rasches Ende finden." (1997, 433)
„Das Resultat dieser Selbstselektion von Strukturen ist die Vielfalt der Arten, die Vielfalt der Individuen, die Vielfalt der sozialen Systeme auf der Grundlage einer

jeweils sehr einfach zu beschreibenden autopoietischen Grundoperation." (1995, 189)

Es handelt sich um einen spiraligen Prozess – der allerdings in Sprüngen verläuft – ohne Ende:

...... → Umweltänderung von System XA
→ Ausdifferenzierung von System XA
= Umweltänderung von System XB, zu dessen Umwelt XA gehört,
→ Ausdifferenzierung von System XB = ...

So operiert beispielsweise schon das Pantoffeltierchen in Abgrenzung zu seiner Umwelt, ‚entnimmt' daraus Informationen – z.B. über Temperaturen, Beute und Feinde – und evoluiert *im Rahmen seiner Möglichkeiten*, indem es neues Verhalten ausbildet. (Die Formulierung ‚entnehmen' ist eine sprachliche Verlegenheit, denn eigentlich wird es nur von außen irritiert und ordnet manchem davon Informationswert zu; s. dazu auch Kap. 4.3.4) Analoges gilt für psychische und soziale Systeme. Die Massenmedien etwa haben sich im Lauf ihrer Evolution von den Anfängen bei Beginn des Buchdrucks bis heute enorm ausdifferenziert – immer parallel zur Evolution der Gesellschaft samt Wirtschaft, Technik, Bevölkerungsentwicklung usw., also der „Umwelt" der Massenmedien. (Über die parallele Evolution der Kommunikation und der Gesellschaft s. unten Kap. 21.) Und wenn heute der Axel-Springer-Verlag einen neuen Fernsehsender gründet, so hat das Auswirkungen auf andere Medienunternehmen und Sender, zu deren Umwelt der Axel-Springer-Verlag gehört.

Die Systeme sind also kausal mit ihrer Umwelt verbunden, sind *„umweltoffen"* **oder** *„kausal offen"*. **Gleichzeitig operieren sie in Abgrenzung zur Umwelt und können in all ihren Operationen und Ausdifferenzierungen allein an die eigenen, bereits erfolgten Operationen, Selektionen und Differenzierungen anschließen, sind** *„operativ geschlossen"* **oder** *„rekursiv geschlossen"* (1984, 64; 1995b, 189 und 270; 2002b, 267). Systeme sind also teils „offen", teil „geschlossen". Das ist etwas schwierig zu verstehen und wird darum im nächsten Abschnitt noch einmal erläutert.

4.3.4 Gleichzeitig (umwelt-)offen und (operativ) geschlossen

Es sei noch einmal in Erinnerung gerufen, dass Systeme selbstverständlich bestimmte, fundamentale Grundvoraussetzungen in ihrer Umwelt brauchen, um überhaupt existieren zu können. So brauchen biologische Systeme Sauerstoff, Wasser, Nahrung usw.; Bewusstseinssysteme brauchen biologische Systeme und eine Welt zum Wahrnehmen; und soziale Systeme setzen Leben und Bewusstsein voraus (vergl. 1984, 239 und 297; 1997, 125 sowie schon oben Kap. 4.2.1). Diese *Voraussetzungen* muss man aber von den *Definitionsmerkmalen*

4.3 Systeme machen sich selbst in „Autopoiesis"

unterscheiden. Es wäre ja unsinnig, alle Vorbedingungen eines Sachverhaltes in die Definition des Sachverhaltes aufzunehmen.

> „Daß die Umwelt immer mitwirkt und ohne sie nichts, absolut gar nichts geschehen kann, ist selbstverständlich." (1997, 96)
> „Autopoiesis qua Leben und qua Bewußtsein ist Voraussetzung der Bildung sozialer Systeme." (1984, 297)
> „Wenn jemand Beobachtungen prozessiert, muss er die Möglichkeit dazu haben. Die Welt muss das erlauben, die Ökologie muss stimmen, er muss leben, sein Kopf muss soweit funktionieren, dass er unterscheiden kann, und so weiter." (2002b, 197)
> Keine Kommunikation kann ständig kontrollieren, „ob die Teilnehmer noch leben, ob die Luft ausreicht, um Laute zu transportieren, oder ob die Elektronik der Apparate noch funktioniert". (1997, 125)
> „Man kann angesichts der Komplexität der Welt nicht alle Bedingungen der Möglichkeit eines Sachverhaltes in den Begriff dieses Sachverhaltes aufnehmen; denn damit würde der Begriff jede Kontur und jede theoriebautechnische Verwendbarkeit verlieren." (1995b, 114 f)

Die Vorbedingungen stehen also nicht zur Diskussion. *Jenseits* **solcher Voraussetzungen operieren Systeme „rekursiv geschlossen" bzw. „operativ geschlossen".** Das heißt: durch bisherige Operationen und Selektionen des Systems sind Festlegungen getroffen und Formen entstanden, welche die Rahmenbedingungen für Anschlussoperationen darstellen, aus denen das System nicht entkommen kann. Das sind die Bedingungen der Autopoiesis: Nur Leben produziert Leben, nur Denken Denken und nur Kommunikation Kommunikation. Entsprechendes gilt für die Ausdifferenzierungen: Nur das Leben des Huhns produziert das Leben eines Huhns. Kein System kann seine Autopoiesis zurückdrehen, wieder von vorne anfangen oder ganz anders vorgehen. Es gibt auch keine *außenstehende* Instanz, die eingreifen und beispielsweise feststellen könnte: ‚Diese evolutionäre Ausdifferenzierung eines extrem fantastischen Südseefisches mit dem querliegenden Flossenschlag ist nicht sinnvoll, gehen wir zurück in ein früheres Stadium!'

> „Alles was geschieht, geschieht zum ersten und zum letzten Mal." (1995b, 31)
> „Das System gerät nie wieder in den früheren Zustand. Es kann nur erinnern und vergleichen." (1997, 475)
> „Alle Operationen (Kommunikationen) haben mithin eine Doppelfunktion: Sie legen (1) den historischen Zustand des Systems fest, von dem dieses System bei den nächsten Operationen auszugehen hat. Sie determinieren das System als jeweils so und nicht anders gegeben. Und sie bilden (2) Strukturen als Selektionsschemata, die ein Wiedererkennen und Wiederholen ermöglichen". (1997, 94)

Dieses erläutert Luhmann immer wieder mit Verweis auf den Informationsbegriff von Gregory Bateson: „A difference that makes a difference". Getroffene

Selektionen bestimmten die Möglichkeiten anschließender Selektionen (1997, 86; vergl. z.B. auch 1996, 39, 47 und 100; 1990b, 8; s. auch unten Kap. 6.3.1).

Abb. 4.13 Ein unerfüllbarer Traum: Autopoiesis zurückdrehen

Die früheren Operationen sind erfolgt, Selektionen wurden getroffen, Ausdifferenzierungen herausgebildet, Formen entwickelt – und **Anschlussoperationen haben ein Spektrum allein auf der Basis dieser autonomen, autopoietischen Systembedingungen.** That's it! Das grundsätzlich Mögliche, Unbestimmte wird dadurch bestimmt. Das System ist operativ geschlossen.

„Jede Bestimmung, jede Bezeichnung, alles Erkennen, alles Handeln vollzieht als Operation das Etablieren einer solchen Form, vollzieht wie der Sündenfall einen Einschnitt in die Welt mit der Folge, dass eine Differenz entsteht, dass Gleichzeitigkeit und Zeitbedarf entstehen und dass die vorausliegende Unbestimmtheit unzugänglich wird." (1997, 62)

„Mit ‚Geschlossenheit' ist denn auch nicht thermo-dynamische **Abgeschlossenheit** gemeint, sondern nur operative **Geschlossenheit**, das heißt: rekursive Ermöglichung eigener Operationen durch die Resultate eigener Operationen." (1997, 94; Hervorhebung durch M.B.)

Nun zur Umweltoffenheit: Systeme sind mit der Umwelt also durch „thermo-dynamische" und viele andere Irritations- und Einflussmöglichkeiten verbunden. Sie erhalten sich durch offene Grenzen nach außen, exportieren und importieren über die System/Umwelt-Grenze hinweg (vergl. 1984, 35; 1995b, 73). Als Beispiel können wieder die Massenmedien dienen. Massenmedien importieren Ressourcen, beispielsweise Geld aus Werbeaufträgen, sowie Material für Informationen. Und sie exportieren ihre Berichterstattung und damit Einfluss auf ihre Umwelt. So wirkt sich etwa die Mediendarstellung von Parteien und Politikern auf die Gesellschaft bei politischen Wahlen aus –

4.3 Systeme machen sich selbst in „Autopoiesis"

ein beliebtes Thema der Politologie und der Medienwirkungsforschung –, und die gesamten Massenmedien prägen das Bild der Gesellschaft von der Realität.

Zwischen System und Umwelt gibt es demnach gegenseitige Einflüsse und Wirkungen. Wo sich an Grenzstellen dauerhafte Beziehungen herausbilden, spricht Luhmann von „strukturellen Kopplungen". Massenmedien beispielsweise sind offensichtlich an das Wirtschaftssystem, das politische System und das Kunstsystem gekoppelt (vergl. das Kapitel „Einheit und strukturelle Kopplungen" in 1996, 117 ff sowie unten Kap. 18.1).

Abb. 4.14 Systeme sind operativ geschlossen und zur Umwelt hin offen

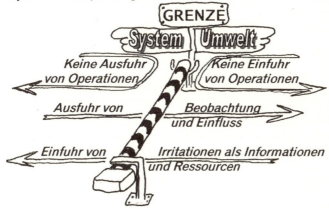

Wenn Systeme sich aus ihrer Umwelt beeinflussen lassen, geht das jedoch nur, wenn sie selbst dazu bereit sind: Wirkungen kommen „nur durch den Mitvollzug auf seiten des die Wirkungen erleidenden Systems zustande" (1995b, 122 und 118; 1984, 35 und 252). Entsprechendes gilt für Informationen. Denn Informationen sind nicht vorweg in der Welt vorhanden, um dann daraus fertig importiert zu werden; vielmehr wird der Informationswert vom System zugeschrieben. **Von der Welt dringen bloß Irritationen, Rauschen, Pertubationen, Reizungen, Störungen zu dem System vor, das manches davon – höchst selektiv – „in Information transformiert"; das System macht „order from noise", wie Heinz** von Foerster formuliert (2002b, 119; Hervorhebung durch M.B.). Nur sehr wenig wird vom System vorgelassen und als Information unterschieden.

> „Das Ausschließen einer Masse von Ereignissen in der Umwelt von möglichen Einwirkungen auf das System ist die Bedingung dafür, dass das System mit dem Wenigen, was es zulässt, etwas anfangen kann. Oder, ganz abstrakt formuliert: Reduktion von Komplexität ist die Bedingung der Steigerung von Komplexität." (2002b, 121)

Wir haben allerdings die Illusion des direkten Umweltkontaktes; schließlich sehen, hören, riechen, lesen, schmecken wir ja. Aber es gilt definitiv: Trotz „Umweltoffenheit" ist die Ding-Welt für Beobachter nicht erreichbar; „auf der Ebene der eigenen Operationen gibt es keinen Durchgriff in die Umwelt" – auch wenn wir meinen, das wäre der Fall (1997, 92; vergl. dazu auch schon oben Kap. 4.2.1).

„Phänomenologie wird als Ontologie praktiziert." (1997, 93)
„Die Systeme operieren mithin unter der Illusion eines Umweltkontaktes." (1997, 93)

Am leichtesten macht man sich das an biologischen Systemen klar. Beispielsweise eine Hyäne operiert „operativ geschlossen": Frühere Selektionen in der Evolution haben die Tierart Hyäne hervorgebracht, und nun kann aus einer befruchteten Hyänen-Eizelle definitiv nur eine Hyäne werden, nicht etwa ein Huhn. Hyänen können nur wie Hyänen operieren/leben, nicht wie Hühner – „operativ geschlossen". Gleichzeitig sind die Tiere durchaus „umweltoffen", z.B. jagen sie Beute und fressen Fleisch; das heißt sie reduzieren die Komplexität ihrer Umwelt, indem sie speziell Fleischliches unterscheiden. Das kann man sich vorstellen und wahrscheinlich auch praktisch erleben: Wenn man sich zu sehr nähert, kann man gefressen werden!

Abb. 4.15 Auch eine Hyäne operiert geschlossen (lebt nur als Hyäne) und ist doch umweltoffen (beißt zu!)

Kapitel 5 – Soziale Systeme

5.1 Soziale Systeme sind, was sie tun: sie „kommunizieren"

Im Zentrum von Luhmanns Systemtheorie stehen soziale Systeme. Für sie gelten sämtliche Begriffe und Erläuterungen der allgemeinen Systemtheorie, wie in den vorigen Kapiteln enthalten. Unter einem „sozialen System" stellt man sich im Alltagsverständnis ganze Gesellschaften vor. Das stimmt mit Luhmann überein. Aber der Begriff reicht weiter. Beispielsweise auch die gesamte Wirtschaft der Gesellschaft oder die Firma BASF allein, alle Massenmedien zusammen, das heißt das Massenmedien-System, oder der „Buxtehuder Bote" allein, der Journalistenverband, eine Familie, Dick und Doof, eine Thekenrunde in einer Kneipe, ein Universitätsseminar oder Habermas und Luhmann bei einem Treffen – all das sind soziale Systeme.

Überall sind Menschen beteiligt. Das ist hier jedoch nicht entscheidend für die Zuordnung; entscheidend ist, dass überall kommuniziert wird. Denn soziale Systeme bestehen, wie Systeme allgemein, aus Operationen; und **die charakteristische, konstitutive Operationsweise sozialer Systeme ist Kommunikation.** Jeder Systemtyp hat eine und nur eine (!) eigene konstitutive Operationsweise: Biologische Systeme operieren in Form von Leben. Psychische Systeme operieren in Form von Bewusstseinsprozessen, die als eine Einheit aus „Wahrnehmen, Denken, Fühlen, Wollen" oder „Prozessieren von Aufmerksamkeit" beschrieben werden können (1995b, 30; 1984, 355). Und **soziale Systeme operieren in Form von Kommunikation,** *sind* **Kommunikationssysteme.**

„Die allgemeine Theorie autopoietischer Systeme verlangt eine genaue Angabe derjenigen Operation, die die Autopoiesis des Systems durchführt und damit ein System gegen seine Umwelt abgrenzt. Im Falle sozialer Systeme geschieht dies durch Kommunikation." (1997, 81)
„Im Falle sozialer Systeme ist dies überraschend einfach. Es kann sich nur um Kommunikation handeln." (1995b, 29)
„Der basale Prozeß sozialer Systeme, der die Elemente produziert, aus denen diese Systeme bestehen, kann unter diesen Umständen nur Kommunikation sein." (1984, 192)

Abb. 5.1 Jeder Systemtyp hat seine spezifische Operationsweise

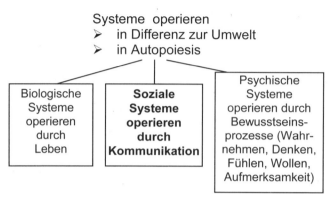

5.2 Gesellschaft, Organisationen, Interaktionen – alles soziale Systeme

Soziale Systeme kommen in verschiedenen Formen vor. Luhmann unterscheidet Gesellschaft, Organisation und Interaktion. Das komplexeste, dauerhafteste und **umfassendste soziale System, das alle Kommunikation einschließt, ist die Gesellschaft.** Die Grenzen der Gesellschaft sind keine territorialen, sondern Grenzen der Kommunikation. Innerhalb der modernen Gesellschaft haben sich eigenständige gesellschaftliche Funktionssysteme – auch als Teil- oder Subsysteme zu bezeichnen – ausdifferenziert: beispielsweise Massenmedien, Wirtschaft, Politik, Kunst, Wissenschaft – alles soziale Systeme. Ferner stelle man sich Organisationen wie etwa die CDU, das ZDF und die Bild-Zeitung als soziale Systeme vor. Kleinere und weniger dauerhafte sind beispielsweise eine Zeitungsredaktion oder ein Kamerateam. Und schließlich zählen auch ganz kleine und teilweise nur kurzfristige Einheiten bis hin zu Moment-Kontakten in flüchtigen Begegnungen dazu. (Nahezu) alle bauen sich letztlich aus sozialen Kontakten unter Anwesenden auf, die Luhmann als „Interaktionen" bezeichnet. **Alle Gesellschaften, Organisationen und Interaktionen sind soziale Systeme, weil und nur weil sie aus Kommunikation bestehen.**

> „Jeder soziale Kontakt wird als System begriffen bis hin zur Gesellschaft als Gesamtheit der Berücksichtigung aller möglichen Kontakte." (1984, 33)
> „Die Großformen der gesellschaftlichen Teilsysteme schwimmen auf einem Meer ständig neu gebildeter und wieder aufgelöster Kleinsysteme." (1997, 812)
> „Auch Kleinstbegegnungen persönlicher und unpersönlicher Art sind, sofern Kommunikation stattfindet, Vollzug von Gesellschaft." (1997, 813)

Abb. 5.2 Interaktionen, Organisationen, Gesellschaft: alles soziale Systeme – bestehend aus Kommunikation (nicht aus Menschen, Gebäuden, Territorien)

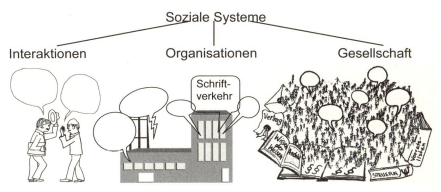

Es ist also „überraschend einfach": Immer, wenn Kommunikation stattfindet, handelt es sich um ein soziales System. Oder umgekehrt: Ein soziales System existiert nicht, es sei denn im Kommunizieren. Die Begriffe „soziales System" und „Kommunikation" sind nahezu synonym, so wie „biologisches System" und „Leben" nahezu synonym sind. Die Bezeichnung „soziales System" ist eine Abgrenzung zu „psychischen Systemen" und „biologischen Systemen" und bedeutet keine inhaltlich wertende Qualifizierung *innerhalb* des Gesellschaftlichen, wie das zum Teil von anderen Autoren gehandhabt wird. Bei Jürgen Habermas etwa ist „System" der Gegenbegriff zu „Lebenswelt", also ein Unterbegriff von Gesellschaft, der teilweise negativ besetzt ist (vergl. Habermas 1981). Und in einem in der Pädagogik und der Politik verbreiteten Sprachgebrauch wird „sozial" gern gleichgesetzt mit „pro-sozial", „besonders human", was positiv gemeint ist. Luhmanns Verwendung von „System" und „sozialem System" hat mit diesen moralisch wertenden Verwendungen nichts zu tun (vergl. dazu auch Luhmann 1984, 580 sowie schon oben Kap. 2.3.). Vor der Erläuterung, wie Kommunikation nach Luhmann abläuft, noch einige Erläuterungen, was soziale Systeme und Kommunikation *nicht* sind.

5.3 Nur soziale Systeme kommunizieren – Menschen sind draußen

Es sei noch einmal daran erinnert, dass soziale Systeme nicht aus Menschen bestehen. So besteht auch unsere Gesellschaft nicht aus Menschen (vergl. dazu schon Kap. 3.5):

Es ist eine „Erkenntnisblockierung", anzunehmen, „daß eine Gesellschaft aus konkreten Menschen und aus Beziehungen zwischen Menschen bestehe, [dass also] soziale Systeme aus Menschen bestehen." (1997, 24)

„Es ist völlig klar, daß Menschen nicht Teile oder Elemente sozialer Systeme sein können." (1995b, 29)

„Das System der Gesellschaft besteht aus Kommunikationen. *Es gibt keine anderen Elemente, keine weitere Substanz als eben Kommunikation.* **Die Gesellschaft besteht nicht aus menschlichen Körpern und Gehirnen. Sie ist schlicht ein Netzwerk von Kommunikationen.**" (1989b, 12; fett durch M.B.)

Diese Theorie „sieht den Menschen als Teil der Umwelt der Gesellschaft an (statt als Teil der Gesellschaft selbst)". (1984, 288, vergl. auch 325)

„Der Mensch ist nicht Subjekt, sondern Adjekt der Gesellschaft." (1992b, 139; Hervorhebung durch M.B.)

Dagegen sträubt sich unser Alltagsverständnis. Luhmann war der Standard-Einwurf, dass eine Gesellschaft doch aus Menschen bestehen *müsse*, wohl bis zum Überdruss geläufig. Es wird berichtet, dass er sich mit folgender Veranschaulichung darüber lustig machte (vgl. Abb. 5.3):

„Die älteren Gesellschaftsmodelle seien bekanntlich davon ausgegangen, daß die Gesellschaft aus Menschen bestehe. Doch irgendwann sei man dann zu der Überlegung gekommen: ‚Ja, wenn nun jemand zum Friseur geht und sich die Haare schneiden läßt – schneidet man dann auch etwas von der Gesellschaft ab?'" (Kruckis 1999, 51)

Abb. 5.3 Noch einmal: Die Gesellschaft besteht nicht aus Menschen

Systeme bestehen aus Operationen, und auf der Ebene der *Operationen* ist Kommunikation „die kleinstmögliche Einheit eines sozialen Systems" (1997, 82). Nicht Menschen kommunizieren, „nur die Kommunikation kann kommunizieren" (1995b, 113 und 37). „Kommunikation ist genuin sozial"; sie ist das „Letztelement" sozialer Systeme und daher nicht weiter herunterzubrechen (1997, 82 und 105; 1984, 192). „Personen" lassen sich als „Teilnehmer an der Kommunikation" identifizieren. Personen machen Mitteilungen, Individuen handeln – aber sie kommunizieren nicht: „Das Mitteilungshandeln allein ist […] noch keine Kommunikation" (1996, 14; vergl. auch 1997, 106). Kommunikation „besteht" nicht aus „Handlungen" einzelner Menschen derart, dass Handlungsakt des einen, der etwas sagt, plus Handlungsakt des anderen, der das versteht, in der Summe Kommunikation ergäbe – denn Kommunikation ist ja die kleinste Einheit, ist „Letztelement".

Von einer zweiten Ebene aus, der *Beobachtung*, gibt es jedoch Menschen und individuelle Handlungen. Im Alltag und in der Wissenschaft werden Kommunikationen i.d.R. als Handlungen von Menschen beobachtet. Kommunikation lässt sich *nachträglich*, das heißt im Akt der Beobachtung, in die Handlungen der beteiligten einzelnen Personen „dekomponieren". Und üblicherweise „wird alltagsweltlich Handeln auf Individuen zugerechnet"; „ständig referiert die Kommunikation […] auf Personen" (1984, 229; 1997, 378). Darum kann Luhmann zusammenfassen:

> „Auf die Frage, woraus soziale Systeme bestehen, geben wir mithin die Doppelantwort: aus Kommunikationen und aus deren Zurechnung als Handlung. […] Kommunikation ist die elementare Einheit der Selbstkonstitution, Handlung ist die elementare Einheit der Selbstbeobachtung und Selbstbeschreibung sozialer Systeme." (1984, 240 f. Vergl. auch das gesamte Kapitel 4, „Kommunikation und Handlung" in „Soziale Systeme" sowie unten Kap. 6 „Kommunikation".)

Falsch innerhalb Luhmanns Begrifflichkeit sind daher Aussagen wie:

- ‚Ein Mensch kommuniziert mit einem anderen.' Falsch, weil „ein Mensch" kein soziales System ist; ein Mensch ist überhaupt kein System, wie ausgeführt.
- ‚Ich kommuniziere mit mir selbst.' Falsch, weil „Ich" hier allenfalls für „menschliches Bewusstsein" steht, was ein psychisches, aber kein soziales System ist. Ein Bewusstsein kann wahrnehmen, denken, fühlen, wollen, aufmerksam sein, aber nicht kommunizieren. Nur soziale Systeme können kommunizieren.
- ‚Die Toyota-Werbung kommuniziert die Botschaft, dass für und mit Toyota-Autos nichts unmöglich ist.' Falsch, weil hier allein die Seite des Mitteilens durch einen Sender enthalten ist, Kommunikation aber erst durch das

Als-Mitteilung-Verstehen eines Empfängers zustande kommt. (S. dazu die Definition von Kommunikation in Kap. 6.)

Abb. 5.4 Eine Werbe-Mitteilung (ohne Annahme) ist unmöglich eine Kommunikation

Richtig dagegen ist es, etwa zu behaupten:

➢ ‚Massenmedien kommunizieren.' Richtig, weil Massenmedien ein soziales System sind.
➢ ‚In der Redaktionskonferenz wird kommuniziert.' Richtig, weil die Redaktionskonferenz ein soziales System ist.
➢ ‚Massenmedien und Publikum kommunizieren.' Richtig, weil sie ein soziales System bilden. (Dass Prozesse, die gemeinhin als Massenkommunikation bezeichnet werden, nach Luhmann durchaus zu Kommunikation gehören, wird in Kap. 14.2 näher erläutert.)
➢ ‚Eine Familie kommuniziert.' Richtig, weil eine Familie ein soziales System ist.

Missverständlich und eigentlich unzulässig ist es, etwa zu formulieren:

➢ ‚Kommunikation *besteht* aus Handlungen.' Missverständlich deswegen, weil sich Kommunikation nicht aus Handlungen aufbaut, sondern nur nachträglich in der Beobachtung in Handlungen dekomponieren lässt.
➢ ‚Luhmann und Habermas haben miteinander kommuniziert.' Missverständlich deswegen, weil in einer solchen Satzkonstruktion die Kommunikation fälschlich den beiden Menschen zugeschrieben wird. Würden die Menschen kommunizieren, wären ihre Leiber, Bewusstseine, Biographien und weitere Kontexte in die Kommunikation eingeschlossen, während sie in Wirklichkeit nur zu deren Voraussetzung gehören. Es gibt keinen sprachlichen Begriff – und auch kein Bild – für das soziale System LuhmannHabermas. So nötigt die Sprache – ebenso wie unsere bildlichen Veranschau-

lichungsversuche – permanent schiefe Ausdrucksweisen auf (vergl. schon Kap. 3.6).

Abb. 5.5 Nur die Kommunikation kommuniziert – auch wenn in Sprache und Bild die Kommunikation Menschen zugeschrieben ist. („Zwei informations-verarbeitende Prozessoren beziehen sich aufeinander und übereinander auf sich selbst")

5.4 Auch menschliches Bewusstsein ist draußen

Menschliches Bewusstsein ist ebenfalls nicht Bestandteil sozialer Systeme; es bildet den genuin anderen Typus des „psychischen Systems" bzw. „Bewusstseinssystems" und gehört damit zur Umwelt sozialer Systeme. Allerdings sind die beiden Systemarten unauflöslich aneinander gekoppelt. Vielleicht hilft folgende Analogie: Bei Säugetieren haben das männliche und das weibliche Geschlecht biologisch je eine völlig eigenständige Funktionsweise und ist doch das eine nicht ohne das andere möglich. Genau diese zwei Seiten sind festzuhalten:

➢ Soziales System und psychisches System operieren prinzipiell verschieden in je eigener Autopoiesis. Jedes ist für sich „operativ geschlossen". Jedes ist für das andere Umwelt.

➢ Soziales System und psychisches System sind gegenseitig „umweltoffen", beeinflussen sich gegenseitig. Mehr noch: Keines kann ohne das andere existieren. Jedes ist für das andere unbedingte Voraussetzung.

Wir haben es mit „der Merkwürdigkeit […] einer vollständigen Abhängigkeit bei vollständiger Autonomie in operativer Hinsicht" zu tun. Hier haben wir die gesteigerte Variante der oben für Systeme allgemein beschriebenen Gleichzeitigkeit von (umweltbezogener) Offenheit und (operativer) Geschlossenheit (vergl. Kap. 4.3.4): die „Gleichzeitigkeit von totaler Abhängigkeit und totaler Unabhängigkeit" (2002b, 273).

5.4.1 Soziale und psychische Systeme operieren getrennt...

Luhmann argumentiert an vielen Stellen in seinem Werk konsequent gegen die Vermischung von sozialen Systemen und psychischen Systemen:

> „Wir werden vor allem den nichtpsychologischen Charakter sozialer Systeme zu betonen haben." (1984, 32)
> Man muss „Bewußtseinssysteme und kommunikative Systeme (soziale Systeme) streng unterscheiden." (1995b, 39)
> „Im Unterschied zu psychischen Systemen ist die Gesellschaft ein soziales System, das aus Kommunikationen und nur aus Kommunikationen besteht. Selbstverständlich kommt Kommunikation nur dank einer ständigen strukturellen Kopplung mit Bewußtseinssystemen zustande; aber die laufende Reproduktion von Kommunikation durch Kommunikation (Autopoiesis) spezifiziert sich selbst und wird im eigenen Netzwerk konditioniert, was immer psychischen Systemen dabei durch den Sinn geht." (1990b, 17)

Weder Bewusstseine noch Gehirne können direkt miteinander kommunizieren; immer geht der Weg über das Soziale. Aus diesem Grund ist für Luhmann beispielsweise Aufrichtigkeit nicht kommunizierbar (siehe dazu Kap. 6.4.5). Und aus diesem Grund lehnt er auch die Auffassung ab, Kommunikation sei Informations*übertragung*, „sei eine ‚Übertragung' von semantischen Gehalten von einem psychischen System, das sie schon besitzt, auf ein anderes" (1997, 104).

> Kommunikation „ist genuin sozial insofern, als sie zwar eine Mehrheit von mitwirkenden Bewußtseinssystemen voraussetzt, aber (eben deshalb) als Einheit keinem Einzelbewußtsein zugerechnet werden kann." (1997, 81)
> „Menschen können nicht kommunizieren, nicht einmal ihre Gehirne können kommunizieren, nicht einmal das Bewußtsein kann kommunizieren. **Nur die Kommunikation kann kommunizieren.**" (1995b, 37; Hervorhebung durch M.B.)
> „Es gibt keine bewußte Verknüpfung eines Bewußtseins mit einem anderen Bewußtsein." (1995b, 38)
> **„Es gibt keine nicht sozial vermittelte Kommunikation von Bewußtsein zu Bewußtsein, und es gibt keine Kommunikation zwischen Individuum und Gesellschaft** [...] **Nur ein Bewußtsein kann denken (aber eben nicht: in ein anderes Bewußtsein hinüberdenken), und nur die Gesellschaft kann kommunizieren.**" (1997, 105; Hervorhebung durch M.B.)

5.4 Auch menschliches Bewusstsein ist draußen

Abb. 5.6 Bewusstseinssysteme können nicht kommunizierenn, nur denken – aber nicht in ein anderes Bewusstsein hinüberdenken. Auch Gehirne können nicht kommunizieren

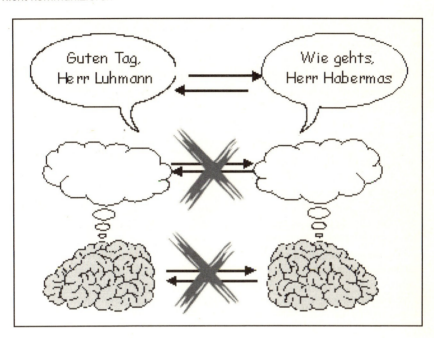

5.4.2 ... aber wechselseitig abhängig in „Interpenetration"

Psychisches System und soziales System haben sich in der Evolution gleichzeitig – „wechselseitig koevolutiv" – entwickelt (1997, 108; vergl. auch 1984, 92). Und nun können sie ohne einander nicht existieren. Eine derartig enge strukturelle Kopplung nennt Luhmann in Anlehnung an Talcott Parsons „Interpenetration" (1997, 378; vergl. dazu den Aufsatz „Interpenetration – Zum Verhältnis personaler und sozialer Systeme" in: Soziologische Aufklärung 3; sowie allgemein Kapitel 6, „Interpenetration" in: „Soziale Systeme"). Ermöglicht wird die Interpenetration durch Sinn und durch Sprache. Denn sowohl soziale als auch psychische Systeme operieren „sinn"voll: Alles, was gedacht, gewollt, kommuniziert, beobachtet und beschrieben wird, wird mit Sinn belegt (vergl. dazu auch unten Kap. 9, „Sinn"). Und sowohl soziale als auch psychische Systeme bedienen sich dabei vorzugsweise der Sprache (vergl. dazu auch unten Kap. 10 „Sprache").

Abb. 5.7 Gehirn, Bewusstsein und Kommunikation haben sich „wechselseitig koevolutiv" entwickelt

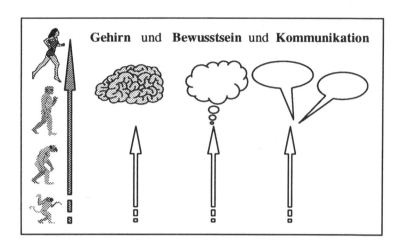

Dass Sinn und Sprache gleichermaßen für den Gebrauch im Bewusstsein wie im Sozialen taugen, ermöglicht eine reibungslose, „unbemerkte, geräuschlose" Koordination zwischen den beiden Systemtypen. Weil das so glatt geht, fällt es intuitiv schwer, die operative Trennung der beiden einzusehen.

> „So sind [...] Bewußtseinssysteme und Kommunikationssysteme vorweg aufeinander abgestimmt, um dann unbemerkt koordiniert funktionieren zu können." (1997, 106)
> „Die Co-evolution hat zu einer gemeinsamen Errungenschaft geführt, die sowohl von psychischen als auch sozialen Systemen benutzt wird [...] ‚Sinn'." (1984, 92)
> „Wie leicht erkennbar, wird die regelmäßige strukturelle Kopplung von Bewußtseinssystemen und Kommunikationssystemen durch Sprache ermöglicht." (1997, 108)
> „Kommunikationssysteme [sind] über Sprache an Bewußtseinssysteme gekoppelt [...] so wie Bewußtseinssysteme an Kommunikationssysteme". (1997, 113)
> „Alle Kommunikation [ist] strukturell gekoppelt an Bewußtsein. Ohne Bewußtsein ist Kommunikation unmöglich. Kommunikation ist total (in jeder Operation) auf Bewußtsein angewiesen". (1997, 103)

Beispiele für strukturelle Kopplungen zwischen sozialen Systemen und psychischen Systemen finden sich überall. Eines ist etwa die gegenseitige Anpassung zwischen Massenmedien als Funktionssystem einerseits und den Mediennutzern als psychischen Systemen andererseits (vergl. unten Kap. 18.1). Unsere

5.4 Auch menschliches Bewusstsein ist draußen

gesamte Existenz ist von der gegenseitigen Abhängigkeit und Koordination zwischen psychischen und sozialen Systemen durchzogen. Die beiden Systemtypen ergänzen sich komplementär. So können Bewusstseinssysteme – in struktureller Kopplung mit Gehirn und Nervenzellen – die Welt sinnlich wahrnehmen. Soziale Systeme vermögen das nicht. Ohne Wahrnehmung können sie nichts aus der physikalischen Umwelt erfahren – es geht allein auf dem Weg über individuelles Bewusstsein, das seine Wahrnehmungen und Eindrücke z.B. durch Sprache mitteilt. Alle Kommunikation kann daher „nur psychisch Vorgekautes prozessieren" (1984, 238; vergl. auch den Aufsatz „Wie ist Bewußtsein an Kommunikation beteiligt?", in: 1995b). **Das Bewusstsein bildet also eine Vermittlungsinstanz zwischen Außenwelt und Gesellschaft.** Ohne Bewusstsein erfährt die Gesellschaft nichts, und sie erfährt auch nur das, was die Bewusstseine herausfiltern.

> „Alles, was kommuniziert wird, muss durch den Filter des Bewusstseins in der Umwelt des Systems laufen." (2002b, 272)
> „Ohne Bewußtsein ist Kommunikation unmöglich. Kommunikation ist *total* (in *jeder* Operation) auf Bewußtsein angewiesen – allein schon deshalb, weil nur das Bewußtsein, nicht aber die Kommunikation selbst, sinnlich wahrnehmen kann und weder mündliche noch schriftliche Kommunikation ohne Wahrnehmungsleistungen funktionieren könnte." (1997, 103)
> „Anders als Bewußtseinssysteme, die sinnlich wahrnehmen können, ist die Kommunikation nur durch Bewußtsein affizierbar. **Alles, was von außen, ohne Kommunikation zu sein, auf die Gesellschaft einwirkt, muß daher den Doppelfilter des Bewußtseins und der Kommunikationsmöglichkeiten passiert haben.**" (1997, 113 f; Hervorhebung durch M.B.)
> „Das Bewußtsein hat also unter allen Außenbedingungen der Autopoiesis eine privilegierte Stellung. Es kontrolliert gewissermaßen den Zugang der Außenwelt zur Kommunikation. [... Das] **wirkt wie ein Panzer, der im großen und ganzen verhindert, daß die Gesamtrealität der Welt auf die Kommunikation einwirkt.**" (1997, 114; Hervorhebung durch M.B.)
> „Die Kommunikation selbst kann weder hören noch sehen noch fühlen. Sie hat keine Wahrnehmungstätigkeit. [...] Wir haben also die Struktur, dass die Kommunikation lediglich über Bewusstsein beeinflussbar ist". (2002b, 271)

Ganz deutlich ist auseinander zu halten:

- Ohne Bewusstseinssysteme sind soziale Systeme nicht möglich. Bewusstseinssysteme sind *Voraussetzungen* sozialer Systeme. Nichts auf der Welt kann Kommunikation beeinflussen – es sei denn über Bewusstsein.
- Aber Bewusstseinssysteme sind *nicht Bestandteil* sozialer Systeme.

Abb. 5.8 Soziale Systeme können nicht wahrnehmen, nur kommunizieren – und müssen dabei „psychisch Vorgekautes prozessieren"; alles muss durch den Filter oder den Panzer des Bewusstseins

Grundsätzlich darf man eine Sache selbst nicht mit ihren Voraussetzungen vermischen:

> Dieser Begriff von sozialen Systemen bzw. Kommunikation vermeidet „jede Bezugnahme auf Bewußtsein oder Leben [… Was] natürlich nicht besagen soll, daß Kommunikation ohne Leben und ohne Bewußtsein möglich wäre. Sie ist auch ohne Kohlenstoff, ohne gemäßigte Temperaturen, ohne Erdmagnetismus, ohne atomare Festigung der Materie nicht möglich. Man kann angesichts der Komplexität der Welt nicht alle Bedingungen der Möglichkeit eines Sachverhalts in den Begriff dieses Sachverhalts aufnehmen; denn damit würde der Begriff jede Kontur und jede theoriebautechnische Verwendbarkeit verlieren." (1995b, 114 f).

Kapitel 6 – Kommunikation

6.1 Robust und formelastisch

Hallo, liebe Leserin und lieber Leser dieses Buches (in der Hoffnung, dass es diese gibt): Wir bilden zusammen ein soziales System! Denn wir kommunizieren; oder korrekter: unsere Kommunikation bildet ein soziales System. Es gilt ja, wie im vorigen Kapitel ausgeführt: „Immer, wenn Kommunikation stattfindet, handelt es sich um ein soziales System" (vergl. Kap. 5.2). Und Luhmanns Kommunikations-Definition schließt durchaus Kommunikation durch Bücher – also durch Massenmedien – ein. Unser soziales System bildet sich allerdings erst in dem Moment, wenn Sie lesen, nicht schon, während ich schreibe. Denn die Empfängerseite entscheidet, ob tatsächlich Kommunikation stattfindet. Das wird in diesem Kapitel erläutert und begründet.

Die vorigen Kapitel enthalten bereits einiges über Kommunikation: Alle Systeme existieren nur, indem sie *operieren*; soziale Systeme operieren, indem sie *kommunizieren*. Allein soziale Systeme kommunizieren. Da alle Systeme autopoietisch und in System/Umwelt-Differenz operieren, müssen soziale Systeme autopoietisch und in System/Umwelt-Differenz kommunizieren. **Kommunikation ist also die Art von Operation, durch die soziale Systeme sich autopoietisch bilden, erhalten und von ihrer Umwelt abgrenzen.**

Dass beispielsweise die Massenmedien – Buchverlage, Pressehäuser, Radio- und Fernsehsender – selber ihre Existenz nur auf Kommunikation gegründet sehen, leuchtet ein, denn sie leben ja von der öffentlichen Kommunikation. Kommunizieren ist jedoch ebenso elementar für ganze Gesellschaften, Firmen, gesellschaftliche Gruppen, soziale Bewegungen, Interaktionen, Sozialkontakte jeder Art. Diese existieren ausschließlich in Kommunikation. Wenn Luhmann also „Soziologe" oder „Gesellschaftswissenschaftler" ist, so ist das eigentlich identisch mit „Kommunikationswissenschaftler" – ohne damit die publizistisch-fachwissenschaftliche Bezeichnung im engeren Sinne zu meinen.

Zunächst klingt es unwahrscheinlich, dass unser gesamtes soziales Dasein mit der enormen Vielfalt und Ausdifferenzierung von den Anfängen menschlicher Gesellschaften bis heute allein auf einem einzigen Prozess basiert: der Kommunikation. Das ist aber der Fall – so wie auch die gesamte Pflanzen- und Tierwelt in ihrer enormen Vielfalt und Ausdifferenzierung vom Einzeller bis heute einschließlich der menschlichen Biologie auf einem einzigen Prozess beruht: dem Leben. Kommunikation ist „robust", sie ist nicht unterzukriegen; gleichzeitig so „formelastisch", dass sie passt, solange es Gesellschaft gibt – seit dem Garten Eden bis wahrscheinlich zum Weltuntergang.

„Kommunikation ist autopoietisch stabil genug, um sich durchzusetzen, was immer nun passiert, ob sich ein Börsencrash ereignet, ein Krieg oder was immer. Man kann immer noch darüber reden, man kann es immer noch wiederum kommentieren. Selbst wenn ein großer Teil der Bevölkerung verschwände, würde der Rest immer noch reden und beklagen, was geschehen ist. Die Kommunikation ist wie das Leben eine sehr robuste, qua Autopoiesis hochgradig formelastische Erfindung der Evolution." (2002b, 278)

Abb. 6.1 Kommunikation ist nicht unterzukriegen: Was auch passiert – man kann immer noch darüber reden

(Plakat des Kinofilms „The day after tomorrow"; Sprechblasen M.B.)

Es ist „überraschend einfach" – wie Luhmann sagt –, was bei den unüberschaubar vielen, verschiedenen sozialen Systemen immer gleich ist: Kommunikation. Auch was er unter Kommunikation versteht, ist überraschend einfach: **„Drei Selektionen [...:] Information, Mitteilung und Verstehen"** (1997, 190). Darin versteckt sich allerdings eine Auffassung, die radikal von unserem Alltagsverständnis und vom üblichen kommunikationswissenschaftlichen Verständnis abweicht. Sie kann sich als sehr fruchtbar erweisen, weil sie aus vertrauten Sackgassen herausführt – was hoffentlich im Lauf der Erläuterungen deutlich wird. Im folgenden eine Annäherung in Schritten, entlang der zitierten Formel der drei Selektionen.

6.2 Kommunikation hat die Wahl

Charakteristisch für Kommunikation ist ihre Selektivität: Kommunikation heißt, zwischen verschiedenen Möglichkeiten wählen müssen. Dabei ist jede Selektionsscheidung „kontingent", das bedeutet: immer „auch anders möglich" (1984, 47). Beispielsweise ist in der Kommunikation mit der Freundin ein Bekenntnis wie ‚Ich liebe dich' gleichzeitig eine Entscheidung gegen unendlich viele andere mögliche Selektionen: ‚Ich brauche dich', ‚Ich habe dich ganz gern', ‚Ich liebe dich nicht', ‚Du gehst mir auf die Nerven', ‚Reich mir mal bitte die Butter' usw. Beim Lesen kann man sich für ein gottesfürchtiges Buch oder „Die satanischen Verse" von Salman Rushdie entscheiden, beim Fernsehen für „Tatort" und damit gegen andere Konkurrenzprogramme. Oder man kann überhaupt schweigen, kein Buch lesen und das Fernsehen gar nicht einschalten – auch das sind Selektionen.

> „**Kommunikation ist Prozessieren von Selektion.**" (1984, 194; Hervorhebung durch M.B.)
> „Kommunikation ist ganz allgemein dazu da, eine Information mitzuteilen, die auch anders ausfallen könnte." (2001a, 139)
> Kommunikation „besteht aus Information, Mitteilung und Verstehen. Jede dieser Komponenten ist in sich selbst ein kontingentes Vorkommnis". (1997, 190)

Kommunikation wählt also aus, trifft Selektionen, wobei theoretisch aus einer unendlichen Fülle ausgewählt werden kann, weil alles in der Welt kommunizierbar ist. Real aber ist die Auswahl durch „Sinn" begrenzt: Denn nicht alles ist „sinnvollerweise" kommunizierbar, nicht jedes Wort, jeder Satz, jede Geste, jede Ausdrucksform, jedes Thema, jede Sendung ‚geht'. Was „Sinn" macht, wird in der Kommunikation selbst bestimmt, nicht von außen. Immerhin bleibt ein riesiges Reservoir an Möglichem – inklusive Überraschungen aller Art –, aus dem die Kommunikation ihre Wahl trifft (vergl. auch unten Kap. 9: Sinn).

> „Geht man vom Sinnbegriff aus, ist als erstes klar, daß **Kommunikation immer ein selektives Geschehen ist. Sinn läßt keine andere Wahl als zu wählen**. Kommunikation greift aus dem je aktuellen Verweisungshorizont, den sie selbst erst konstituiert, *etwas* heraus und läßt *anderes* beiseite." (1984, 194; fett durch M.B.)

Abb. 6.2 Kommunzieren heißt immer: auswählen/seligieren – und zwar nach Sinn

(Aus: Marie Marcks: Marie, es brennt! Eine gezeichnete Autobiographie 1922-1968. München 1995)

6.3 Stück mit zwei Akteuren in drei Akten

Üblicherweise wird angenommen, dass Kommunizieren aus zwei Aktionen besteht: (1) „senden" und (2) „empfangen". Dem entsprechen zwei Handlungsrollen oder Personen bzw. Akteure oder Instanzen: „Sender" und „Empfänger". Die Begriffe haben sich eingebürgert, nicht nur für Massenmedien, auch für Kommunikation generell, also einschließlich direkter interpersoneller Gespräche unter Anwesenden. Luhmann unterscheidet ebenfalls zwei Instanzen. Die eine nennt er vorzugsweise „Alter", das heißt: den „Anderen", aber auch „Sender", „Absender" oder „Mitteilenden"; die zweite nennt er „Ego", das heißt: „Ich", aber auch „Empfänger" oder „Adressat". Das können sowohl psychische Systeme – einzelne Personen – als auch soziale Systeme sein. Letzteres ist etwas ungewohnt. Alter und Ego sind also Begriffe, die sich ebenfalls auf Instanzen wie: die Universität Mannheim, BASF oder das ZDF – alles soziale Systeme – beziehen können (1984, 195; 1975b, 175; 1997, 335 f).

> Nötig ist, dass „mindestens zwei informationsverarbeitende Prozessoren vorhanden sind, die sich aufeinander und übereinander auf sich selbst beziehen können." (1984, 191).

6.3 Stück mit zwei Akteuren in drei Akten

„In der *Sozialdimension* [...] geht es um die Unterscheidung von Ego und Alter, wobei wir als Ego den bezeichnen, der eine Kommunikation versteht und als Alter den, dem die Mitteilung zugerechnet wird." (1997, 1136 f)

Abb. 6.3 Beteiligt sind mindestens zwei informationsverarbeitende Prozessoren

Luhmann ordnet ihnen aber nicht zwei, sondern drei Aktionen zu: **Kommunikation ist ein *dreistelliger* Selektionsprozess, der (1) die Selektion der Information, (2) die Selektion der Mitteilung und (3) die Selektion der Annahme, des Verstehens umfasst.** Die ersten beiden Selektionen liegen beim Sender – also Alter –, die dritte Selektion liegt beim Empfänger – also Ego.

„Kommunikation muß deshalb nicht als zweistelliger, sondern als dreistelliger Selektionsprozeß gesehen werden." (1984, 194)

„Wir gehen davon aus, daß drei Selektionen zur Synthese gebracht werden müssen [...: als erste] die Selektivität der Information selbst, die zweite die Selektion ihrer Mitteilung, die dritte die Erfolgserwartung, die Erwartung einer Annahmeselektion." (1984, 196)

Kommunikation „kommt zustande durch eine Synthese von drei verschiedenen Selektionen – nämlich Selektion einer *Information*, Selektion der *Mitteilung* dieser Information und selektives *Verstehen oder Mißverstehen* dieser Mitteilung und ihrer Information." (1995b, 115)

Zwei Akteure und drei Akte lassen sich beobachten und beschreiben. In Wirklichkeit aber ist Kommunikation eine unteilbare Einheit, nämlich die „kleinstmögliche Einheit eines sozialen Systems", das „Letztelement" und die „elementare Operation der Gesellschaft". Darum kann sie sich keinesfalls aus noch kleineren Bausteinen wie menschlichen Akteuren und Handlungen aufbauen. Es wurde schon dargestellt, dass soziale Systeme nicht aus Menschen und nicht aus Bewusstseinsprozessen bestehen und dass weder Gehirne noch Bewusstseinssysteme kommunizieren. In der Beobachtung und Beschreibung jedoch rechnet man und rechnen die Beteiligten üblicherweise die einzelnen Aktionen einzelnen Handelnden zu. Nach Luhmann sind das „Komponenten der Kommunikation", in die eine Kommunikation nachträglich „dekomponiert" werden kann (1984, 192 f; 1997, 82 und 71; vergl. auch Kap. 3.5 und Kap. 5.3).

> Die Theorie bezieht sich auf Kommunikation *„und nicht auf Handlungen.* Wer Handlungen beobachtet, wird typisch mehrfache Systemzugehörigkeit feststellen können, allein schon deshalb, weil der Handelnde selbst körperlich und mental als Zurechnungspunkt fungiert [...] Wer von Handlungen ausgeht, wird daher Mühe haben, die Theorie der Systemdifferenzierung überhaupt zu verstehen". (1997, 608)

Abb. 6.4 Die kleinste und daher eigentlich nicht weiter zerlegbare Einheit eines sozialen Systems, die Kommunikation, „de-komponiert"

	Zwei informationsverarbeitende Prozessoren In der Regel: Personen Auch möglich: soziale Systeme	
	„Alter" der/die Andere konventionell: Sender	„Ego" Ich konventionell: Empfänger
Drei Selektionen	1. Selektion der Information 2. Selektion der Mitteilung	3. Selektion der Annahme/ des Verstehens

6.3.1 Akt eins, Auftritt Alter: ‚Was finde ich informativ?'

Als erstes zur „Selektion der Information". Alter – konventionell: Sender – seligiert Information, das heißt beurteilt einiges in seiner Umwelt als Information, anderes nicht. Etwas als Information identifizieren und auswählen, das geht in übliche Kommunikationsdefinitionen gar nicht ein. Luhmann nimmt diesen Akt auf, weil ihm die Bedeutung von „Information" erläuterungsbedürftig erscheint: Information ist keineswegs ein Ding in der Welt wie ein fertig geschnürtes Bündel, das sich jemand herauspicken kann. Gegen eine derartige „Substanztheorie" verwahrt er sich ebenso wie gegen die Vorstellung, Kommunikation sei „Übertragung von Information" – so als ob sich das Informationsbündel dann an eine andere Person weiterreichen ließe (1984, 193 f; 1995b, 117; vergl. auch unten Kap. 6.4.2).

Vielmehr wird Information durch einen Beobachter konstituiert. Erst durch einen selektiven Akt der Aufmerksamkeit wird *etwas* zur *Information gemacht.* Ein Beobachter trifft eine Unterscheidung; kreiert eine Differenz

6.3 Stück mit zwei Akteuren in drei Akten

zwischen dem, was er als Information ansieht, und allem anderen. Wie schon zitiert: „Die Welt ist ein unermeßliches Potential für Überraschungen, ist virtuelle Information", „ein Repertoire von Möglichkeiten" – und von diesem *Potential* überführt Alter etwas in die *Realität*, macht von *virtuellen, möglichen* Informationen etwas zu einer *realen* Information (1997, 46; 1984, 195; vergl. oben Kap. 4.2.1 und 4.3.4 sowie unten Kap. 20.2).

„Information [ist] ein rein systeminternes Produkt." (1995a, 166; vergl. auch 1997, 71)

„Informationen kommen nicht in der Umwelt, sondern nur im System selbst vor. Sie können also nicht als identische Einheiten aus der Umwelt in das System transportiert werden. (Obgleich wieder hinzuzufügen ist, daß ein Beobachter Sachverhalte so beschreiben kann, als ob dies der Fall wäre, und dann vom Input und vom Output von Informationen sprechen wird – aber eben: nur auf Grund eines von ihm selbst erstellten, für ihn sinnvollen Beobachtungsschemas.) Denn Informationen setzen einen Entwurf von Möglichkeiten voraus, aus denen sie eine (und keine andere) auswählen. **Solche Konstruktionen sind aber stets Eigenleistungen des Systems und nicht ‚Daten' der Umwelt.**" (1990b, 104 inkl. Anmerkung 19; Hervorhebung durch M.B.)

„Am Anfang steht also nicht Identität, sondern Differenz. Nur das macht es möglich, Zufällen Informationswert zu geben und damit Ordnung aufzubauen; denn Information ist nichts anderes als ein Ereignis, das eine Verknüpfung von Differenzen bewirkt – a difference that makes a difference". (1984, 112 unter Bezug auf Bateson; vergl. auch oben Kap. 4.3.4)

Abb. 6.5 Erster Akt: Selektion der Information

Informationen sind nicht als fertige Einheiten in der Welt ... sondern werden durch einen Beobachter erzeugt

Die Welt stellt diffuses, ungeordnetes, potentiell grenzenlos reichhaltiges Material zur Verfügung. Für einen Beobachter eröffnen sich von seinem Standpunkt aus nun bestimmte „Selektionshorizonte", auf die er seine Aufmerksamkeit richten kann. Aus diesem „Erwartungskontext" lässt sich dann ‚etwas' als Information identifizieren, das heißt unterscheiden und mit Bedeutung versehen, während ‚anderes' unbeachtet bleibt. Die Information ist „ein Woraus von Möglichkeiten", „eine Art Überraschung im Auswahleffekt", eine Konstruktion (2002, 294). Die Welt muss dieses ‚Etwas' aber als Potential enthalten!

6.3.2 Akt zwei, Alter: ‚Was davon teile ich bloß mit?'

Nach der „Selektion der Information" folgt als zweiter Akt die „Selektion der Mitteilung". Alter bzw. der Sender kann von seinen Informationen – sofern er es will und für sinnvoll erachtet – anderen Personen oder sozialen Systemen Mitteilung machen.

> Als zweites „muß jemand ein Verhalten wählen, das diese Information mitteilt." (1984, 195)
> „Es muß […] vorausgesetzt werden können, daß die Information sich nicht von selbst versteht und daß zu ihrer Mitteilung ein besonderer Entschluß erforderlich ist. Und das gilt natürlich auch, wenn der Mitteilende etwas über sich selbst mitteilt." (1995b, 115)

Genau wie eine Information beruht auch die Mitteilung immer auf einer Selektion. Alter verfügt ganz allgemein über riesige Mengen an Information, jedenfalls über sehr viel mehr, als er in Mitteilungen äußert. Es liegt überhaupt nicht in seinem Vermögen, all seine Informationen mitzuteilen – selbst wenn er wollte: „Nur sehr wenig von dem, was wahrgenommen wird, kann in die Kommunikation eingegeben werden" (1997, 815). Stets ist eine Wahl zu treffen. Die Entscheidung *für* eine Mitteilung ist gleichzeitig eine *gegen* viele mögliche andere Mitteilungen; zur Wahl steht auch die Möglichkeit, überhaupt nichts mitzuteilen. **Beim Sender gibt es also *zwangsläufig* eine Differenz zwischen Information (Selektion eins) und Mitteilung (Selektion zwei).**

6.3 Stück mit zwei Akteuren in drei Akten

Abb. 6.6 Zweiter Akt – Selektion der Mitteilung: Differenz von Information und Mitteilung beim Sender

Information   Mitteilung

Das hat entschieden Konsequenzen, sowohl für Sender und Empfänger als auch für die gesamte Kommunikation überhaupt. Zunächst noch zu den Konsequenzen für die Instanz, die hier agiert, also für den Sender bzw. Alter. Luhmann erläutert diese:

> „Schon die Differenz von Information und Mitteilungsverhalten eröffnet weitreichende Möglichkeiten der Analyse. [... Für Alter] bieten sich zwei Anknüpfungen, die nicht miteinander in Übereinstimmung zu bringen sind. Was Informationen betrifft, so muß er [1. als psychisches System] sich selbst als Teil der Sinnwelt begreifen, in der die Information richtig oder falsch ist, relevant ist, eine Mitteilung lohnt, verstanden werden kann. [2., bezogen auf das soziale System:] Als jemand, der sie mitteilt, muß er sich selbst die Freiheit zusprechen, dies zu tun oder nicht zu tun." (1984, 195)

Die Selektion bezieht sich sowohl auf das Was als auch auf das Wie. Das Was betrifft den Inhalt oder Sinnvorschlag der Mitteilung; es macht schließlich einen großen Unterschied, ob man ‚Ich liebe dich' oder im Gegenteil ‚Ich liebe dich nicht' mitteilt. Das Wie betrifft die Wahl des Mediums und der Form: Eine Mitteilung kann mündlich oder nonverbal, schriftlich, in Bildern, gedruckt, elektronisch und in unzähligen Varianten und Formen erfolgen. (Unten in den Kapiteln 10 ff werden die verschiedenen Medien diskutiert.) **Eine Mitteilung ist also immer eine Selektion: eine Entscheidung *für* eine bestimmte Information, *gegen* andere mögliche; *für* bestimmte inhaltliche Sinnvorschläge und formale Darstellungsweisen, *gegen* andere mögliche.**

Abb. 6.7 In der Mitteilung wird sowohl das Was als auch das Wie seligiert

Star Wars – Die allerletzten Episoden	
RECHTEN MOMENT ABGEWARTET Der knallharte Bursche Clint Eastwood fackelte nicht lange. Er wartete, bis Freundin Sandra Locke zu Filmarbeiten wegfuhr, ließ dann von seinen Anwälten einen Brief schicken. Darin wurde ihr mitgeteilt, dass Mister Eastwood die Schlösser des gemeinsamen Hauses habe auswechseln lassen – nach elf gemeinsamen Jahren. BAD NEWS Die Schauspielerin Cosima von Borsody erfuhr aus der Zeitung, dass ihr lieber	Ehemann Sky Dumont eine Neue hat. DUMME FAXEN Sänger Phil Collins wollte wohl seine Stimme schonen. Er sandte seiner Frau Jill einfach ein Fax, in dem er ihr seine Trennung von ihr mitteilte. Da waren sie ja auch gerade erst mal zehn Jahre verheiratet. UND DANN WAR DA NOCH... ... eine gewisse Naddel mit einer SMS an einen gewissen Ralph Siegel. Die allerkürzeste Mitteilung, um sich zu verabschieden.

(Aus: Maxim, Juli 2002)

6.3.3 Akt drei, Auftritt Ego: ‚Aha, mir wird was mitgeteilt – selektiv!'

Die Selektionen der Information und der Mitteilung sind geklärt, bleibt die „Selektion der Annahme/des Verstehens" als dritter Akt. Dieser liegt beim Empfänger oder Ego. Selektion heißt: die Sache kann so oder anders laufen; Ego kann die Mitteilung verstehen bzw. annehmen oder nicht. Dieser Akt ist der wichtigste im gesamten Kommunikationsprozess. Erst im Verstehen, nicht etwa schon bei der Mitteilung, kommt Kommunikation zustande. Luhmann rollt Kommunikation also nicht, wie vielfach üblich, von der Mitteilung, sondern vom Verstehen her auf.

> „Nicht nur Information und Mitteilung, sondern auch das Verstehen selbst ist eine Selektion." (1995b, 116)
> „Begreift man Kommunikation als Synthese dreier Selektionen, als Einheit aus Information, Mitteilung und Verstehen, so ist die Kommunikation realisiert, wenn und soweit das Verstehen zustandekommt." (1984, 203)
> Es ist so, „daß wir Kommunikation nicht vom Mitteilungshandeln, sondern vom Verstehen her begreifen." (1997, 291)
> **„Kommunikation kommt tatsächlich erst mit ihrem Abschluß im Verstehen zustande."** (1997, 259)

Was versteht Luhmann nun unter „Verstehen"? Wieder einmal zunächst nicht das, was man erwartet. Üblicherweise denkt man hier sofort an Verstehen im

6.3 Stück mit zwei Akteuren in drei Akten

Sinne von Verständigung und Konsens: ‚Wir verstehen uns gut, wir sind uns einig, das ist Kommunikation' – genau so wie in der Werbung von Volkswagen (vergl. unten Abb. 6.13). Das gerade ist nicht Luhmanns Ansatz! **Seine dritte Selektion bedeutet: verstehen,** *dass* **es sich um eine Mitteilung handelt;** *nicht*: richtig verstehen, *welchen Inhalt* einem jemand mitteilt bzw. **welchen Sinnvorschlag jemand macht.** Ego *versteht* das, was er von Alter hört oder sieht, als Mitteilung; er *interpretiert* es als Mitteilung und damit als gewollt – nicht etwa als versehentliches Geräusch oder zufälliges Verhalten; im Extremfall sogar: er *unterstellt*, dass der andere die Absicht hat, ihm etwas mitzuteilen.

Sobald man etwas als Mitteilung auffasst, versteht man, dass beim Mitteilenden eine Differenz zwischen Information und Mitteilung vorliegt. Das heißt, man versteht, dass
(1) der andere über *viele* Informationen verfügt,
(2) er daraus nur *einige* zur Mitteilung in einer bestimmten Weise auswählt,
(3) man somit *viele andere* Informationen *nicht* mitgeteilt bekommt.

Hier wird offenkundig, dass Kommunikation wirklich die „Synthese" der drei Selektionen ist und damit etwas prinzipiell anderes als die Summe von Handlungen einzelner Personen. Akt 1, die Selektion von Information, könnte man zunächst einfach als Wahrnehmung, das heißt als Operation eines psychischen Systems auffassen; auch Akt 2, die Selektion der Mitteilung, ließe sich als irgendeine individuelle Tätigkeit ansehen. Aber schon die Bezeichnung „Alter" deutet an, dass noch etwas anderes – und zwar das Wichtigste - kommen muss, nämlich ein „Ego". Aber man könnte sich diese zweite beteiligte Instanz ja auch additiv hinzudenken, die nach zwei Handlungen von Alter ihre eigene Verstehenshandlung als dritten Baustein hinzugesellt. So ist das jedoch nicht! Die dritte Selektion besteht darin, die Differenz zwischen den Selektionen eins und zwei zu verstehen. **Egos Selektion 3** *enthält* **demnach Alters Selektionen 1 und 2.** Es ist eine „Synthese", also etwas völlig anderes als eine Summe der Handlungen von zwei Akteuren; es ist Kommunikation.

Eine Mitteilung verstehen bzw. eine mitgeteilte Information verstehen ist damit immer Verstehen einer Differenz. Das trägt den Hinweis auf eine mögliche Irritation, ein Defizit, einen Risikofaktor in sich: Was hat der andere zur Mitteilung ausgewählt und warum? Was hat er nicht gewählt? Warum sagt er mir das gerade so, gerade jetzt? Er hatte ja wohl einen bestimmten Grund, was wollte er mir eigentlich damit zu verstehen geben? Vielleicht hat er zu wenig, ungenau oder falsch Beobachtetes, Nebensächliches, Unwichtiges, Unsinniges, Irreführendes oder Fehlinterpretiertes für die Mitteilung ausgewählt? Vielleicht hat er dabei etwas Wesentliches nicht mitgeteilt, etwas übersehen oder vergessen? Möglicherweise bewusst verschwiegen? Verfolgt damit gar eine manipulative Absicht? usw. Derartige Irritationsmöglichkeiten liegen bei Ego, dem

Empfänger. Sie wirken sich aber auch vorweg schon auf Alters Selektionen aus, denn der Sender stellt das Was und Wie seiner Mitteilung bereits darauf ab.

Durch das Differenz-Verstehen ist solches Irritationspotential unvermeidbar enthalten. Das sorgt einerseits für Unruhe, andererseits stimuliert es Anschlusskommunikation.

„**Kommunikation kommt aber nur dadurch zustande, daß zwischen Mitteilung und Information unterschieden und der Unterschied verstanden wird.**" (1997, 97)

„So kommt zum Beispiel Kommunikation (also Gesellschaft) immer dann in Gang, wenn man beim Beobachten (das dadurch ‚Verstehen' wird) Mitteilung und Information unterscheiden kann." (1997, 442)

„Kommunikation kommt nur zustande, wenn diese zuletzt genannte Differenz [zwischen Information und Mitteilung] beobachtet, zugemutet, verstanden und der Wahl des Anschlußverhaltens zu Grunde gelegt wird." (1984, 196)

„Daher setzt Kommunikation einen alles untergreifenden, universellen, unbehebbaren Verdacht frei". (1984, 207)

Abb. 6.8 Dritter Akt – Selektion der Annahme/des Verstehens: Empfänger versteht die Differenz zwischen Information und Mitteilung beim Sender

Man kann sich das klarmachen, indem man Kommunikation (durch ein soziales System) mit Wahrnehmung (durch ein psychisches System) vergleicht. In beiden Systemtypen gibt es Informationen:

(1) Jedes psychische System holt sich Informationen auf dem Weg über einfache, direkte, unmittelbare Wahrnehmung. Das Ergebnis sind: wahrgenommene Informationen. Von denen muss man den Eindruck haben, sie seien *vollständig und unbedingt zutreffend*; schließlich traut man ja seinen eigenen Augen und Ohren, seinem eigenen Wahrnehmungsapparat.

6.3 Stück mit zwei Akteuren in drei Akten

(2) Auf dem Weg über Kommunikation bekommt man ebenfalls Informationen. Das Ergebnis sind: mitgeteilte, das heißt durch eine andere Instanz *seligierte* Informationen. Es liegt nahe, das, was diese andere Seite vorher wahrgenommen und davon aus irgendwelchen Gründen mitgeteilt hat, *keineswegs zweifelsfrei für vollständig und unbedingt zutreffend* zu halten.

> Es lassen „sich einfache Wahrnehmung und Wahrnehmung von Mitteilungsverhalten, also Teilnahme an Kommunikation, unterscheiden". (1995b, 195)
> „Im Unterschied zu bloßer Wahrnehmung von informativen Ereignissen kommt Kommunikation nur dadurch zustande, daß Ego zwei Selektionen unterscheiden und diese Differenz seinerseits handhaben kann." (1984, 198)

Für die Bewusstseine der Beteiligten sind die Wege grundverschieden, die Ergebnisse grundverschieden und die Konsequenzen grundverschieden. Kommunikation bezeichnet die eine dieser beiden Arten von Weltbeobachtung. Eine passende Definition von Kommunikation ist demnach auch:

> „Kommunikation ist [...] eine bestimmte Art, Welt zu beobachten an Hand der spezifischen Unterscheidung von Information und Mitteilung." (1997, 72)

Abb. 6.9 Unterschied zwischen in Kommunikation mitgeteilter Information und durch eigene Wahrnehmung gewonnener Information

In der dritten Selektion sind die erste und die zweite Selektion enthalten. Darum ist sie die entscheidende. Und das ist der Grund, warum Luhmann – zunächst etwas irritierend – den Empfänger Ego nennt. Der Sender dagegen ist Alter, der andere, obwohl er zeitlich ja als erster agiert. In der zeitlichen Abfolge verläuft die Kommunikation zwar von der ersten zur zweiten zur dritten Selektion. Aber die Zuweisung, ob es sich überhaupt um Kommunikation handelt, erfolgt vom dritten Akt her, und deswegen ist der Empfänger hinsichtlich der Bedeutung die Nummer eins, Ego.

„Entscheidend ist, daß die dritte Selektion sich auf eine Unterscheidung stützen kann, nämlich auf die Unterscheidung der Information von ihrer Mitteilung. Da dies entscheidend ist und Kommunikation nur von hier aus verstanden werden kann, nennen wir (etwas ungewöhnlich) den Adressaten Ego und den Mitteilenden Alter." (1984, 195; Hervorhebung durch M.B.)
„Die Kommunikation wird sozusagen von hinten her ermöglicht, gegenläufig zum Zeitablauf des Prozesses." (1984, 198; vergl. auch 1975b, 175)
„Verstehen generiert nachträglich Kommunikation." (1997, 72)

6.4 Kommunikation ganz neu aufgefasst

Der „differenz- und selektionsorientierte Kommunikationsbegriff" von Luhmann ist damit im Wesentlichen umrissen (1984, 204). Es fehlt noch die Erläuterung der Anschlusskommunikation, denn in der Realität läuft Kommunikation weiter und weiter und weiter; das Herausschneiden einer elementaren Kommunikationseinheit wie in den vorigen Abschnitten ist künstlich und geschieht nur aus analytischen Gründen. Bevor im nächsten Kapitel die Anschlusskommunikation zum Thema wird, noch eine Zusammenstellung, was an Luhmanns Begriff anders ist als gewohnt. Denn seine Auffassung ist im Kern ja einfach, die Implikationen jedoch sind weitreichend. Sie stellen vieles von dem, was im Alltag und in konventioneller Wissenschaft unter Kommunikation verstanden wird, auf den Kopf.

6.4.1 Nicht der Mensch, nur die Kommunikation kommuniziert

Es ist schwer, sich von der vertrauten Vorstellung zu lösen, dass Menschen kommunizieren, im Sinne von: Handlung von A als Sender *plus* Handlung von B als Empfänger ergibt *in der Summe* Kommunikation. Menschen haben Leiber, die jedoch in Kommunikation nicht enthalten, sondern lediglich Voraussetzung sind; Leibliches ist allerdings oft Thema der Kommunikation – z.B. Schönheit, Gesundheit und Schlankheit in Publikumszeitschriften und Krankheit in den Gesprächen älterer Leute. Menschen haben auch eine Psyche, die jedoch ebenfalls nicht in der Kommunikation enthalten, sondern lediglich Voraussetzung ist. Bewusstseinssysteme können wahrnehmen, denken, fühlen und wollen, aber nicht gemeinsam, sondern jedes einzeln für sich; Psychisches ist allerdings ebenfalls häufig Thema der Kommunikation, besonders im Freundeskreis und in der Familie. Luhmann erläutert die Abgrenzung witzig am Beispiel eines Zeitschriften-Aufsatzes, der nur Kommunikation, aber nicht Leib und Psyche, nicht Blut und Gedanken des Verfassers und der Leser enthält.

6.3 Kommunikation ganz neu aufgefasst

Es „stellt sich die Frage, was von dem Verfasser im Text ist oder: was kommuniziert wird. Sicherlich nicht zum Beispiel der Blutkreislauf, der sein Hirn durchblutete, als er den Text geschrieben hat. In dem Text in der *Kölner Zeitschrift* ist kein Blut, die würden das in der Redaktion abwehren, wenn da ein Blutstrom käme. Ein Bewusstseinszustand ist auch nicht da. [...] Da kommt kein Blut, da kommt kein Gedanke. Da sind wirklich nur Buchstaben und das, was man als geübter Leser aus diesen Buchstaben machen kann, Wörter, Sätze und dergleichen. Das ist die Kommunikation." (2002b, 261 f)

Abb. 6.10 Die Kommunikation lebt nicht, blutet nicht, denkt nicht

6.4.2 Keine Übertragung von Information

Gern wird Kommunikation als „Übertragung von Information" aufgefasst. Dabei stellt man sich die Information als fertige Entität vorweg in der Welt vor, die nur noch zu ermitteln und zu verpacken ist (in eine Aussage), um sie dann wie ein geschlossenes Bündel auf einem Transportweg (einem Medium als Übertragungskanal) zwischen Absender und Empfänger (man beachte die Begriffe wie beim Paketversand!) hin und her schicken zu können, wobei der Inhalt des Bündels identisch bleibt bzw. bleiben soll. Dieser Auffassung widerspricht Luhmann vehement (vergl. auch oben Kap. 6.3.1 sowie unten Kap. 8.1 und Kap. 20.2).

Es geht um die „Klärung des Kommunikationsbegriffs. Üblicherweise bedient man sich hierbei der Metapher ‚Übertragung'. Man sagt, die Kommunikation übertrage Nachrichten oder Informationen vom Absender auf den Empfänger. [...] **Die Übertragungsmetapher ist unbrauchbar**, weil sie zu viel Ontologie impliziert. Sie suggeriert, daß der Absender etwas übergibt, was der Empfänger erhält.

Das trifft schon deshalb nicht zu, weil der Absender nichts weggibt in dem Sinne, daß er selbst es verliert. **Die gesamt Metaphorik des Besitzens, Habens, Gebens und Erhaltens, die gesamte Dingmetaphorik ist ungeeignet für ein Verständnis von Kommunikation.**" (1984, 193 f, Hervorhebung durch M.B.)
„Kommunikation kann [...] nicht als ‚Übertragung' von Informationen, Nachrichten, Sinnelementen von einer Stelle auf eine andere begriffen werden." (1990b, 173)
„Wir müssen deshalb auch die klassische Metapher aufgeben, Kommunikation sei eine ‚Übertragung' von semantischen Gehalten von einem psychischen System, das sie schon besitzt, auf ein anderes." (1997, 104)

Abb. 6.11 Kommunikation ist *nicht*: Übertragung von Information

6.4.3 Der Sender ist nicht mehr der Boss

Üblicherweise gilt der Sender als die wichtigere Instanz im Kommunikationsablauf. Das steckt schon in den Begriffen. „Sender" klingt aktiv; er kann *seine* Sendung/Botschaft senden/mitteilen. „Empfänger" dagegen klingt passiv; er kann lediglich empfangen, was er zugeteilt/mitgeteilt bekommt. Luhmann kehrt dieses Dominanzgefälle wirklich um. Denn die dritte Selektion als die wichtigste in der Kommunikation bedeutet: **Nicht die Mitteilungsabsicht eines Senders, sondern die Interpretation als Mitteilung durch einen Empfänger entscheidet darüber, ob Kommunikation vorliegt oder nicht.**

„Kommunikation ist [...] ohne Mitteilungsabsicht möglich, wenn es Ego gelingt, eine Differenz von Information und Mitteilung gleichwohl zu beobachten." (1984, 208)
„Wir können mithin Intentionalität [...] nicht zur Definition des Kommunikationsbegriffs verwenden." (1984, 209)

6.3 Kommunikation ganz neu aufgefasst

Abb. 6.12 *Nicht* die Mitteilungsabsicht des Senders, sondern das Als-Mitteilung-Verstehen des Empfängers entscheidet, ob Kommunikation vorliegt

Damit ist die **Sender-Dominanz überwunden**. Gelungen ist das, indem die Dimensionen
➢ *Reihenfolge* des Agierens im Kommunikationsablauf und
➢ *Rangfolge* der Akteure im Kommunikationsablauf
entkoppelt sind. Konventionelle Definitionen bleiben in dem Problem verstrickt, denjenigen, der als erster agiert – also den Sender –, auch zum Maßstab für den Kommunikations-Erfolg machen zu müssen, so dass – entgegen allen Beteuerungen der „Gleichberechtigung" von Sender und Empfänger – die Sender-Dominanz über die Hintertür immer wieder Eingang findet (vergl. als Beispiel: Burkart 1998).

6.4.4 Nicht Verständigung/Konsens, sondern Differenz

Verstehen als dritte Selektion im Kommunikationsablauf bedeutet: Verstehen als Mitteilung; Ego versteht oder unterstellt, *dass* er etwas mitgeteilt bekommt (s. Kap. 6.3.3). Es bedeutet nicht: inhaltliche Verständigung. Alter und Ego müssen die Mitteilung – das, *was* mitgeteilt wird –, nicht gleichsinnig verstehen. Sie müssen sich nicht einig sein; Konsens ist nicht erforderlich. Luhmann weist darauf hin, dass auch die Sprache als fundamentales Kommunikationsmedium keineswegs dem Konsens den Vorzug gibt: sprachlich ist es ganz gleichgültig, ob man Ja oder Nein sagt (1997, 229 im Widerspruch zu Jürgen Habermas' „Theorie des kommunikativen Handelns"; vergl. auch oben Kap. 2.3 und unten Kap. 10.8). **Anders als bei konventionellen Definitionen und in der Alltagsauffassung ist bei Luhmann eine erfolgreiche inhaltliche Verständigung keineswegs Ziel von Kommunikation. Kommunikation ist nicht auf Konsens angelegt, auch nicht auf Dissens; Kommunikation ist Differenz.** Das ist für ihn essentiell wichtig. Kommunikation ist nicht dann erfolgreich, wenn sie Einigkeit erzielt, sondern dann, wenn sie erfolgt und Anschlusskommunikation nach sich zieht.

> Das ist „ein tiefreichender Bruch mit der Tradition. Es kommt dann weder auf Ziele noch auf gute Gesinnungen, weder auf Kooperation noch auf Streit, weder auf Konsens noch auf Dissens, weder auf Annahme noch auf Ablehnung des zugemuteten Sinnes an. Auch das individuelle Glück spielt keine, oder allenfalls als Thema der Kommunikation eine Rolle." (1997, 90)
> **„Notwendig ist nur die Autopoiesis der Kommunikation, und diese Autopoiesis wird nicht durch ein télos der Verständigung [...] garantiert".** (1997, 229; Hervorhebung durch M.B.)
> Diese Theorie muss „vor allem offen lassen, ob man zu dem Verstandenen Ja oder Nein sagt. **Wozu haben wir denn das Nein in der Sprache?"** (2002b, 303; Hervorhebung durch M.B.)

Abb. 6.13 Sich *gut* verstehen, Konsens: im Alltag meistens hochwillkommen, aber kein Definitionsmerkmal von Kommunikation

(Werbung von Volkswagen)

6.3 Kommunikation ganz neu aufgefasst

Praktisch ist es überhaupt nicht möglich, dass Kommunikation sich davon abhängig macht zu prüfen, was beide Instanzen nun immer genau meinen und ob sie tatsächlich dasselbe meinen. Kommunikation muss einfach weitergehen, mit oder ohne Konsens, mit oder ohne Missverständnis. Darum kann Kommunikation auch nicht durch Konsens definiert sein. Im Gegenteil: **Laut Luhmann funktioniert Kommunikation sogar und erhält sich die Gesellschaft samt allen sozialen Systemen sogar „statt dessen", statt Konsens.**

> „Mit Verstehen bzw. Mißverstehen wird eine Kommunikationseinheit abgeschlossen ohne Rücksicht auf die prinzipiell endlose Möglichkeit, weiter zu klären, *was* verstanden worden ist." (1997, 83)
> Kommunikation ist „Selektion einer *Information*, Selektion der *Mitteilung* dieser Information und **selektives *Verstehen oder Mißverstehen*** dieser Mitteilung und ihrer Information." (1995b, 115; fett durch M.B.)
> Eine Information muss „als vereinbar gedacht werden mit der Tatsache, daß sie für Absender und Empfänger sehr verschiedenes bedeutet." (1984, 194)
> Es ist gewiss, dass durch Kommunikation „in keiner Weise und in keinem Sinne ein ‚gemeinsames' (kollektives) Bewußtsein hergestellt werden kann, also auch Konsens im Vollsinne einer vollständigen Übereinstimmung unerreichbar ist und Kommunikation statt dessen funktioniert." (1997, 82)
> **„Kommunikation ist praktisch immer ein Mißverstehen ohne Verstehen des Miß."** (1996, 173; Hervorhebung durch M.B.)

Lassen wir uns einen Moment auf eine andere, konventionelle, verständigungsorientierte Auffassung von Kommunikation ein. Wenn Kommunikation tatsächlich die (inhaltliche) Verständigung, den Konsens zum Ziel hätte – was wäre die logische Konsequenz, wenn Ziel und Zweck erreicht sind? Der Lauf würde enden! Konsens hergestellt – Kommunikation fertig! Das soziale System, das nur durch Kommunikation existiert, hätte sich selbst das Ende bereitet. Kommunikation hätte sich – da sie ihren Zweck erreicht hat – selbst überflüssig gemacht. Eine absurde Vorstellung, also eine unsinnige Auffassung von Kommunikation.

> „**Die Kommunikation hat keinen Zweck**, keine immanente Entelechie. Sie geschieht, oder geschieht nicht – das ist alles, was man dazu sagen kann. [...] Selbstverständlich lassen sich innerhalb von Kommunikationssystemen zweckorientierte Episoden bilden, sofern die Autopoiesis funktioniert. [...] Jede andere Auffassung müßte begründen, weshalb das System nach dem Erreichen seiner Zwecke fortdauert; **oder man müßte** [...] **sagen: Der Tod sei der Zweck des Lebens."** (1995b, 119; Hervorhebung durch M.B.)

Abb. 6.14 Kommunikation mit dem Zweck „Verständigung" würde sich selbst überflüssig machen – denn mit Verständigung hätte sich alles erledigt

6.4.5 Aufrichtigkeit ist nicht kommunizierbar

Kommunikation ist ein „Sonderfall von Informationsverarbeitung", bei dem die Information immer mit einem Zweifel behaftet ist (1984, 198). Denn es sind *Mitteilungen*, die (in der dritten Selektion) als Information wahrgenommen werden. Etwas *als Mitteilung*, das heißt als Teil von Kommunikation verstehen – das ist ein großer Unterschied zur bloßen, schlichten Wahrnehmung außerhalb von Kommunikation (vergl. auch Kap. 6.3.3). Bei der bloßen *Wahrnehmung* wird eine *Identität* empfunden zu dem, was ist: ‚So ist es! Ich sehe oder höre es ja unmittelbar!' Bei einer *Mitteilung* aber wird eine *Differenz* empfunden: ‚Der andere sagt zwar, dass es so ist. Aber vielleicht irrt er sich, meint es ganz anders oder verschweigt mir etwas. Vielleicht sehe oder höre ich es so, weil der andere will, dass ich es so sehe oder höre!' Das ist selbst dann der Fall, wenn der andere ganz aufrichtig ist. Das heißt: **Aufrichtigkeit lässt sich nicht sicher übermitteln.**

> „Man braucht nicht zu meinen, was man sagt (zum Beispiel, wenn man ‚guten Morgen' sagt). Man kann gleichwohl nicht sagen, daß man meint, was man sagt. Man kann es zwar sprachlich ausführen, aber die Beteuerung erweckt Zweifel, wirkt also gegen die Absicht." (1984, 207 f)

Es ist vertrackt: Sobald Kommunikation in Gang gesetzt ist, ist diese Differenzempfindung in Gang gesetzt. Je mehr man etwas beteuert, desto verdächtiger kann man sich machen. In mittelalterlichen Verhören versuchte man durch die Folter, die Differenz zu schließen – selbstverständlich ohne Erfolg und auf Kosten der armen Opfer. In der bloßen Wahrnehmung – also für das psychische System – besteht die Differenz nicht. Aber **Psychen können nicht miteinander kommunizieren. Wir können einem anderen Menschen nicht ins Herz oder Hirn sehen. Und der unumgängliche Umweg über Kommunikation setzt unausweichlich einen leisen Zweifel in die Welt.**

6.3 Kommunikation ganz neu aufgefasst

„Einmal in Kommunikation verstrickt, kommt man nie wieder ins Paradies der einfachen Seelen zurück [...]. Dies wird typisch am [...] Thema der Aufrichtigkeit vorgeführt. Aufrichtigkeit ist inkommunikabel, weil sie durch Kommunikation unaufrichtig wird. Denn Kommunikation setzt die Differenz von Information und Mitteilung und setzt beide als kontingent voraus. Man kann dann sehr wohl auch über sich selbst etwas mitteilen, über eigene Zustände, Stimmungen, Einstellungen, Absichten; dies aber nur so, daß man sich selbst als Kontext von **Informationen vorführt, die auch anders ausfallen könnten. Daher setzt Kommunikation einen alles untergreifenden, universellen, unbehebbaren Verdacht frei**, und alles Beteuern und Beschwichtigen regeneriert nur den Verdacht." (1984, 207, Hervorhebung durch M.B.)

„Aufrichtigkeit [ist] nicht kommunizierbar; authentische Gefühle müssen die Kommunikation vermeiden". (1993b, 365)

„Wer seine Aufrichtigkeit kommunizieren will, handelt kontraproduktiv. Er gibt zu erkennen, daß er von Zweifeln an seiner Aufrichtigkeit ausgeht, und dann kann man nur fragen: wieso? Gegenüber einem eigenen oder einem fremden [Un-]Aufrichtigkeitsverdacht läßt sich mit Kommunikation nichts mehr ausrichten." (Luhmann/Fuchs 1989, 128)

Abb. 6.15 Aufrichtigkeit ist nicht kommunikabel – wegen der verstandenen Differenz zwischen Information und Mitteilung

Man beachte den diametralen Unterschied zu konventionellen Definitionen von Kommunikation, die auf Verständigung, Konsens, Einheit abzielen. Begründet wird eine solche Auffassung gern mit der Wortwurzel von Kommunikation: „communis", das Gemeinsame, das man miteinander teilt (vergl. oben Abb. 6.13). Luhmann dagegen hebt auf Differenz ab. Kommunikation wird nicht durch das Gemeinsame definiert, sondern durch das Empfinden von Differenz:

‚Der andere hat mir etwas mitgeteilt, was auch ganz anders hätte sein können – und dadurch grundsätzlich bezweifelbar ist.'
Soziale Systeme müssen dieses bewältigen. Dafür „sind entsprechende 'trotzdem'-Strategien" und immer wieder vertrauensbildende Maßnahmen erforderlich – was zur weiteren Ausdifferenzierung der Systeme beiträgt (1984, 179; vergl. auch Luhmann 1968: „Vertrauen: Ein Mechanismus der Reduktion sozialer Komplexität"). Bei Massenmedien finden wir den „universellen, unbehebbaren Verdacht" in Form von Manipulationsverdacht, und den müssen sie in permanenter Anstrengung durch die Demonstration von Glaubwürdigkeit, Verlässlichkeit, Beteuerung von Unabhängigkeit, Unbestechlichkeit und sogenannter Objektivität bekämpfen. Aber Massenmedien können diesem Problem nicht entkommen, da sie kommunizieren *müssen* und jede Kommunikation den Verdacht regeneriert (vergl. auch unten Kap. 15.2, Kap. 15.3 und Kap. 18.4.2).

„Die moderne Gesellschaft scheint [mit den neuen Medien dieses Jahrhunderts] eine Grenze erreicht zu haben, an der nichts mehr nicht kommunizierbar ist – mit der einen alten Ausnahme: der Kommunikation von Aufrichtigkeit." (1997, 311)

„Die Massenmedien scheinen ihre eigene Glaubwürdigkeit zugleich zu pflegen und zu untergraben." (1996, 78 f)

Abb. 6.16 Massenmedien wollen ihre Aufrichtigkeit (Objektivität) kommunizieren – aber die Kommunikation selbst untergräbt Aufrichtigkeit

6.5 Kommunikation konkret, Beispiel Massenkommunikation

Den Ablauf der drei Selektionen kann man sich an einem Beispiel aus dem Massenkommunikationsprozess etwa so vorstellen:

(1) Selektion der Information durch Alter/Sender, beispielsweise die Journalistin Nina
In der „Abendpresse" werden ständig Informationen seligiert. Beispielsweise die Redakteurin Nina in ihrer täglichen Arbeit in der Sportredaktion beurteilt aus dem großen Angebot an Sportereignissen, Agenturmeldungen, Pressemit-

teilungen, Pressekonferenzen, Lokalterminen, Gesprächen sowie Berichten in anderen Medien usw. einiges als brauchbares Informationsmaterial, anderes nicht; als passend in die Linie des Blattes, für ihr Ressort, Thema für das Sommerloch, von geeignetem journalistischem Wert, nützlich für ihre persönliche Profilierung usw. oder auch nicht. Nicht Nina als „Mensch" seligiert diese Informationen, sondern ihre Mitgliedsrolle im Massenmediensystem; denn wenn Nina und ihr Freund Tim kommunizieren, seligiert sie Informationen ganz anders.

(2) Selektion der Mitteilung, ebenfalls durch Alter/Sender, hier: Journalistin Nina
Von dem ausgewählten Informationsmaterial wird nach Besprechung in der Redaktion einiges für die Berichterstattung in der „Abendpresse" verwendet, das heißt zur Mitteilung gemacht, anderes nicht. Die Entscheidung für eine Mitteilung umfasst inhaltliche, gestalterische und organisatorische Aspekte: Welches Thema, welcher Beitrag kommt rein und was nicht? In welche Sparte, heute oder morgen oder am Wochenende? Mit welchen Details, in welchem Umfang, in welcher Aufmachung, mit Bild oder ohne, mit Kommentar oder ohne? Usw.

(3) Selektion der Annahme/des Verstehens durch Ego/Empfänger, beispielsweise Student Rudi
Der Student Rudi kauft die „Abendpresse" oder nicht, liest sie oder wirft sie gleich ins Altpapier, liest einen speziellen Artikel oder nicht, versteht ihn als eine relevante Mitteilung oder nicht. Wenn Rudi etwas *als Mitteilung* versteht – und das ist bei einer Zeitung unvermeidlich –, versteht er die Differenz zwischen Information und Mitteilung beim Sender. Durch die Zeitung bekommt er also einerseits Gewissheit, denn er erfährt etwas, was er vorher nicht wusste. Gleichzeitig bekommt er auch Ungewissheit, denn er versteht den selektiven, unvollständigen, möglicherweise manipulativen Charakter einer jeden mitgeteilten Information, einer jeden Nachricht. Es sind keineswegs nur die „'gebildeten Schichten'", die diese „Doppelbödigkeit des Wissens" aus den Massenmedien verstehen (1996, 152; vergl. auch unten Kap. 14 bis Kap. 18 über Massenmedien). Diese Differenz ist Rudi bei vielen Beiträgen gleichgültig. Bei manchen, die ihm auffallen und für die er sich interessiert, jedoch keineswegs. Beispielsweise als jemand, der demnächst einen Arbeitsplatz finden will, achtet er speziell auf Neuigkeiten über passende Unternehmen und Berufseinstiegschancen. Oder als Hobby-Speerwerfer sucht er alles über Speerwerfen.

Wenn er auf einen entsprechenden Artikel aufmerksam wird, versteht er den *Mitteilungs*charakter: Kapiert, dass er zwangsläufig eine Selektion bekommt und dass die Zeitung auch ganz anderes hätte drucken können; oder er vermisst etwas, was seiner Auffassung nach eigentlich in der Zeitung stehen sollte. Darüber hinaus versteht/interpretiert er auch inhaltlich den Sinn der Aussagen und kann diesen plausibel finden oder nicht, kann die Sinnvorschläge akzeptieren oder nicht. Dieses inhaltliche Verstehen ist jedoch schon nicht mehr Teil dieser Kommunikationseinheit, sondern gehört nach Luhmann zur *Anschlusskommunikation* (siehe Kap. 7).

Abb. 6.17 Kommunikation als dreistelliger Selektionsprozess – schematisch

1. **Selektion der Information:** Alter/Sender beurteilt einiges als Information, anderes nicht. Z.B. Journalistin Nina wählt aus, was in- formativ im Sinne der Zeitung und ihres Ressorts ist

2. **Selektion der Mitteilung:** Alter/Sender teilt von den Informationen einige Ego/Empfängern mit, andere nicht. Z.B. „Abendpres-se" veröffentlicht Sport-In-fos in bestimmter Auswahl und Aufmachung

3. **Selektion der Annahme /des Verstehen:** Ego /Empfänger nimmt einige Mitteilungen wahr und an, andere nicht; versteht Differenz zw. Info u. Mitteilung. Z.B. Rudi liest „Abendpresse" oder nicht; versteht, dass Berichte auch anders sein könnten

Kapitel 7 – Anschlusskommunikation

7.1 Kommunikation läuft und läuft und läuft...

Es wurde schon gesagt, dass Systeme immer „anschlussfähig" operieren (vergl. Kap. 4.3.2). So auch soziale Systeme: Diese müssen anschlussfähig kommunizieren. Kommunikation ist die Operation, durch die soziale Systeme sich autopoietisch selbst herstellen und erhalten. Wenn die Autopoiesis funktionieren soll, muss Kommunikation immer *weiter* laufen. Sobald der Kommunikationsfluss abreißt, hört das soziale System auf zu existieren. Das heißt, **eine einzelne Kommunikation ist in der Realität Teil einer Kette von Kommunikationen.** (Nahezu) an jede Kommunikation schließen sich weitere Kommunikationen an. Mehr noch: Kommunikation muss generell so beschaffen sein, dass sie „Anschlusskommunikation" sicherstellt. Das ist Thema dieses Kapitels.

> „Bewußtseinssysteme und Kommunikationssysteme hören mithin auf, wenn ihre Operationen nicht fortgesetzt werden." (1995b, 41)
> „Als Einzelereignis kann sie [Kommunikation] nicht vorkommen. Jede Kommunikation setzt andere Operationen gleichen Typs voraus, auf die sie reagieren und die sie stimulieren kann. Ohne rekursive Bezugnahmen dieser Art fände sie überhaupt keinen Anlaß, sich zu ereignen." (1997, 190).
> Es gibt „eine nicht eliminierbare Unendgültigkeit der Kommunikation. **Es gibt kein letztes Wort.**" (1997, 141; Hervorhebung durch M.B.)
> „In der Autopoiesis auch gibt es dabei keine Abschlußform". (1996, 214)

Abb. 7.1 Kommunikation läuft und läuft und läuft und…

7.2 Gleichsam Akt vier, Anschlusskommunikation: Ego wird zu Alter

In der dritten Selektion der Kommunikationsdefinition ist betont: Etwas wird *als Mitteilung* – als kontingente Selektion durch einen anderen – verstanden; das Verständnis des mitgeteilten *Inhalts* oder *Sinnangebots* spielt dabei aus Sicht der Kommunikation keine Rolle; Hauptsache, es geht weiter. Aus Sicht der beteiligten Personen jedoch will man durchaus auch ein inhaltliches Verstehen, denn man will ja einen bestimmten Sinn übermitteln. Manchmal wird sogar ausdrücklich darüber diskutiert: ‚Hast Du mich verstanden?' oder ‚Versteh ich dich richtig?' Dieses regt zu weiterer Kommunikation, zu Anschlusskommunikation an. **Gesichtspunkte inhaltlicher Verständigung über den Sinn der Mitteilung gehören nach Luhmann zur Anschlusskommunikation.** Um das zu erläutern, führt er den Begriff einer Art vierten Selektion ein.

„Begreift man Kommunikation als Synthese dreier Selektionen, als Einheit aus Information, Mitteilung und Verstehen, so ist die Kommunikation realisiert, wenn und soweit das Verstehen zustandekommt. Alles weitere geschieht **‚außerhalb'** **der Einheit einer elementaren Kommunikation** und setzt sie voraus. Das gilt besonders für eine **vierte Art von Selektion**: für die Annahme bzw. Ablehnung der mitgeteilten Sinnreduktion." (1984, 203; Hervorhebung durch M.B.)
„Annehmen und Ablehnen einer zugemuteten und verstandenen Selektion sind aber nicht Teil des kommunikativen Geschehens; es sind **Anschlußakte**. [...] Die Einheit der Einzelkommunikation ist, in dynamischer Hinsicht, nichts weiter als **Anschlußfähigkeit**." (1984, 204, Hervorhebung durch M.B.)
„Mit Verstehen bzw. Mißverstehen wird eine Kommunikationseinheit abgeschlossen ohne Rücksicht auf die prinzipiell endlose Möglichkeit, weiter zu klären, *was* verstanden worden ist. Aber dieser Abschluß hat die Form des Übergangs zu weiterer Kommunikation, die solche Klärungen nachvollziehen oder sich anderen Themen zuwenden kann. [...] Schon die Kommunikation des Annehmens oder Ablehnens des Sinnvorschlags einer Kommunikation ist **eine *andere* Kommunikation**". (1997, 83, Hervorhebung durch M.B.)

Der Inhalt der Mitteilung ist „Sinnreduktion" bzw. ein „Sinnvorschlag" von Alter an Ego. So teilt ein Politiker einem anderen mit, dass er koalieren will, eine Studentin ihrem Freund, dass sie ihn zum Apfelkuchenessen einlädt und Wilhelm Buschs Herr Knopp seiner Frau, dass er wieder zu Hause ist (vergl. Abb. 7.2). Jede Mitteilung ist inhaltlich auf *einen* Sinn reduziert; andere mögliche, z.B. unfreundlichere Aussagen sind nicht gewählt. Die Angesprochenen können den Sinnvorschlag inhaltlich irgendwie verstehen und annehmen oder ablehnen. Ähnliches passiert ständig beim Empfang von Mitteilungen, sei es in der direkten Interaktion, sei es aus den Massenmedien. Persönliche Mitteilungen genau so wie solche aus Presse, Hörfunk, Fernsehen und dem World-

7.2 Gleichsam Akt vier, Anschlusskommunikation: Ego wird zu Alter

WideWeb quellen über von Sinnangeboten, die man annehmen oder ablehnen kann. Eingeschlossen ist auch die Möglichkeit, sie anders zu verstehen, als sie gemeint waren.

Abb. 7.2 Auf Kommunikation folgt Anschlusskommunikation; auf Als-Mitteilung-Verstehen folgt Sinn-Verstehen – mit der Möglichkeit, den Sinnvorschlag anzunehmen oder abzulehnen

Grollend hat Madam soeben
Sich bereits zur Ruh begeben.
Freundlich naht sich Knopp und bang
„Bäh!" Nicht gut ist der Empfang.
Demutsvoll und treu und innig
Spricht er: „Doris, schau, da bin ich!"

Aber heftig stößt dieselbe –
Bubb! – ihn auf sein Leibgewölbe.
Dieses hat ihn sehr verdrossen.
Tief gekränkt, doch fest entschlossen
Schreitet er mit stolzem Blick
Wieder ins Hotel zurück.

(Aus: Wilhelm Busch, Herr und Frau Knopp. In: Sämtliche Werke 2, München 1982, S. 241 ff. Sprechblasen M.B.)

Am Verstehen der Mitteilung sind also zwei Seiten zu unterscheiden: Die eine gehört zur ersten Kommunikationseinheit, die andere zur Anschlusskommunikation. Als erstes muß Ego etwas *als Mitteilung* verstehen oder nicht verstehen; das ist die dritte Selektion der ersten Kommunikationseinheit, die durch ‚Differenz-Verstehen' charakterisiert ist. Als zweites muss Ego dann ein „Sinnangebot" der Mitteilung *vom Inhalt her* verstehen und es annehmen oder ablehnen. Das ist eine Art vierte Selektion und nicht mehr Teil dieser ersten Kommunikationseinheit, sondern gehört bereits zur Anschlusskommunikation. Das ist ‚inhaltliches Verstehen' oder ‚Sinn-Verstehen'. An der Bruchstelle zwischen der ersten Kommunikationseinheit – die i.d.R. auch schon Vorläufer hat – und der Anschlusskommunikation finden also zwei Arten von Verstehensakten statt, die beide selektiv sind. Nach Luhmann wird die eine Art in die andere „transformiert".

„Mit einer etwas anderen Formulierung kann man auch sagen: Kommunikation transformiere die Differenz von Information *und* Mitteilung in die Differenz von Annahme *oder* Ablehnung der Mitteilung". (1984, 205)
„Man muß beim Adressaten der Kommunikation das Verstehen ihres Selektionssinnes unterscheiden vom Annehmen bzw. Ablehnen der Selektion als Prämisse eigenen Verhaltens." (1984, 203)
„Jemand muss verstanden haben, sonst kommt die Kommunikation nicht zustande, unter Ausklammerung der Frage, was er daraufhin tut. Ob er einverstanden ist oder nicht, das ist seine Sache. **Darüber kann er eine neue Kommunikation anfangen.**" (2002b, 260; Hervorhebung durch M.B.)

Abb. 7.3 Verstehen als dritte Selektion und als eine Art vierte Selektion/ Anschlusskommunikation

Egos Verstehen
- **Innerhalb der ersten Kommunikationseinheit**
  3. Selektion:
  Differenz-Verstehen – Verstehen oder nicht verstehen, dass eine Mitteilung erfolgt, also die Differenz von Information und Mitteilung bei Alter verstehen
- **Nach der ersten Kommunikationseinheit eine Art 4. Selektion:**
  Sinn-Verstehen, inhaltliches Verstehen
  – Alters Sinnangebot annehmen oder ablehnen
  Entspricht der 1. Selektion der Anschlusskomm.:
  Ego wechselt in die Rolle von Alter

Die mitgeteilten Sinnangebote, Inhalte, Behauptungen, Bewertungen usw. von Alter kann Ego annehmen oder ablehnen, im Sinne von Alter verstehen oder missverstehen, bejahen oder verneinen, Konsens oder Dissens zeigen – sich jedenfalls dazu stellen. Das ist ein Anschlussgeschehen. Und wenn Ego das mitgeteilte Sinnangebot als Information benutzt, um daraufhin wieder selber etwas mitzuteilen – was auch in Zurückweisung bestehen kann wie in diesem Fall bei Frau Knopp –, wird er oder sie vom Empfänger zum Sender. Die Anschlusskommunikation wird zu einer neuen Kommunikationseinheit, das heißt der Ablauf entsprechend der Kommunikations-Definition geht – mit vertauschten Rollen zwischen den beiden beteiligten Instanzen oder mit dem ursprünglichen Empfänger nun als Sender gegenüber einer anderen Instanz – wieder von vorne mit der ersten Selektion los. **Die von Luhmann sogenannte vierte Selektion** ist eigentlich die erste Selektion der anschließenden, nächsten Kommunikationseinheit.

7.3 Anschlusskommunikation konkret, Beispiel Massenkommunikation

Im vorigen Kapitel wurde eine Kommunikationseinheit am Beispiel Massenkommunikation durchgespielt (vergl. Kap. 6.5). Hier die Fortsetzung: Noch einmal die erste Einheit plus eine zweite Einheit als Anschlusskommunikation:

Erste Kommunikationseinheit:
(1) Selektion der Information durch Alter/Sender, beispielsweise die Journalistin Nina
Nina von der „Abendpresse" bestimmt, was für sie Informationen sind.
(2) Selektion der Mitteilung, ebenfalls durch Alter/Sender, die Journalistin Nina
Nina in der Redaktion der „Abendpresse" verarbeitet aus ihrem Informationsmaterial einiges für die Berichterstattung und die Zeitung druckt es, anderes nicht.
(3) Selektion der Annahme/des Verstehens durch Ego/Empfänger, beispielsweise Student Rudi
Wenn Rudi in der „Abendpresse" auf einen interessanten Artikel aufmerksam wird, versteht er dessen selektiven Charakter; die Differenz zwischen Information und Mitteilung bei der Zeitung und dass diese auch etwas anderes hätte abdrucken können. Hier handelt sich also um ein *Verstehen als Mitteilung*, also Typ ‚*Differenz-Verstehen*'.

Anschlusskommunikation:
(4) Selektion des Sinnvorschlags durch Ego/Empfänger der ersten Kommunikationseinheit, hier: Rudi. Entspricht (1) Selektion der Information durch Alter/Sender der zweiten Kommunikationseinheit bzw. Anschlusskommunikation, hier: Rudi nach Rollenwechsel
Beim Zeitunglesen erfolgt nicht nur Differenz-Verstehen, es erfolgt außerdem Sinn-Verstehen: Rudi kann die inhaltlichen Sinnangebote in einem ihn interessierenden Artikel beispielsweise über Berufschancen oder über Speerwerfen so oder so deuten, so oder so bewerten, annehmen oder ablehnen. Jede Information, die er aus diesem Artikel holt, ist nur eine von vielen zu unzähligen Themen, die ihn und seine Umgebung interessieren. Soweit ist Rudi noch in der Empfängerrolle; sofern sich hier weitere Kommunikation anschließt, erfolgt jetzt der Wechsel in die Senderrolle mit dem ersten Selektionsakt: Rudi seligiert ständig Informationen bzw. bestimmt, was für ihn informativ ist. Aus den

unendlich vielen täglichen Eindrücken und Wahrnehmungen, aus den vielen Gesprächen im Alltag und im Studium, aus Vorlesungen, Büchern, Presse, Fernsehen usw. beurteilt er einiges als für sich relevante, interessante Informationen, anderes nicht. Informationen über Berufsaussichten von Hochschulabsolventen sowie über Speerwerfen gehören dazu – auch aus der „Abendpresse".

(2) Selektion der Mitteilung durch Alter/Sender, hier: Rudi
In Gesprächen mit Kommilitonen, Freunden und mit der Familie bringt Rudi manche Informationen aus der „Abendpresse" sowie seine Beurteilung der inhaltlichen Aussagen zur Sprache. Dabei wählt er jeweils aus, was er gegenüber wem genau, wie dosiert und in welcher Weise mitteilt – in Abwägung mit den vermuteten Interessen, der Kompetenz, der Meinung, dem guten Willen, der Geduld, der Aufrichtigkeit usw. seines Gesprächspartners, z.B. seines Bruders Fritz in der Rolle von Ego.

(3) Selektion der Annahme/des Verstehens durch Ego/Empfänger, beispielsweise Fritz
Rudis Bruder Fritz lässt sich auf ein Gespräch mit Rudi über Thema Berufseinstieg oder Speerwerfen ein oder nicht, hört ihm zu oder lenkt ab, interessiert sich für seine Mitteilungen oder nicht. Dabei versteht er zwangsläufig, dass es sich um Selektionen handelt, die von Rudi auch ganz anders hätten getroffen werden können. (‚Musst du denn immer über die Berufsaussichten reden? Du könntest mir ja auch mal erzählen, was deine Freundin Ceci macht!') Falls Fritz Informationen aus dem Gespräch mit Rudi für sich als relevant und interessant erachtet, kann er seinerseits weitere Kommunikation darüber anschließen – mit Massenmedien oder in direkter Interaktion. Das wäre dann wieder gleichsam eine 4. Selektion oder die 1. Selektion von weiterer Anschlusskommunikation.

Es sollte deutlich geworden sein, dass jede einzelne Kommunikation sowohl als Anschlusskommunikation zu vorigen wie auch als Vorläufer zu künftigen Kommunikationen aufgefasst werden kann und dass innerhalb der Kommunikationsschritte immer Selektionen getroffen werden, die weitere Selektionen bestimmen (Unterschiede, die Unterschiede machen – vergl. Kap. Kap. 4.3.4 und Kap. 6.3.1).

7.4 Kommunikation über Kommunikation

Wir hatten früher schon festgestellt, dass Systeme generell sowohl umweltoffen als auch operativ geschlossen operieren (vergl. Kap. 4.3.4). Für soziale Systeme gilt entsprechend: Soziale Systeme kommunizieren sowohl umweltoffen als auch operativ geschlossen. Wenn man diese Aussage mit den drei Selektionen der Kommunikation abgleicht, ergibt sich folgendes: Die offene Seite, die Be-

7.4 Kommunikation über Kommunikation

ziehung zur Umwelt, läuft über den ersten Akt, die Informationsselektion; die geschlossene Seite über den zweiten Akt, die Mitteilungsselektion, wo das System sich auf sich selbst bezieht.

> „Über Mitteilung bezieht das System sich auf sich selbst. [...] Dagegen referiert das System über Informationen typisch seine Umwelt." (1997, 97)

Im dritten Akt, der Selektion des Verstehens, wird diese Differenz verstanden und zur „Synthese" gebracht: Das System beobachtet die Differenz und damit sich selbst (vergl. auch das Kapitel „Kommunikation als selbstbeobachtende Operation" in 2002b, 288 ff). Mit dem Schritt zur Selbstbeobachtung ist der Schritt zur Selbstbeschreibung der Gesellschaft und zur Kommunikation über Kommunikation gemacht.

> „So kommt [...] Kommunikation (also Gesellschaft) immer dann in Gang, wenn man beim Beobachten (das dadurch ‚Verstehen' wird) Mitteilung und Information unterscheiden kann." (1997, 442)
>
> „Das unterscheidet Kommunikation von biologischen Prozessen jeder Art, daß es sich um eine Operation handelt, die mit der Fähigkeit zur Selbstbeobachtung ausgestattet ist." (1997, 86)
>
> „Mit der laufend reproduzierten Unterscheidung von Information und Mitteilung kann ein soziales System sich selbst beobachten." (1997, 77)

Hier kommen also wieder die zwei Ebenen von System/Umwelt und Selbstreferenz/Fremdreferenz zutage, wie sie für Systeme allgemein schon erläutert wurden (vergl. Kap. 4.2.3):

(1.) *Operation* – bei sozialen Systemen speziell Kommunikation;
(2.) *Beobachtung/Unterscheidung* – bei sozialen Systemen speziell das Verstehen des Unterschieds von Information und Mitteilung.

Das heißt, dass soziale Systeme nicht einfach nur *kommunizieren*; sie können außerdem *beobachten*, dass sie kommunizieren. Kommunikation ist rekursiv und selbstreferentiell: Es gibt (1.) Kommunikation und (2.) Beobachtung und Beschreibung der eigenen Kommunikation, das heißt Kommunikation über Kommunikation. Das ist Voraussetzung für Selbstbeschreibungen der Gesellschaft, wie beispielsweise durch die Massenmedien und die Soziologie – auch durch Luhmann – angefertigt (vergl. u.a. Kap. 12.8 und Kap. 20).

Abb. 7.4 Heldenerzählungen wie das Nibelungenlied, soziologische Gesellschaftsanalysen, Fernsehdiskussionen über Wahlprogramme, Klatsch im Alltag: alles Kommunikation über Kommunikation

Uns ist in alten maeren
wunders vil geseit
von helben lobebaeren,
von grozer arebeit,
von fröuden, hochgeziten,
von weinen und von klagen,
von küener recken striten
muget ir nu wunder hoeren sagen.

Uns wird in alten Berichten
viel Wunderbares erzählt
von preiswürdigen Helden,
von großer Mühsal,
von Freuden, Freudenfesten,
von Weinen und von Klagen,
vom Kampf tapferer Helden
könnt ihr nun Wunderbares sagen hören.

(Das Nibelungenlied. Nach der Ausgabe von K. Bartsch hg. von H. de Boor. Wiesbaden 1963, 1. Strophe. Original 12. Jhdt. Übersetzung von M.B.)

7.5 Erfolg von Kommunikation

Im Zusammenhang mit Kommunikation wird üblicherweise gerne der Erfolg diskutiert, wobei in konventionellen Definitionen und im Alltag mit Kommunikationserfolg gemeint ist, dass inhaltliche Einigung erzielt wurde (vergl. beispielsweise oben Abb. 6.13: „Wir verstehen uns gut"). Luhmann versteht unter Kommunikationserfolg etwas anderes, wie sich aus dem bereits Dargestellten schon ableiten lässt: Kommunikation hat für ihn ja kein „télos der Verständigung" im Sinne von Einigkeit, Übereinstimmung, Zustimmung, Gemeinsamkeit, Konsens (1997, 229; vergl. oben Kap. 6.4.4). Also macht er auch erzielten Konsens nicht zum Erfolgskriterium. **Das heißt Kommunikationserfolg liegt nicht in der gleichsinnigen inhaltlichen Verständigung, im Konsens.**

Kommunikation selbst hat überhaupt kein télos – außer Anschlussfähigkeit für weitere Kommunikation. Der Anschluss kann ebenso auf Dissens wie auf Konsens beruhen – der Kommunikation ist das gleich! Einer beteiligten Person dagegen ist das üblicherweise nicht gleich, denn sie verfolgt i.d.R. ja einen per-

7.5 Erfolg von Kommunikation

sönlichen Zweck, will diesen realisieren und jemand anderes dazu bringen, ihren Sinnvorschlag anzunehmen – will also Konsens. Das ist aber vom Individuum (psychischen System) her gedacht. Wir müssen hier konsequent das soziale System, also die Kommunikation selbst im Blick behalten. Der gesamte Kommunikationsprozess im Luhmannschen Verständnis beruht auf Selektionen, das heißt auf *ständig weiterlaufenden Unterscheidungen zwischen* Ja und Nein; der Konsens-Ansatz stellt einseitig das Ja in den Mittelpunkt. Wie Luhmann in vielen Zusammenhängen zeigt, ist der wirksame Motor für Anschluss im sozialen System die Differenz; Konsens ist dafür sogar eher kontraproduktiv (vergl. oben Kap. 6.4.4). Bei Kommunikation ist Anschluss insofern existenziell wichtig, als soziale Systeme nur im Kommunizieren bestehen und fortbestehen. Deswegen lässt sich Kommunikationserfolg auf die pointierte Formel bringen: **Erfolgreiche Kommunikation ist fortgesetzte Kommunikation; Kommunikation ist erfolgreich, wenn sie erfolgt und weiter erfolgt.**

„Eine Kommunikation hat Erfolg, wenn ihr Sinn als Prämisse weiteren Verhaltens übernommen und in diesem Sinne Kommunikation durch andere Kommunikationen fortgesetzt wird." (1997, 337)

„Kommunikativer Erfolg aber ist der Mechanismus *evolutionärer Selektion.*" (1975b, 199)

Abb. 7.5 Kommunikation ist erfolgreich, wenn sie erfolgt und weiter erfolgt

GUTE ZEITEN SCHLECHTE ZEITEN GZSZ			
Zeitraum	Anzahl Sendungen	Zuschauer in Mio.	Marktanteil in %
1993	241	3,93	15,2
1994	245	4,09	16,3
1995	241	4,00	16,0
1996	249	4,94	19,1
1997	245	4,87	19,0
1998	251	5,34	20,5
1999	253	5,05	19,9
2000	250	4,55	17,7
2001	244	4,39	17,0
2002	250	4,85	18,2
2003	249	4,96	18,6

Zeitraum 1993-2001: Tele Images, Sommer 2002, S. 33.
Zeitraum 2002-2003: Angaben von RTL

Nach Luhmann ist es überhaupt unwahrscheinlich, dass Kommunikation erfolgt, das heißt, dass Selektionen zusammenpassen. Es sind die Medien, die die Annahmewahrscheinlichkeit erhöhen und deswegen Kommunikationserfolg im gerade erklärten Sinn steigern. Speziell Medien „mit einem direkten Bezug zum Problem der Unwahrscheinlichkeit der Kommunikation" nennt er deswegen auch „Erfolgsmedien" oder „symbolisch generalisierte Kommunikationsmedien": Geld, Macht, Liebe, Wahrheit etc. (1997, 316; vergl. grundsätzlich das Kapitel „Verbreitungsmedien und Erfolgsmedien" in „Die Gesellschaft der Gesellschaft", 202 ff).

Medien generell sind Thema des nächsten, 8. Kapitels, Medien wie Sprache, Schrift usw. der danach folgenden Kapitel.

Kapitel 8 – Doppelte Kontingenz und Medien

8.1 Kommunikation ist „unwahrscheinlich"

Nach Luhmann ist Kommunikation „extrem unwahrscheinlich" (1997, 193; 1981a, 25 f). Nach unserer Alltagserfahrung scheint allerdings die Richtigkeit dieser Aussage unwahrscheinlich. Denn wann immer man beispielsweise in der Bibliothek, im Restaurant, im Zug, beim Spaziergang, am Strand oder am Schreibtisch Ruhe haben will, ist es eher wahrscheinlich, dass menschliches Sprechen ringsum einem dieselbe raubt; überall und permanent wird kommuniziert. Luhmann behauptet trotzdem:

> „**Kommunikation ist unwahrscheinlich. Sie ist unwahrscheinlich, obwohl wir sie jeden Tag erleben, praktizieren und ohne sie nicht leben würden. Diese unsichtbar gewordene Unwahrscheinlichkeit gilt es vorab zu begreifen.**" (1981a, 26, Hervorhebung durch M.B.)
>
> „Sieht man einmal davon ab, daß ein Gesellschaftssystem faktisch bereits existiert und Kommunikation durch Kommunikation reproduziert, ist ein solcher Sachverhalt extrem unwahrscheinlich." (1997, 190)
>
> „Wie soll jemand auf die Idee kommen, einen anderen, dessen Verhalten ja gefährlich sein kann oder auch komisch, nicht nur schlicht wahrzunehmen, sondern es im Hinblick auf die Unterscheidung von Mitteilung und Information zu beobachten? Wie soll der andere erwarten und sich darauf einstellen können, daß er so beobachtet wird? Und wie soll jemand sich ermutigt fühlen, eine Mitteilung (und welche?) zu wagen, wenn gerade das Verstehen des Sinnes der Mitteilung den Verstehenden befähigt, sie abzulehnen? Geht man von dem aus, was für die beteiligten psychischen Systeme wahrscheinlich ist, ist also kaum verständlich zu machen, daß es überhaupt zu Kommunikation kommt." (1997, 191)

Um sich die „unsichtbar gewordene Unwahrscheinlichkeit" sichtbar zu machen, nehme man einmal für einen Moment eine (falsche) naive Position ein: Danach *besteht* die Welt ontologisch aus Dingen, Eigenschaften, Informationen, sinnvollen Elementen, Gut und Böse usw. Und man könnte diese vorweg gegliederte Welt beobachten und erkennen. Dazu passt dann die Vorstellung der Informationsübertragung: Man pickt sich eine (unabhängig vom Beobachter) existierende Information heraus und teilt sie jemand anderem mit. Die Selektion und ihre Angemessenheit wird von der *Sache* nahegelegt und lässt sich im Vergleich mit der realen Realität auf Richtigkeit kontrollieren.

Abb. 8.1 Kommunikation ist unwahrscheinlich

Wie bereits dargelegt, ist dieses „dingontologische Konzept" falsch (1995a, 166; vergl. auch Kap. 6.3.1). Aber dann haben wir das Unwahrscheinlichkeitsproblem: Wenn die prinzipielle Beliebigkeit von Selektionen nicht von einer vorweg vorhandenen und erkennbaren Ordnung der Sachwelt eingegrenzt ist – wodurch ist sie dann eingrenzbar? „Wie ist soziale Ordnung möglich?" (1984, 165)

8.2 Selektionen sind „kontingent" und „doppelt kontingent"

Selektionen sind beliebig, „kontingent". „Kontingent" heißt: Alles ist so, aber „auch anders möglich" (1984, 217, s. auch 47). **Jede Komponente im Kommunikationsprozess ist für sich völlig kontingent.**

> „Die Unwahrscheinlichkeit einer kommunikativen Operation kann man an den Anforderungen verdeutlichen, die erfüllt sein müssen, damit sie zustandekommt. Kommunikation ist [...] eine Synthese aus drei Selektionen. Sie besteht aus Information, Mitteilung und Verstehen. Jede dieser Komponenten ist in sich selbst ein kontingentes Vorkommnis." (1997, 190)

Abb. 8.2 Kontingenz: Dass Selektionen passen, ist unwahrscheinlich

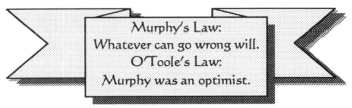

(Stan Weinstein: Secrets for Profiting in Bull and Bear Markets. New York 1988, S. 67)

Da mindestens zwei Instanzen beteiligt sind, Ego und Alter, die jeweils ihre Selektionen darauf abstellen, dass auch die andere Seite seligiert, haben wir es sogar mit **„doppelter Kontingenz"** zu tun (vergl. das Kapitel „Doppelte Kontingenz" in 1984, 148 ff; vergl. auch 1975b, 171; 1997, 814). Nun könnte man sich vorstellen, dass es dadurch noch zu einer Steigerung der Unwahrscheinlichkeit kommt. Dieses ist aber nicht der Fall, im Gegenteil: Die doppelte Kontingenz überwindet Kontingenz, weil sie einen Problemlösungsprozess in Gang setzt. Das ist folgendermaßen zu erklären:

Systeme – sowohl psychische als auch soziale wie etwa Gruppen oder Wirtschaftsunternehmen – sind sich gegenseitig als „black boxes" gegeben. Ego und Alter handeln im Verhältnis zueinander und erleben sich gegenseitig, beobachten sich und sehen sich beobachtet. Dabei sind sie „einander nicht durchsichtig und nicht kalkulierbar", aber unterstellen sich gegenseitige Beeinflussbarkeit und rechnen sich sinnvolle Einflüsse zu, was Anschlussoperationen provoziert. „Die schwarzen Kästen erzeugen sozusagen Weißheit, wenn sie aufeinandertreffen"; schwarz mal schwarz ergibt nicht schwärzer, sondern weiß (1984, 156; vergl. auch 1995b, 14). Es entsteht ein Zirkel: „Wenn Du tust, was ich will, tue ich, was Du willst". Diese Zirkularität wird durch Zeit asymmetrisch durchbrochen: „Der, der zuerst handelt, der Schnellste bekommt das Heft in die Hand" (1997, 336, Anm. 256; 2002b, 321). So **führt „doppelte Kontingenz zwangsläufig zur Bildung von sozialen Systemen"** (1984, 177). Doppelte Kontingenz mit zeitlicher Asymmetrie ist also das Modell, mit dem Luhmann auf die alte, etwas bei Thomas Hobbes und Emile Durkheim gestellte Frage „Wie ist soziale Ordnung möglich?" antwortet.

> „Wenn jeder kontingent handelt, also jeder auch anders handeln kann und jeder dies von sich selbst und den anderen weiß und in Rechnung stellt, ist es zunächst unwahrscheinlich, daß eigenes Handeln überhaupt Anknüpfungspunkte (und damit Sinngebung) im Handeln anderer findet; denn die Selbstfestlegung würde voraussetzen, daß andere sich festlegen, und umgekehrt. Zugleich mit der *Unwahrscheinlichkeit* sozialer Ordnung erklärt dieses Konzept aber auch die *Normalität* sozialer Ordnung; denn unter dieser Bedingung doppelter Kontingenz wird jede Selbstfestlegung, wie immer zufällig entstanden und wie immer kalkuliert, Informations- und Anschlußwert für anderes Handeln gewinnen. Gerade weil ein solches System geschlossen-selbstreferentiell gebildet wird, also A durch B bestimmt wird und B durch A, **wird jeder Zufall, jeder Anstoß, jeder Irrtum produktiv.**" (1984, 165; Hervorhebung durch M.B.)

Abb. 8.3 Doppelte Kontingenz: Die Selektionen von zwei Instanzen, die *in Bezug aufeinander* prozessieren, führen zu sozialer Ordnung, bilden ein System

The boys watch the girls,
while the girls watch the boys,
who watch the girls go by.
Eye to eye,
they solemnly convene
to make the scene

Which is the name of the game,
watch a guy watch a dame,
on any street in town
Up and down
and over and across,
romance is boss

(Aus: Andy Williams, Greatest Hits, Vol. 2, 1967)

8.3 Mit „Medien" klappt alles etwas wahrscheinlicher

Es bleibt die Frage, wie die prinzipielle Beliebigkeit der Selektionen von Alter und Ego eingegrenzt wird, so dass ihre Selektionen wahrscheinlicher irgendwie zusammenpassen und das „Unwahrscheinlichkeitsproblem" sich löst. Hier nun greifen die Medien ein: Sie sind „erwartungsleitende Wahrscheinlichkeiten" (1997, 195 und 190).

Wenn Luhmann von „Medien" spricht, ist das nicht mit „Massenmedien" gleichzusetzen, sondern breiter zu verstehen. Massenmedien sind darin enthalten – mit der Besonderheit, dass sie ein gesellschaftliches Funktionssystem bilden. Angeregt von Fritz Heider entwickelt er einen eigenen Medienbegriff (vergl. generell die Kapitel „Medium und Form" in 1995a, 165 ff; 1997, 190 ff und 2002b, 226). Danach sind Medien dadurch charakterisiert, dass sie eine bestimmte Funktion erfüllen: Sie begrenzen den Selektionsspielraum, ohne die Selektionsmöglichkeit zu unterbinden. Die Eingrenzung erhöht die Wahrscheinlichkeit, dass Selektionen passen.

> „Der Ausdruck ‚Medien' ist vor allem in der Forschung über Massenkommunikation geläufig und in dieser Verwendung popularisiert worden. Daneben gibt es den spiritualistischen Gebrauch, bezogen auf Kommunikation mit ungewöhnlichen Partnern, ferner den Gebrauch innerhalb der Parsons'schen Theorie, bezogen auf Tauschver-

mittlung. Wir schlagen [...] eine eigenwillige, rein funktionale Neufassung vor." (1984, 220, Anm. 43; vergl. auch 1997, 1098)

„Diejenigen evolutionären Errungenschaften, die an jenen Bruchstellen der Kommunikation ansetzen und funktionsgenau dazu dienen, Unwahrscheinliches in Wahrscheinliches zu transformieren, wollen wir *Medien* nennen. [...]
Aus der Entwicklung sozialer Systeme ergeben sich diejenigen **Stützbedingungen**, die es ermöglichen, in Bezug auf an sich Unwahrscheinliches Erwartungen zu bilden und das Unwahrscheinliche damit ins hinreichend Wahrscheinliche zu transformieren." (1984, 220 und 223; Fett durch M.B.)

Medien sind „Errungenschaften, die Unwahrscheinliches in Wahrscheinliches transformieren." (1981a, 32)

Ein Medium ist die „Ordnung von Möglichkeiten". (1995b, 15; Hervorhebung durch M.B.)

Man nehme zunächst einmal den Gesichtspunkt der Begrenzung in den Blick. Es ist ja so, „daß jeder Vollzug Selektion und jede Selektion Limitierung bedeutet" (1984, 168). So stellt beispielsweise das Medium Sprache einen extrem großen, aber doch begrenzten Wortschatz, eine begrenzende Grammatik und begrenzte Möglichkeiten für Sätze und Ausrufe zur Verfügung und setzt dadurch einen Rahmen, innerhalb dessen Formulierungen getroffen werden können, während andere außerhalb dieses Rahmens ausgeschlossen sind.

Abb. 8.4 Ein Medium – z.B. Sprache – begrenzt Selektionen

8.4 „Medien" erlauben „Formen"

„Medium" ist jedoch immer in Verbindung mit „Form" zu denken. Und die Begrenzung durch das Medium ist nur eine Seite der Medaille. Die andere ist die Freiheit der vielen möglichen Formen innerhalb der Begrenzung. Ein Medium ist wie eine Wachsmasse, in die sich Formen einprägen, löschen und neu

einprägen lassen. Das Wachsmaterial begrenzt die Wahlmöglichkeiten von Formen und ermöglicht sie gleichzeitig, ja, regt sie sogar an.
Ein Medium kann sich allein in Formen entfalten. Unangewendet ist es nur ein formloses, nicht beobachtbares „mediales Substrat". Beispielsweise Sprache ist als Medium nicht beobachtbar; beobachtbar sind nur sprachliche Formen: Ausrufe, Sätze, Texte, Gedichte. Die Formen entstehen und vergehen, ohne das Medium zu verbrauchen. So lassen sich mit der Sprache immer wieder neue Sätze und Texte bilden, ohne dass sich die Sprache verbraucht. Im Gegenteil: Das Medium wird durch den Gebrauch regeneriert.

„In ihrer basalen Struktur sind die Medien lose gekoppelte, riesige Mengen von Elementen". (1997, 482)
„Ein Medium besteht in lose gekoppelten Elementen, eine Form fügt dieselben Elemente dagegen zu strikter Kopplung zusammen." (1997, 198)
„Das Medium wird gebunden – und wieder freigegeben." (1997, 199)
„Medien sind invariant, Formen variabel." (1995a, 209; vergl. auch 1990b, 174; 1997, 1098)
Das Medium „wird durch Gebrauch nicht verbraucht, sondern im Gegenteil erneuert und wieder verfügbar gemacht." (2002a, 84)
Es „können Medien nicht konsumiert werden. Sie regenerieren sich, indem sie Formen schaffen und wieder auflösen." (1993b, 356)

Abb. 8.5 Differenz von Medium und Form

Medium/mediales Substrat	Form
Invariant	Variabel
Unsichtbar	Sichtbar
Lose gekoppelte Elemente für mögliche Verbindungen	Fest gekoppelte, realisierte Verbindungen
Lose Kopplung, aber stabiler	Strikte Kopplung, aber rascher wechselnd, temporär und leichter zerfallend
z.B. Sprache	Sprechen, Schreiben, Lesen von bestimmten Sätzen
z.B. Geld	Forderungen und Zahlungen von bestimmten Preisen

Ein Medium bindet, engt also Selektionen ein. Gleichzeitig weitet es Selektionsmöglichkeiten aus, weil es Formen vorschlägt und Formenbildung anregt. Es ist gleichzeitig eine Schließung und eine Öffnung für Selektionen; eine Re-

8.4 „Medien" erlauben „Formen"

duktion von Unwahrscheinlichkeit auf der Mediumseite und eine Erhöhung der Unwahrscheinlichkeit, dass zwei Formen sich entsprechen.

> Medien bieten „eine enorme Steigerung kombinatorischer Möglichkeiten, die sich dann Formen suchen kann, die trotzdem binden." (1997, 481, vergl. auch 483)
> „Ein Medium ist eine offene Mehrheit möglicher Verbindungen". (1995a, 168)
> „Das Medium stellt einen riesigen, aber gleichwohl eingeschränkten Bereich von Möglichkeiten bereit, aus dem die Kommunikation Formen auswählen kann, wenn sie sich temporär auf bestimmte Inhalte festlegt." (1996, 122)

Die Leistungen von „Medium" und „Form" kann man sich am Spiel, beispielsweise dem Schachspiel, veranschaulichen. Die Evolutionstheorie hat auch Anleihen bei der Spieltheorie genommen (vergl. 1997, 477 und 483). Das Schachspiel/„Medium" stellt den Spielraum samt Spielregeln zur Verfügung, innerhalb dessen die verschiedensten Spielzüge/„Formen" möglich sind. Einerseits *beschränkt* das Spiel/Medium die Selektionen und kann so die Selektionen von verschiedenen Beteiligten steuern und koordinieren. Ohne die Spielregeln wäre es extrem unwahrscheinlich, dass die Handlungen von zwei Personen an einem Brett mit Karos in irgendeiner Weise zusammenpassen und aufeinander Bezug nehmen könnten. Andererseits *erweitert* das Spiel/Medium die Vielfalt von Selektionen, weil es unendlich viele Varianten und „Formen" immer neuer Spielzüge stimuliert. Ohne die Spielregeln wäre es für jeden nur von kurzem Reiz, Figuren auf einem Brett hin und her zu schieben, während durch die Regeln ein Anreiz für unendlich viele Kombinationen gegeben ist. Dabei verweist jede realisierte Form indirekt auf andere, nicht realisierte Formen, denn „,'Form' ist eine prinzipiell zweiseitige Sache" (2002b, 75) – so wie ein Schachspieler auch andere Spielzüge erwägt, bevor er sich für einen bestimmten entscheidet.

Abb. 8.6 Medium und Form sind wie Schachspiel und konkrete Spielzüge

Medium: Die Regeln des Schach   Form: z.B. Spielzüge Gary Kasparovs

Die mit Medium/Form getroffenen Unterscheidungen werden vom Beobachter – psychischen und sozialen Systemen – an die Welt herangetragen. Sie sind also Konstrukte, keine Eigenschaften der realen Realität, ähnlich wie schon im Kapitel über „Information" beschrieben (vergl. Kap. 6.3.1) Allerdings dürfen sie – ebenso wie auch Informationen – nicht x-beliebig konstruiert sein; die Realität muss sie als potentielle Unterscheidbarkeit enthalten.

> Es ist so, „daß Medien und Formen jeweils von Systemen aus konstruiert werden. Sie setzen also immer eine Systemreferenz voraus. Es gibt sie nicht ‚an sich'. Somit ist die Unterscheidung von Medium und Form ebenso wie der mit ihr zusammenhängende Begriff der Information ein rein systeminternes Produkt. Es gibt keine entsprechende Differenz in der Umwelt. Weder Medien noch Formen ‚repräsentieren' letztlich physikalische Sachverhalte im System." (1995a, 166)
> „Die physikalische Struktur der Welt muß das ermöglichen, aber die Differenz von Medium und Form ist eine Eigenleistung des wahrnehmenden Organismus." (1997, 197)

Abb. 8.7 Medien und Formen sind nicht vorweg in der Welt, sondern kommen von einem Beobachter

Medien sind nicht in der Welt ... sondern sind eine Art, die Welt zu beobachten

Da die beobachtenden Systeme die Medien „machen", kann sehr vieles als Medium fungieren – sofern es sich in Formen bindet und wieder zerfällt. Und manches ist unter der einen Perspektive ein Medium, unter der anderen eine Form; beispielsweise Sprache ist ein Medium, das sich in unterschiedliche Formen binden lässt; und gleichzeitig ist sie eine Form, in der Bewusstseine denken (vergl. z.B. 1987c, 468). Im folgenden Abschnitt ist aber trotzdem ein fester Satz der gebräuchlichsten Medien aufgelistet, die Luhmann bei der Beobachtung sozialer Systeme unterscheidet.

8.5 Luhmanns Medien-Liste

Uns interessieren die Medien speziell aus der Sicht sozialer Systeme, die also Kommunikationen steuern. Explizit sei noch einmal gesagt, dass für Luhmann die Medien zur *Voraussetzung* von Kommunikation gehören, aber nicht Teil der Kommunikation sind. Im Gegensatz zu konventionellen Definitionen schließt er also den Medienbegriff nicht in den Kommunikationsbegriff ein. (Zur Definition von Kommunikation vergl Kapitel 6. Zur allgemeinen Unterscheidung zwischen Voraussetzung und Definition vergl. Kapitel 4.3.4.) In Abb. 8.8 sind die Medien sozialer Systeme zusammengestellt (vergl. 1981a, 25 ff; 1984, 220 ff; 1997, 44 ff und 190 ff; 1995a, 173 f; 1987c).

Abb. 8.8 Systematik von Medien sozialer Systeme

Universalmedium oder allgemeines Medium
Sinn
universal gültig für psychische und soziale Systeme
    Kommunikationsmedien
    1. Sprache
        gilt für alle Gesellschaften von oraler bis Weltgesellschaft
    2. Verbreitungsmedien
        gelten für alle Gesellschaften seit den Hochkulturen bis zur Weltgesellschaft:
            Schrift
            Druck
            Elektronische Medien bzw. Funk
            (Massenmedien als gesellschaftliches Funktionssystem)
    3. Symbolisch generalisierte Kommunikationsmedien oder Erfolgsmedien
        sind auf bestimmte Felder und Spezialprobleme in ausdifferenzierten Gesellschaften spezialisiert:
            Wahrheit
            Liebe
            Eigentum/Geld
            Macht/Recht
            religiöser Glaube
            Kunst
            zivilisatorisch standardisierte ‚Grundwerte'

Die Funktion, „Unwahrscheinliches in Wahrscheinliches zu transformieren", spezifiziert Luhmann für die aufgelisteten Medien folgendermaßen (1984, 220):

Universalmedium oder allgemeines Medium „Sinn":

> „Jeder bestimmte Sinn qualifiziert sich dadurch, daß er bestimmte Anschlußmöglichkeiten nahelegt und andere unwahrscheinlich macht." (1984, 94)

Kommunikationsmedien 1. „Sprache", 2. „Verbreitungsmedien" und 3. „symbolisch generalisierte Kommunikationsmedien"/„Erfolgsmedien":

> „In Entsprechung zu den drei Arten der Unwahrscheinlichkeit von Kommunikation muß man drei verschiedene Medien unterscheiden, die einander wechselseitig ermöglichen, limitieren und mit Folgeproblemen belasten":

1. Art von Unwahrscheinlichkeit – dass es gelingt, eine Information über etwas, was außerhalb der Wahrnehmung liegt, verständlich und sinnvoll einem anderen mitzuteilen. Die Lösung ist die Sprache:

> „Das Medium, das das Verstehen von Kommunikation weit über das Wahrnehmbare hinaus steigert, ist die **Sprache**."

2. Art von Unwahrscheinlichkeit – dass es gelingt, Kommunikation von den Bedingungen der Mündlichkeit, der Interaktion unter Anwesenden und von Gedächtnisbindung zu befreien. Die Lösung sind die Verbreitungsmedien:

> „Auf Grund von Sprache haben sich **Verbreitungsmedien**, nämlich Schrift, Druck und Funk entwickeln lassen. [...] Erreicht wird damit eine immense Ausdehnung der Reichweite des Kommunikationsprozesses."

3. Art von Unwahrscheinlichkeit – dass es gelingt, zur Annahme des Kommunikationsangebots zu motivieren. Die Lösung sind die **„symbolisch generalisierten Kommunikationsmedien"** oder auch **„Erfolgsmedien"** – eingesetzt, „um etwas zu kriegen, das man andernfalls nicht bekommen würde" (2002b, 308).

> „Wichtige Beispiele sind: Wahrheit, Liebe, Eigentum/Geld, Macht/Recht; in Ansätzen auch religiöser Glaube, Kunst und heute vielleicht zivilisatorisch standardisierte ‚Grundwerte'. [... Immer] geht es in all diesen Fällen darum, die Selektion der Kommunikation so zu konditionieren, daß sie zugleich als Motivationsmittel wirken, also die Befolgung des Selektionsvorschlages hinreichend sicherstellen kann." (1984, 220 ff)

8.5 Luhmanns Medien-Liste

Abb. 8.9 Drei Arten von Unwahrscheinlichkeit von Kommunikation – Medien als Lösung

Du kannst es hier nicht wahrnehmen, aber jenseits der Alpen liegt ein Land, wo die Zitronen blüh'n.	Kochen im alten Rom — unvergessen	Arbeitsvertrag -------------------- Ab 1.1.2005 Gehalt: 8.000 €
Sprache: Ausdehnung von Informationsmöglichkeiten über direkte Wahrnehmung hinaus	**Verbreitungsmedien Schrift, Druck, Funk:** Befreiung von Mündlichkeit, von Interaktion unter Anwesenden und von Gedächtnisbindung	**Symbolisch generalisierte Kommunikationsmedien/ Erfolgsmedien, z.B. Geld:** Motivation zur Annahme eines Kommunikationsangebotes

Man kann feststellen, dass von den in Abb. 8.8 aufgeführten Kommunikationsmedien 1. die Sprache und 2. die Verbreitungsmedien diejenigen sind, welche die Kommunikation einer Gesellschaft *generell* bestimmen. Der 3. Kommunikationsmedientyp jedoch, die symbolisch generalisierten Kommunikationsmedien oder Erfolgsmedien, betreffen *spezielle* gesellschaftliche Funktionsfelder: Recht, Politik, Wissenschaft usw. Auf diese Spezialgebiete und Spezialmedien geht dieses Einführungsbuch nicht weiter ein. Die folgenden Kapitel behandeln – nach einer kurzen Darstellung zum Universalmedium Sinn – ausführlich die Sprache, dann die Verbreitungsmedien Schrift, Druck und elektronische Medien und schließlich sehr ausführlich die Massenmedien als eigenes gesellschaftliches Funktionssystem.

Kapitel 9 – Sinn

9.1 Sinn ist so unvermeidlich wie die Welt

Sinn ist ein „Universalmedium", das sowohl für psychische als auch soziale Systeme gilt. Bei beiden haben wir es mit „sinnkonstituierenden Systemen" zu tun (1997, 51). Die operieren ganz verschieden, wie oben bereits beschrieben; aber dass sie beide *sinnvoll* operieren, wahrnehmen, denken bzw. kommunizieren und beobachten wollen, stellt eine Brücke zwischen ihnen her. (Und dass sie beide dazu überwiegend Sprache benutzen, stellt eine weitere Brücke dar; siehe dazu unten Kap. 10.) „Universal"medium bedeutet, dass Sinn alles einschließt: Alle Operationen von psychischen und sozialen Systemen, jedes Verstehen, jeden gesprochenen Satz, jeden Blick auf die Welt und auf sich selbst. Weil Sinn so fundamental ist, befasst sich Luhmann ausführlich damit (vergl. die Kapitel „Sinn" in „Soziale Systeme", 92 ff, und in „Die Gesellschaft der Gesellschaft", 44 ff).

Wenn Bewusstseine denken, soziale Systeme kommunizieren, die Massenmedien die Welt beobachten und beschreiben, die Gesellschaft sich durch die Massenmedien selbst beschreibt oder Luhmann dieses wiederum beobachtet und beschreibt, auch wenn Leserinnen und Leser dieses Einführungsbuch lesen – immer beziehen sie sich dabei auf Sinn. Es geht nicht anders! Sinn ist allumfassend, unvermeidlich, zwangsläufig. „Sinnlos" oder „sinnleer" oder „sinnfrei" gibt es in diesem Sinne nicht! Selbst wenn man Unsinn erzeugen will, macht man das, weil man es für sinnvoll hält. Oder wenn man das Leben für sinnlos erklärt, hält man das für eine sinnvolle Aussage. **Allen psychischen und sozialen Prozessen ist „Sinnzwang" auferlegt; Sinn kann man weder vermeiden noch verneinen** (1984, 95).

> „Die Welt hat infolgedessen die gleiche Unausweichlichkeit und Unnegierbarkeit wie Sinn." (1984, 105)
> „Sinn ist eine nichtnegierbare Kategorie, denn [...] wir kommen nicht aus dem Medium heraus." (2002b, 233)
> „Letztlich referiert jeder Sinn Welt". (1997, 143)

9.1 Sinn ist so unvermeidlich wie die Welt

Abb. 9.1 Sinn kann man nicht vermeiden und nicht verneinen

Was man jedoch verneinen kann, sind *bestimmte* Sinnentwürfe, -vorschläge und -entscheidungen. Das *Medium* ist nicht verneinbar, wohl aber einzelne *Formen*. Jedes Medium eröffnet ja innerhalb seines begrenzenden Rahmens die Möglichkeit, viele verschiedene Formen zu entwerfen und zu seligieren (vergl. Kap. 8). Das gilt auch für das Universalmedium Sinn: Die Welt ist von nahezu „endloser Offenheit" für immer wieder neue, andere Sinnformen, die man akzeptieren oder ablehnen kann (1984, 96). So kann beispielsweise Karin es für sinnvoll halten, Heinz um eine letzte Aussprache zu bitten, während ihre Freundin Maria das für sinnlos erachtet und Heinz überhaupt den Sinn dieses Ansinnens nicht zu verstehen behauptet. SAT1 findet die Konzentration auf Fernseh-Unterhaltung sinnvoll, n-tv die auf Nachrichten. Murdoch hält es mal für sinnvoll und mal für nicht sinnvoll, in den deutschen Medienmarkt einzusteigen. Und als eine Form von Sinn gibt es schließlich auch die Auffassung, das Leben sei sinnlos.

> „Jeder Sinn ist widerspruchsfähig [...] Widerspruch ist ein Moment der Selbstreferenz von Sinn, da jeder Sinn die eigene Negation als Möglichkeit einschließt." (1984, 494; vergl. auch 1981a, 35 ff)

Bestimmte Sinnentscheidungen werden verwirklicht, „aktualisiert", andere nicht. Die nicht gewählten sind keineswegs vernichtet. Sie sind lediglich „nicht aktualisiert", existieren jedoch „potentiell" oder „virtuell", um möglicherweise anderswo und -wann doch als sinnvoll zu gelten. Das heißt Sinn enthält immer beide Seiten: nicht nur die aktuelle Pro-Entscheidung, sondern genau so die zahlreichen anderen Möglichkeit als Potential. Sinn ist die „Einheit von Aktualität und Potentialität", „von Aktualisierung und Virtualisierung", von „aktuell und möglich" (1997, 55; 1984, 100 und 111; 1997, 50). Dieses ist ja grundsätzlich Luhmanns differenzorientierter Ansatz, wie beispielsweise schon bei System/Umwelt, Selbstreferenz/Fremdreferenz und Medium/Form erläutert: Eine Entscheidung enthält immer Ja *und* Nein, eine Unterscheidung *beide* Seiten; immer vergegenwärtige man sich einen „Doppelhorizont" bzw. Luhmanns „Gegenhorizontorientierung" (1984, 112 ff).

> „*Jede* Unterscheidung repräsentiert dann Welt, indem ihre andere Seite das mitführt, was im Moment nicht bezeichnet wird." (1997, 57)
> „*Die Universalität des Geltungsanspruchs mit Einschluß aller Negationsmöglichkeiten*" steht fest. (1984, 113)
> „Die Sinnwelt ist eine vollständige Welt, die das, was sie ausschließt, nur *in sich* ausschließen kann. [Sinn ist ein] Verweisungsüberschuß […] Auch der aktualisierte Sinn ist und bleibt möglich und der mögliche Sinn aktualisierbar." (1997, 49 f)

Abb. 9.2 Sinn ist nicht der Gegensatz von sinnvoll und sinnlos, sondern die Einheit von aktualisiertem/gewähltem und potentiellem/möglichem Sinn

In der Realität muss aus den vielen potentiellen Möglichkeiten eine bestimmte als sinnvoll ausgewählt, jede andere vernachlässigt werden. Diese Entscheidung steuert (eröffnet und verschließt) dann weitere Selektionen; sie ist „a difference that makes a difference" (s. oben Kap. 4.3.4)

> „Sinn [ist] Selektionszwang. Wir haben einen Verweisungsüberschuss, wir müssen wissen, was wir damit anfangen, das heißt, was wir unter Ausschluss anderer Möglichkeiten als Nächstes tun. Wir haben ein Auto, müssen aber erst noch entscheiden, wohin wir damit fahren." (2002b, 236 f)

Abb. 9.3 Sinn ist Selektionszwang mit Folgen für weitere Selektionen – z.B. Entscheidung für eine Auto-Route gegen eine andere

Zielführung starten

Nach erfolgter Zieleingabe bietet das System die Möglichkeit, über **schnellste Route**, dynamische Route, **kurze Route** oder eigene Einstellungen die Zielführung zu starten.

(Auto-Navigation Mercedes-Benz, 2001, S. 51)

9.2 Sinnvoll wird die Welt beobachtet, psychisch und sozial

Wie bei allen Medien, so auch bei diesem: Sinn steuert Selektionen (vergl. schon in Kap. 6.2: Sinn steuert Selektionen in der Kommunikation). Das bedeutet, dass Sinn nicht *in* der Welt steckt, sondern von Operateuren und Beobachtern zugeschrieben wird.

> „Sinn ist demnach ein *Produkt* der Operationen, die Sinn benutzen, und nicht etwa eine Weltqualität, die sich einer Schöpfung, einer Stiftung, einem Ursprung verdankt." (1997, 44)
> Man kann „nicht von einer vorhandenen Welt ausgehen, die aus Dingen, Substanzen, Ideen besteht, und auch nicht mit dem Weltbegriff deren Gesamtheit (universitas rerum) bezeichnen. [...] Die Welt ist ein unermeßliches Potential für Überraschungen, ist virtuelle Information, die aber Systeme benötigt, um Information zu erzeugen, oder genauer: um ausgewählten Irritationen den **Sinn** von Information zu geben." (1997, 46; Hervorhebung durch M.B.)

Die Implikationen sind weitreichend. Die vertraute Auffassung, beispielsweise dass bestimmte Dinge und Taten in der Welt per se sinnlos und böse ‚sind', ist damit aufgegeben. In diese „ontologische Falle" dürfen wir nicht tappen (2002b, 231). Vielmehr sind es Beobachter, die solche Feststellungen treffen; so zeigen uns die Massenmedien täglich, „wer die Guten und wer die Bösen sind" (1996,142). Sinn wird zugewiesen, „konstruiert": Eine entsprechende Auffassung war schon bei den Diskussionen von System/Umwelt, von Medium/Form und von Information begegnet, auch diese gibt es nur als Zuweisungen durch Systeme (vergl. oben Kap. 4.2.2, Kap. 6.3.1 und Kap. 8.4). Und so lässt sich Sinn ähnlich im Bild veranschaulichen wie Information.

Abb. 9.4 Selektion von Sinn: Sinn ist nicht vorweg in der Welt vorhanden, sondern kommt von einem Beobachter

Die Welt ist nicht vorweg sinnvoll geordnet ...

... sondern Sinn wird von einem Beobachter hinzugefügt

9.3 Drei Sinndimensionen – drei Weltdimensionen

Dass Sinn nicht in der Welt ‚ist', sondern dass Selektionen/Unterscheidungen Sinn ‚konstruieren', macht die Welt unendlich reich. Denn ein *in* der Welt vorhandenes Sinnrepertoire müsste endlich, also letzten Endes schmal sein. Die Möglichkeit, Unterscheidungen zu treffen und immer wieder neue, andere, bisher nur potentielle Entscheidungen zu aktualisieren, eröffnet extrem viel mehr Möglichkeiten:

> „Daß alles Beobachten auf Unterscheidungen angewiesen ist, erklärt den Sinnreichtum der Welt. Denn man kann das, was man bezeichnet, identifizieren, indem man es immer wieder anderen Unterscheidungen aussetzt." (1997, 56)

Scheinbar gibt es unendlich viele Varianten, etwas als sinnvoll zu erachten, weil es unendlich viele Beobachter bzw. potentielle Beobachter mit unendlich vielen je eigenen Unterscheidungsmöglichkeiten gibt. Und doch sind in allen Sinnzuweisungen einheitlich drei fundamentale Unterscheidungen enthalten, die Luhmann „Sinndimensionen" nennt:

(1) „Sachdimension": sinnvollerweise wird immer nach innen/außen unterschieden, das heißt was dazugehört und was nicht; um welche Themen es gerade geht versus nicht geht,

(2) „Zeitdimension": sinnvollerweise wird immer alles, was man tut, sagt und beobachtet, nach früher/später, vorher/nachher bzw. Vergangenheit/Zukunft geordnet,

(3) „Sozialdimension": sinnvollerweise wird immer zwischen der eigenen Perspektive und den Perspektiven der anderen, nach Ego und Alter unterschieden.

In jeder Sinnzuweisung sind alle drei Sinndimensionen – und immer im „Doppelhorizont" – enthalten; die Trennung in (1), (2) und (3) ist nur analytisch.

> „Das heißt, extrem verkürzt gesagt, daß jede Operation, wenn beobachtet, als Selektion aus einer Vielzahl von Möglichkeiten erscheint und daß die Zirkularität der auf sich selbst zurückgreifenden Sinnzusammenhänge unterbrochen werden muß, um die Asymmetrie einer Sequenz von Operationen zu ermöglichen. Dies geschieht in drei Sinndimensionen, die durch jeweils eine dimensionsspezifische Unterscheidung konstituiert werden. In der *Sachdimension* (traditional repräsentiert in der Kategorienlehre) gibt es das ‚innen' im Unterschied zum ‚außen' der Form. Die systemtheoretische Fassung spricht von System und Umwelt. In der *Zeitdimension* (traditional repräsentiert durch den Begriff der Bewegung) geht es um die Unterscheidung von vorher und nachher; heute um die Unterscheidung von Vergangenheit und Zukunft. In der *Sozialdimension* schließlich (traditional repräsentiert durch die Lehre vom animal sociale) geht es um die Unterscheidung von Ego und Alter, wobei wir als Ego den bezeichnen, der eine Kommunikation versteht, und als Alter den, dem die Mitteilung zugerechnet wird." (1997, 1136 f)

9.3 Drei Sinndimensionen – drei Weltdimensionen

Nach diesen Sinndimensionen operieren psychische und soziale Systeme, beobachten, ordnen, beschreiben die Welt. Spekulationen, ob die Welt vielleicht eine andere Ordnung ‚hat', sind müßig – das wäre die „ontologische Falle" –, denn unabhängig von Operationen, Beobachtungen und Sinnzuweisungen ist die Welt ja nicht zugänglich. Darum sind die „Sinndimensionen" zugleich „Weltdimensionen" (vergl. 1984, 109 und 112). Daraus lässt sich schon ableiten, dass auch jede wissenschaftliche Beschreibung der Gesellschaft diese Sinndimensionen enthält. Luhmann geht noch einen Schritt weiter und baut sein Theoriegebäude explizit auf drei klassische Theorierichtungen auf, die diese Trias von Sachbezug, Zeitbezug und Sozialbezug spiegeln: Systemtheorie, Evolutionstheorie und Kommunikationstheorie (vergl. unten Kap. 21.1).

Abb. 9.5 Soziale und psychische Systeme operieren und beobachten in den drei Sinndimensionen Sach-, Zeit- und Sozialdimension

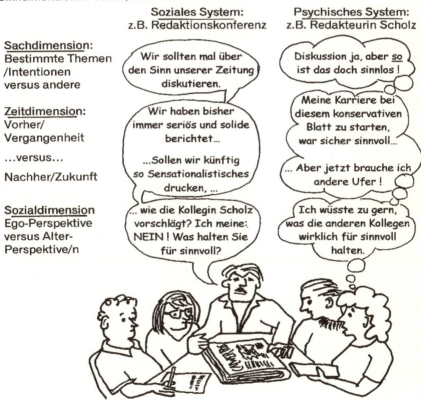

Kapitel 10 – Sprache

Luhmanns zentrales Thema ist die Gesellschaft. Die Gesellschaft besteht aus Kommunikation, ausschließlich Kommunikation. Und **„das grundlegende Kommunikationsmedium [...] ist die Sprache"** (1997, 205). Insofern befasst er sich ausführlich mit Sprache. In der Evolution war die Geburtsstunde der Sprache gleichzeitig die Geburtstunde der Gesellschaft; allerdings müsste man statt „Stunde" wohl besser „Jahrhunderttausende" sagen. Zuerst entstand die mündliche Sprache. Über lange Zeiträume differenzierten sich dann die Schrift, der Buchdruck, die elektronischen Medien und die Massenmedien aus. Parallel dazu differenzierte sich die Gesellschaft aus von primitiven, oralen Gesellschaften über schriftkundige Hochkulturen bis zur Weltgesellschaft (vergl. auch unten Kap. 21). Die Entwicklung – oder, wie Luhmann bevorzugt: die Evolution – von Kommunikationsformen einerseits und Gesellschaftsformationen andererseits hängen untrennbar zusammen; jede Seite bedingt die andere. In den kommenden Kapiteln werden die Kommunikationsformen in den entscheidenden evolutionären Stufen nachgezeichnet und die entsprechenden gesellschaftlichen Kontexte mit skizziert. Den Anfang macht in diesem Kapitel die Sprache in mündlicher Form.

10.1 „Laut" und „Sinn" – für Bewusstsein und Kommunikation

> Sprechen wird auffällig empfunden,
> weil es mit Geräusch verbunden.

Wilhelm Busch möge die holprige Anleihe verzeihen! Nach Luhmann läuft Sprechen „im Medium der Lautlichkeit" ab. Die hervorgebrachten Geräusche sind ein „für die Wahrnehmung sehr auffälliges Verhalten", weil sie eigentlich unwahrscheinlich sind. Indem Laute und Lautgruppen immer wieder verwendet werden, entsteht Sprache im Sinne von mündlicher, verbaler Sprache (vergl. grundsätzlich den Abschnitt „Sprache" in „Die Gesellschaft der Gesellschaft", 205 ff, speziell 211, 213 und 218).

> „Im evolutionären Kontext gesehen ist Sprache eine extrem unwahrscheinliche Art von Geräusch, das eben wegen dieser Unwahrscheinlichkeit hohen Aufmerksamkeitswert und hochkomplexe Möglichkeiten der Spezifikation besitzt. Wenn gespro-

10.1 „Laut" und „Sinn" – für Bewusstsein und Kommunikation

chen wird, kann ein anwesendes Bewußtsein dieses Geräusch leicht von anderen Geräuschen unterscheiden und kann sich der Faszination durch die laufende Kommunikation kaum entziehen." (1997, 110)

„Sprache evoluiert wahrscheinlich durch Zeichengebrauch. Sie kann nicht von Anfang an eine Struktur mentaler und kommunikativer Operationen gewesen sein." (1989b, 12)

Abb. 10.1 Mündliche Sprache besteht „in der Unterscheidung von Laut und Sinn"

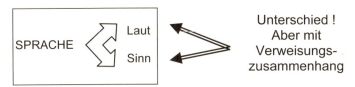

Der Effekt dieser lautlichen Auffälligkeit: Die Tatsache des Sprechens und damit der *Kommunikationsabsicht* ist für Anwesende offenkundig. Die Laute verweisen auf „Sinn": Sprechen ist gleichzeitig die Produktion von Lauten und von Sinn, für den die Laute Zeichen sind. So definiert Luhmann mündliche **Sprache als „Medium mit akustischen Zeichen für Sinn".**

„Sprache ist ein Medium, das sich durch Zeichengebrauch auszeichnet. Sie benutzt akustische bzw. optische Zeichen für Sinn." (1984, 220)

„Sprachliche Kommunikation ist also zunächst: Prozessieren von Sinn im Medium der Lautlichkeit." (1997, 213)

Da Sprache – ähnlich wie Sinn – psychischen und sozialen Systemen dient, schlägt dieses Medium eine Brücke zwischen den beiden Systemarten, die getrennt operieren, aber unablässig bei jeder Operation aufeinander angewiesen sind. In Luhmanns Begriffen: Das Medium Sprache bietet eine strukturelle Kopplung zwischen Bewusstsein und Kommunikation. Die gesamte physikalische Welt kann ja nur auf dem Weg „über ‚Individuen'" – und zwar vorzugsweise mittels Sprache – Eingang in Kommunikation finden (1997, 114; vergl. schon oben Kap. 5.4.2). Auch wenn Sprache in erster Linie Kommunikationsmedium ist, wirkt sie an der Autopoiesis des Bewusstseins mit.

Abb. 10.2 Über Sprache sind Bewusstseine und Kommunikation gekoppelt

Allerdings sind weder sämtliche Bewusstseinsprozesse noch sämtliche Kommunikationsprozesse auf Sprache angewiesen. Umgekehrt jedoch ist Sprache auf psychische oder soziale Systeme angewiesen. **Sprache ist ein Medium, in dem psychische und soziale Systeme operieren; sie hat keine *eigene* Operationsweise, ist also selber kein System.** Wenn Sprachwissenschaftler, etwa Ferdinand de Saussure, Sprache als System beschreiben, meinen sie Strukturen wie Grammatik; sie haben also einen anderen Systembegriff als Luhmann (vergl. 2002b, 279 f).

> „Wie leicht erkennbar, wird **die regelmäßige strukturelle Kopplung von Bewußtseinssystemen und Kommunikationssystemen durch Sprache ermöglicht.**" (1997, 108; Hervorhebung durch M.B.)
> „Sprache [...] fungiert in psychischen Systemen auch ohne Kommunikation." (1984, 137)
> „Die Sprache überführt soziale in psychische Komplexität. Aber nie wird der Bewußtseinsverlauf identisch mit sprachlicher Form". (1984, 368)
> „Sprache hat keine eigene Operationsweise, sie muß entweder als Denken oder als Kommunizieren vollzogen werden; und folglich **bildet Sprache auch kein eigenes System.**" (1997, 112; Hervorhebung durch M.B.)

Abb. 10.3 Sprache ist ein Medium, kein System – denn sie hat keine eigene Operationsweise

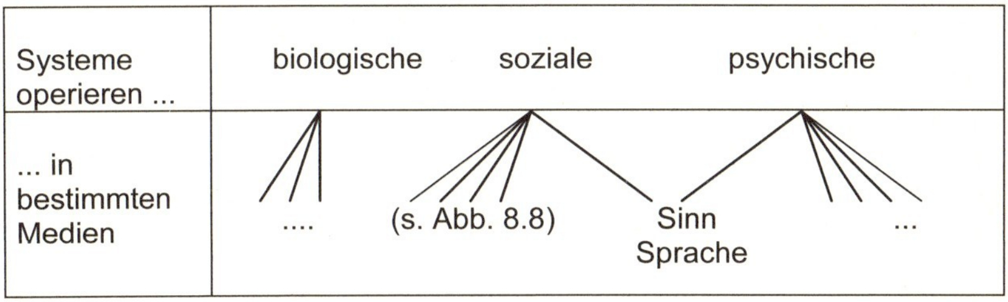

Systeme operieren ...	biologische	soziale	psychische
... in bestimmten Medien	....	(s. Abb. 8.8)	Sinn Sprache ...

10.2 Kommunikationsmedium Nr. 1, „Muse der Gesellschaft"

Uns interessiert hier weniger die psychische, vielmehr vor allem die kommunikative Seite der Sprache. Sprache ist „das grundlegende Kommunikationsmedium" (1997, 205). Für Kommunikation ist – wie bereits dargelegt – die dritte Selektion, das Verstehen der Differenz zwischen Information und Mitteilung, entscheidend (vergl. oben Kap. 6.3.3). **Sprache ist das grundlegende Kommunikationsmedium, weil sie am offenkundigsten macht, dass hier eine Mitteilungsabsicht vorliegt.** Bei außersprachlichen Ausdrucksformen, Phänomenen, Hinweisen und Zeichen dagegen kann durchaus Unklarheit darüber herrschen, ob es sich tatsächlich um Mitteilungen oder nicht etwa nur um zufälliges Verhalten handelt.

Es „ist bei sprachlicher Kommunikation die Absicht der Kommunikation unbestreitbar." (1984, 209)
„Weder der Sprecher noch der Hörer kann den Tatbestand der Kommunikation als solchen leugnen." (1997, 212)

Abb. 10.4 Bei sprachlicher Mitteilung ist zweifelsfrei der Mitteilungscharakter erkennbar, bei nichtsprachlicher nicht

Mitteilen heißt immer: Selektionen treffen – für etwas und gegen etwas anderes. So weist sprachliches Benennen immer unterschwellig darauf hin, dass auch anderes oder gar nichts hätte benannt werden können. Da das Verstehen der Differenz zwischen Information und Mitteilung konstitutiv für Kommunikation ist und erst das Medium Sprache diese Differenz klar erfahrbar macht, entsteht nach Luhmann die Möglichkeit zur Kommunikation erst mit der Entstehung von Wortsprache, und soziale Systeme bzw. Gesellschaften datieren erst ab der evolutionären Errungenschaft Sprache. Sprache ist Beginn und Muse der Gesellschaft. Das bedeutet auch, dass nonverbales Verhalten zu einer Zeit, bevor evolutionär die Sprache erfunden wurde, noch kaum die Qualität von nonverbaler *Kommunikation* besitzen konnte. So jedenfalls die These Luhmanns. Dieses ist Anlass für einen Exkurs über nonverbale Kommunikation.

> Sprache ist „konstitutiv für Gesellschaft schlechthin." (1997, 219)
> „Die Sprachcodierung ist die Muse der Gesellschaft. Ohne ihre Doppelung aller Zeichen, die Identitäten fixieren, hätte die Evolution keine Gesellschaft bilden können. Und wir finden deshalb auch keine einzige, der dieses Erfordernis fehlt." (1997, 225)
> „Die evolutionäre Bedingung der Sprache [... ist] Bedingung für das Entstehen eines autopoietisch-rekursiven Gesellschaftssystems." (2002a, 85)

10.3 Exkurs: Nichtsprachliche Kommunikation – gibt es die?

Sprache ist zwar das „grundlegende Kommunikationsmedium", aber keineswegs eine notwendige Bedingung für Kommunikation.

10.3 Exkurs: Nichtsprachliche Kommunikation – gibt es die?

„Wir können [...] Intentionalität und Sprachlichkeit nicht zur Definition des Kommunikationsbegriffs verwenden." (1984, 209)

„Einerseits kann ja auch nichtsprachliches Verhalten Kommunikation sein, wenn immer der Wahrnehmende eine Mitteilungsabsicht und damit eine Differenz von Mitteilung und Information hineinliest und darauf seinerseits durch Kommunikation reagiert." (1995b, 196)

Aus der Systematik der Medien (s. oben Kap. 8.5) geht schon hervor, dass sich im Lauf der Evolution *nach* der Sprache und *auf der Basis von Sprache* weitere Kommunikationsmedien ausdifferenziert haben. Wie ist es aber mit evolutionär *früheren* Verständigungsmitteln, die *vor* der Wortsprache existierten, also mit nonverbalem Verhalten? Kann nonverbales Verhalten Kommunikation sein?

Abb. 10.5 Kann nonverbales Verhalten Kommunikation sein?

Luhmanns These: Eigentlich ist die **Erfahrung von Sprache die Voraussetzung von Kommunikation. Also auch dafür, dass nonverbales Verhalten als Kommunikation eingesetzt und verstanden werden kann**. Denn erst die Sprache produziert die notwendigen Differenzen: zwischen Information und Mitteilung, aber auch zwischen Wahrnehmung und Kommunikation und zwischen Medium und Form. Das heißt, erst nach diesen Errungenschaften kann das schon vorher bestehende nonverbale Verhaltens-Repertoire als Kommunikations-Repertoire genutzt werden.

„Man kann sich aber schon fragen, ob es solche Kommunikation geben, das heißt: ob man einen Unterschied von Mitteilungsverhalten und Information überhaupt beobachten könnte, wenn es keine Sprache, also keine Erfahrung mit Sprache gäbe." (1997, 205)

„Es ist die Frage, ob Kommunikation nur über Sprache zustande kommen kann, aber wenn sie einmal entstanden ist, hat man dann auch nichtsprachliche Möglichkeiten des Ausdrucks [...], dies aber erst, nachdem ein Kommunikationssystem etabliert ist, das ohne Sprache nicht entstanden wäre und das immer ein Rückschalten auf Sprache ermöglicht." (2002b, 278)

Für die „prähistorische Gegebenheit" vor der Sprache wird es „keine Metakommunikation, keine auf Kommunikation bezogene Kommunikation gegeben haben, zum Beispiel keine Bestätigung des Empfangs einer Mitteilung, keine Wiederholung derselben Mitteilung, kein Aufbau sequentieller, ‚punktierter' Komplexität, bei der die Kommunikation voraussetzt, daß sie mit anderen Inhalten bereits erfolgreich operiert hatte. Wie weit man unter diesen Bedingungen schon von einer autopoietischen Schließung eines gegenüber dem Lebensvollzug eigenständigen Sozialsystems sprechen kann, das zum Beispiel den Tod ganzer Generationen überdauert, müssen wir offen lassen." (1997, 207)

Die Gedankenführung ist die folgende:
(1) Nonverbales Verhalten kann durchaus Kommunikation sein – weil es (a) als Mitteilung gemeint, vor allem aber (b) als Mitteilung *verstanden* werden kann (vergl. oben Abb. 6.12).
(2) Das jedoch erst, nachdem Menschen durch die Sprache die entscheidende Differenz zwischen Information und Mitteilung gelernt haben. Gelernt haben, dass eine mitgeteilte Information immer etwas fundamental anderes ist als eine unmittelbar wahrgenommene Information – mit allen Konsequenzen des Zweifels, der Anschlusskommunikation usw.
(3) Nonverbales Verhalten kann diese Differenz schon enthalten – aber ohne einen durch Sprache geschärften Blick ist sie nicht scharf genug erkennbar.
(4) Nonverbales Verhalten
(a) mit Mitteilungscharakter – entsprechend der zweiten Selektion laut Kommunikationsdefinition – gab es evolutionär schon *vor* der Sprache,
(b) mit *Verstehen* des Mitteilungscharakters – entsprechend der dritten Selektion laut Kommunikationsdefinition, also mit dem Verstehen, dass der andere auch nichts oder ganz etwas anderes hätte mitteilen können – gab es sicher evolutionär erst *nach* der Sprache.
(5) → Präzisierung von Satz (1):
Nonverbales Verhalten kann jetzt – seit wir verbales Verhalten haben – durchaus Kommunikation sein.

Abb. 10.6 Erst *nach* der Entwicklung von Sprache kann auch nichtsprachliches Verhalten unbezweifelbar als Kommunikation fungieren

Nonverbales Verhalten
in vorsprachlicher Zeit:
Differenz von Information und
Mitteilung nicht erkennbar –
kein Kommunikationscharakter

Nonverbales Verhalten
nach Sprachentstehung:
Differenz von Information und
Mitteilung evtl. gelernt –
Kommunikationscharakter möglich

10.4 Fortsetzung Exkurs: Ja! Aber zu Sonderbedingungen

Nach der evolutionären Erfindung von sprachlicher Kommunikation wurde also gleichsam rückwirkend die nonverbale Kommunikation erfunden. Warum wurden aber die nonverbalen Verständigungsmöglichkeiten nicht überhaupt abgeschafft, nachdem mit der Sprache doch ein anscheinend so viel leistungsfähigeres Kommunikationsmittel zur Verfügung stand? Das ältere Medium verschwand jedoch nicht. Das ist nie der Fall, wenn die Kommunikation sich ausdifferenziert. (Sogar im Gegenteil: Die ältere Kommunikationsform wird bei der evolutionären Entstehung einer jüngeren zur einer Steuerungs-, Orientierungs- und Kommentierungsinstanz über die ältere aufgewertet. Das ist aber keine These Niklas Luhmanns, sondern der Autorin dieses Buches. Vergl. unten Kap. 21.5 sowie Berghaus 1999.)

Luhmann betont, dass die Errungenschaft, die mit dem neuen Medium Sprache erworben wurde – nämlich etwas *bewusst* zur Mitteilung zu machen und etwas *bewusst* als Mitteilung zu verstehen –, nun auch *bewusst* auf das alte, nonverbale Verständigungspotential ausgedehnt und angewendet werden kann. Dadurch ergibt sich eine neue Selektionsmöglichkeit: die Selektion zwischen verbaler und nonverbaler Mitteilung.

Wir müssen beachten, daß die Entwicklung „der Kommunikationsweisen nicht einfach als Prozeß der Verdrängung und der Substitution des einen durch das andere verstanden werden darf. Eher handelt es sich um einen Prozeß des Hinzufügens von voraussetzungsvolleren Formationen [...]
Die Evolution von *Sprache* hat die Möglichkeit unabsichtlicher und absichtlicher sprachloser Kommunikation, zum Beispiel durch Mimik, Kleidung oder einfach Dabeisein-in-Situationen, nicht beseitigt, aber mit Sicherheit umgeformt. Wer durch Mimik kommuniziert, macht nun bewußt von Sprache keinen Gebrauch, und der Empfänger der Kommunikation weiß dies. Die sprachlose, indirekte Kommunikation bleibt als Möglichkeit neben der Sprache erhalten; sie verliert und gewinnt zugleich in einem Prozeß der Spezifikationen an Funktionen." (1975c, 18)

Nonverbale und verbale Kommunikation unterscheiden sich allerdings weiterhin in der Deutlichkeit des Kommunikationscharakters: Auch nach der Erfindung der Sprache und auch mit dem durch Spracherwerb geschärften Blick bleibt die nonverbale Kommunikation immer der direkten, bloßen Wahrnehmung näher (zum Vergleich zwischen Kommunikation und Wahrnehmung s. oben Kap. 6.3.3). Das heißt die kommunikationsnotwendigen Differenzen sind weniger scharf ausgeprägt als bei der verbalen Kommunikation:

Nonverbales „interpretierbares Verhalten [ist] immer so situationsspezifisch bestimmt, daß kaum Spielraum besteht für die Differenz von Medium und Form." (1997, 205)
„Sprache macht [...] unbestreitbar, daß Kommunikation vorliegt, während man bei nichtsprachlicher Kommunikation immer bestreiten kann, etwas ‚gemeint' zu haben." (1995b, 196)

Abb. 10.7 Bei nonverbaler Kommunikation lässt sich – anders als bei verbaler – der Mitteilungscharakter bezweifeln und die Mitteilungsabsicht bestreiten

10.5 Neben der „realen Realität" eine „zweite Realität"

Nach diesem Exkurs über nonverbale Kommunikation zurück zur verbalen. Ein Merkmal von sprachlichen Zeichen – Wörtern, Begriffen, Ausrufen, Floskeln – ist, dass sie stereotyp immer gleich und immer wiederholbar bleiben, ob nun die Themen und Objekte, die zur Sprache kommen, anwesend sind oder nicht, existieren oder nicht. Das heißt: **Sprachliche Zeichen produzieren eine eigene Realität, losgelöst von der Außenwelt. Durch Sprache wird eine „zweite Realität" geschaffen.**

> „Eine zweite Welt der Kommunikation [...] wird der ersten Welt des Gesehenen überlagert." (1997, 213)
> „Zeichen sind mithin Strukturen für (wiederholbare) Operationen, die keinen Kontakt zur Außenwelt erfordern." (1997, 208)
> „Es fällt ja auf, daß Sprache nur funktioniert, wenn durchschaut wird und durchschaut wird, daß durchschaut wird, daß die Worte *nicht* die Gegenstände der Sachwelt sind, sondern sie nur *bezeichnen*. Dadurch entsteht **eine neue, eine emergente Differenz, nämlich die von realer Realität und semiotischer Realität. Statt von semiotischer Realität könnten wir auch von imaginärer, imaginierender, konstruierender, konstituierender usw. Realität sprechen.**" (1997, 218 inkl. Fußnote; fett durch M.B.)

Wenn nach Luhmanns Auffassung die Sprache eine eigene, abgegrenzte Realität herstellt, so nimmt er damit eine Gegenposition zu traditionellen Sprach-Auffassungen ein. Denn im Gegensatz dazu hebt er **nicht auf die Repräsentanz der Welt in der Sprache und nicht auf die Übereinstimmung von Wörtern und Sachen, sondern auf die Differenz zwischen Wörtern und Sachen** ab. Diese differenzorientierte Position ähnelt der bei der Definition von Kommunikation: Konventionelle Kommunikations-Definitionen stellen das Ziel inhaltlicher *Übereinstimmung*, den *Konsens*, Luhmann dagegen die *Differenz* in den Mittelpunkt (vergl. oben Kap. 6.4.4 und 6.4.5). So auch hier bei Sprache.

> „Die Sprache [...] hat keineswegs nur, ja nicht einmal vorwiegend diese Funktion, auf etwas Vorhandenes hinzuweisen. [...] Ihre eigentliche Funktion liegt in der Generalisierung von Sinn mit Hilfe von Symbolen, die – im Unterschied zur Bezeichnung von *etwas anderem* – das, was sie leisten, *selbst sind*." (1984, 137)
> Zeichen „dienen auch nicht, wie oft angenommen, der ‚Repräsentation' von Sachverhalten der Außenwelt im Inneren des Systems." (1997, 208 f)

Abb. 10.8 Realitätsvermehrung: Neben die reale Realität tritt – in *Differenz* dazu, nicht in Repräsentanz und Übereinstimmung – die sprachliche Realität

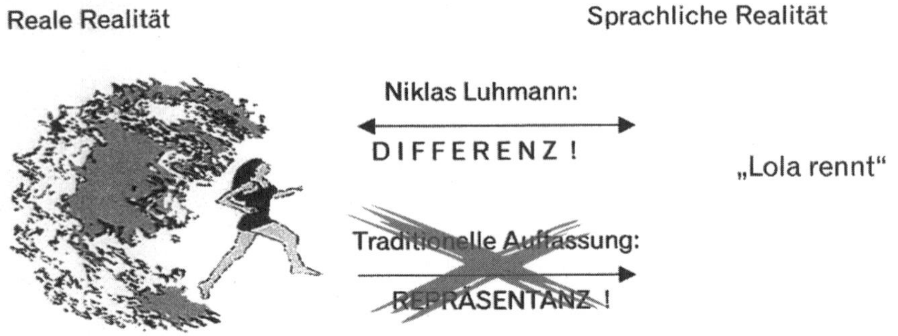

Reale Realität   **Sprachliche Realität**

Niklas Luhmann:

DIFFERENZ !

„Lola rennt"

~~Traditionelle Auffassung:~~

~~REPRÄSENTANZ !~~

Zwei Realitäten – das darf man nicht missverstehen. Es handelt sich keineswegs um eine schlichte Verdoppelung der Wirklichkeit durch Abbildung in einem sprachlichen Medium. Keinesfalls ist es so, dass zunächst eine reale Realität mit immanenten Ordnungsstrukturen, Sinn- und Informationswerten vorhanden wäre, die dann nachträglich sprachlich nachvollzogen würde. Umgekehrt läuft es! Zuerst werden sprachlich „Identitäten" konstituiert, die dann an die reale Realität herangetragen werden. Der sprachliche Zugriff *macht* die Ordnung der Welt: „Es bedeutet, daß man diese Unterscheidung von realer Realität und semiotischer Realität in die Welt einführen muß, damit überhaupt etwas – und sei es die semiotische Realität – als real bezeichnet werden kann" (1997, 222 und 219; vergl. auch unten Abb. 10.13). Das heißt es wird Distanz geschaffen und Differenz produziert – Voraussetzung für Beobachtung und Beschreibung der Welt. Die Unabhängigkeit von der realen Realität wird auch dadurch offenkundig, dass etwas sagbar ist, was real nicht existiert – noch nicht oder nicht mehr oder überhaupt nie.

Abb. 10.9 Was sprachlich existiert, muss nicht real existieren

„Heißt du etwa Rumpelstilzchen?"
„Das hat dir der Teufel gesagt", schrie das Männlein und stieß mit dem rechten Fuß vor Zorn so tief in die Erde, daß es bis an den Leib hineinfuhr, dann packte es in seiner Wut den linken Fuß mit beiden Händen und riß sich selbst mitten entzwei.

(Aus: Rumpelstilzchen, Märchen der Brüder Grimm)

10.6 Neben der Zeit der realen Realität eine zweite Zeit

Da Sprache eine eigene Realität herstellt, schafft sie eine eigene Zeit. Die Beziehung zum Raum wandelt sich ebenfalls. In der bloßen Wahrnehmung ist alles an Gleichzeitigkeit und Gleichräumigkeit gebunden. Anders bei Sprache.

> „Bloße Wahrnehmungsmedien sind an die Gleichzeitigkeit des Wahrnehmens und des Wahrgenommenen gebunden. Das gilt auch, wenn man das Wahrnehmen anderer wahrnimmt; und es gilt auch für die einfachen Formen der Wahrnehmung von Zeigezeichen." (1997, 214)
>
> „Erst Sprache ermöglicht eine Durchbrechung dieser Gleichzeitigkeitsprämisse [...] Zunächst geht es einfach um eine zeitliche Abkopplung [...] von den Zeitsequenzen der Umwelt, also um die Ausdifferenzierung einer Eigenzeit des Kommunikationssystems". (1997, 215)
>
> Bei der Sprache handelt es „sich demnach um eine ganz spezielle Technik mit der Funktion, das Repertoire verständlicher Kommunikation *ins praktisch Unendliche auszuweiten* und damit sicherzustellen, daß nahezu beliebige Ereignisse *als Information* erscheinen und bearbeitet werden können." (1984, 220)

Abb. 10.10 Sprache schafft eine andere Beziehung zu Raum und Zeit: Räumliche und zeitliche An-/Abwesenheit bei nonverbaler und verbaler (mündlicher) Kommunikation

Nonverbale Kommunikation unter Anwesenden	Mündliche Kommunikation unter Anwesenden
Räumlich und zeitlich *an*wesend müssen sein:	Räumlich und zeitlich *an*wesend müssen sein:
➢ Alter/Sender ➢ Ego/Empfänger ➢ Objekt/Thema	➢ Alter/Sender ➢ Ego/Empfänger
Räumlich und/oder zeitlich *ab*wesend können sein:	Räumlich und/oder zeitlich *ab*wesend können sein:
–	➢ Objekt/Thema

In der mündlichen Kommunikation müssen zwar die Beteiligten gleichzeitig anwesend sein, aber sie können sich – was ohne Sprache nicht geht – auch über etwas verständigen, das außerhalb der direkten Wahrnehmung und in der Vergangenheit oder Zukunft liegen kann sowie einem anderen (beschleunigten oder verlangsamten) Zeittakt folgt.

Im Vorausblick lässt sich feststellen: Die Ablösung von Zeit und Raum der realen Realität wird später mit der Entwicklung von Schrift noch weiter vorangetrieben. Durch die Eigenzeit des Kommunikationssystems kommt die Neuheit in die Welt, kann ständig Neues gesagt, Neuigkeit geschaffen, Altes ausgesondert und vergessen werden – was von beträchtlicher Bedeutung für die Ausdifferenzierung der Gesellschaft von den Anfängen bis heute und speziell für die Entstehung der Massenmedien ist, deren System ja von der ständigen Erneuerung von Information lebt.

Abb. 10.11 Unterschiedliche Zeiten in der realen Realität und der sprachlichen Realität

| Reale Dauer: rund 15 Tage zwischen Vollmond und Neumond | Sprachliche Dauer: wenige Sekunden für das Aussprechen des Satzes |

10.7 Deine Rede sei „Ja, Ja – Nein, Nein"!

Diese eigene, sprachliche Realität mit eigener Zeit birgt zusätzlich in sich noch eine weitere „Duplikation" durch „Verdoppelung der Aussagemöglichkeiten" (1997, 221 und 223): **Sprache enthält die Verdoppelung in eine Ja- und eine Nein-Version**.

> „Geht man davon aus, daß die Sprache die Autopoiesis der Kommunikation strukturiert, kommt eine radikale und viel einfachere Struktur in den Blick. Wir wollen sie den (binären) Code der Sprache nennen. Er besteht darin, daß die Sprache für alles, was gesagt wird, eine positive und eine negative Fassung zur Verfügung stellt." (1997, 221)
> „Kommunikation dupliziert [...] die Realität. Sie schafft zwei Versionen: eine Ja-Fassung und eine Nein-Fassung, und zwingt damit zur Selektion." (1995b, 120)

10.7 Deine Rede sei „Ja, Ja – Nein, Nein"!

Abb. 10.12 Sprache stellt von allem eine Ja- und eine Nein-Fassung her

Sprache hat also einen „binären Code". Luhmann gebraucht den Begriff „Code" immer und bei allen Medien „für strikt binäre Strukturen" (1997, 221, Anmerkung 49; vergl. auch 1975b, 172). Die Unterscheidung zwischen etwas, was ist, und dem, was nicht ist, gibt es nur in einer mitgeteilten Realität, nicht in einer wahrgenommenen, oder dort allenfalls diffus. **Die Welt selbst enthält kein Nein**. Erst nachdem die Sprache Unterscheidungen getroffen und auf diese Weise Identitäten fixiert hat, lassen sich diese verneinen. Auch Schweigen entsteht nur durch Sprache (vergl. „Reden und Schweigen", Luhmann/Fuchs 1989). Von allem eine deutlich unterscheidbare Ja- und eine Nein-Fassung herstellen zu können – diese Leistung beginnt mit der Sprache. Damit erfährt die schon konstatierte Realitätsvermehrung durch Sprache eine Präzisierung.

Abb. 10.13 Realitätsvermehrung durch Sprache: reale Realität und in Differenz dazu sprachliche Realität in Ja-/Nein-Codierung

Sprachliche Realität

Ja-Fassung:
 Marathon in Hamburg
 Die Sonne scheint
 Ich bin dabei !
 Lola rennt auch

Nein-Fassung:
 Kein Marathon 2005
 Die Sonne scheint nicht
 Ich bin nicht dabei
 Lola rennt nicht

10.8 Ja oder Nein, gelogen oder ungelogen – der Sprache ist das gleich

Sprache ist – so hieß es am Anfang dieses Kapitels – das „grundlegende Kommunikationsmedium". Kommunikation besteht aus Selektionen. Und es ist der binäre Code der Sprache, der Selektionen aufnötigt: **Man muss sprachlich entweder eine bejahende oder eine verneinende Formulierung wählen. Es geht nicht anders! Und das korrespondiert mit der Unausweichlichkeit der Kommunikation, sie entweder anzunehmen oder abzulehnen.**

> „Alle Kommunikation eröffnet die zweifache Möglichkeit, angenommen oder abgelehnt zu werden. Aller [...] Sinn kann in einer Ja-Fassung und einer Neinfassung ausgedrückt werden. [... Das Bewußtsein] sagt aus Gründen, die man nicht kennen kann, ja oder nein; nimmt an oder lehnt ab; unterstützt oder blockiert den weiteren Verlauf der Kommunikation; und all dies in einer kommunikativ verständlichen Weise auf der Grundlage von Motiven, die für es selbst und für andere unverständlich bleiben mögen und in der Kommunikation keine (oder nur ausnahmsweise eine) thematische Rolle spielen. Diese Sachlage ist durch den Code der Sprache universell auferlegt, unabhängig von Worten, Themen, Motiven, Kontexten." (1997, 113)

Die Sprache enthält beides: die Ja- und die Nein-Fassung gleichermaßen. Der Sprache ist es gleichgültig, ob ja oder nein gesagt und ob die Ja-Fassung oder die Nein-Fassung angenommen oder abgelehnt wird. Das ist für Luhmann erneut ein Hinweis darauf, dass es in der Kommunikation nicht um Verständigung und Konsens geht – was immer wieder Anlass für Widerspruch gegen die Auffassung von Jürgen Habermas ist (vergl. oben Kap. 6.4.4 und 6.4.5).

> „Das schließt es, ernst genommen, aus, aus der Sprache selbst eine Idealnorm des Bemühens um Verständigung abzuleiten." (1997, 229)
> „Die Sprache behandelt alle Worte gleich". (1984, 224)

Allerdings ist ein Nein in der direkten Interaktion immer riskant, denn es ist konfliktträchtig: Der Andere kann gekränkt sein und Gegenmaßnahmen ergreifen. Aber selbst dafür – bzw. dagegen – bietet die Sprache eine Lösung: Die Möglichkeit der Lüge; man kann innerlich ‚Ja' denken und nach außen ‚Nein' sagen und umgekehrt. Die Wahl zwischen Bejahung und Verneinung ermöglicht, etwas zu bestätigen, was real gar nicht existiert bzw. etwas zu negieren, was real existiert. Das kann durch Irrtum passieren oder gezielt durch Täuschung. Es wurde bereits darauf hingewiesen, dass sich sprachliche Realitäten unabhängig von der realen Realität konstituieren (vergl. Kap. 10.5). Diese Möglichkeiten bringen eine unglaublich große Komplexitätssteigerung mit sich. Von nun an wird das Zusammenleben kompliziert.

10.8 Ja oder Nein, gelogen oder ungelogen – der Sprache ist das gleich

„Die Sprache schafft die Möglichkeit des Neins und die Möglichkeit seiner Verbergung: die Möglichkeit der Lüge, der Täuschung, des irreführenden Symbolgebrauchs." (1984, 513)

„Mit der Ausdifferenzierung einer Gesellschaft, die Sprache benutzt und Zeichen verwendet, entsteht das Problem des *Irrtums* und der *Täuschung*, des *unabsichtlichen* und des *absichtlichen Mißbrauchs der Zeichen*. [...] Mit Bezug auf dieses Problem kann man verstehen, daß die Gesellschaft Aufrichtigkeit, Wahrhaftigkeit und dergleichen moralisch prämiiert und im Kommunikationsprozeß auf Vertrauen angewiesen ist." (1997, 225)

Wenn sich alles bejahen und verneinen lässt, kann alles richtig oder falsch sein. Damit enthält die Sprache die Anlage zu Interpretation, Risiko, Widerspruch, Zweifel, Verdacht, Irritation, Leugnen und Lügen sowie zur Kultivierung von Versuchen, Wahrheit herauszufinden, zu beweisen bzw. zu widerlegen – Motor für Kommunikation und Anschlusskommunikation.

Abb. 10.14 Sprache enthält die Anlage zu Irrtum, Täuschung, Zweifel, Verdacht, Irritation und Interpretation

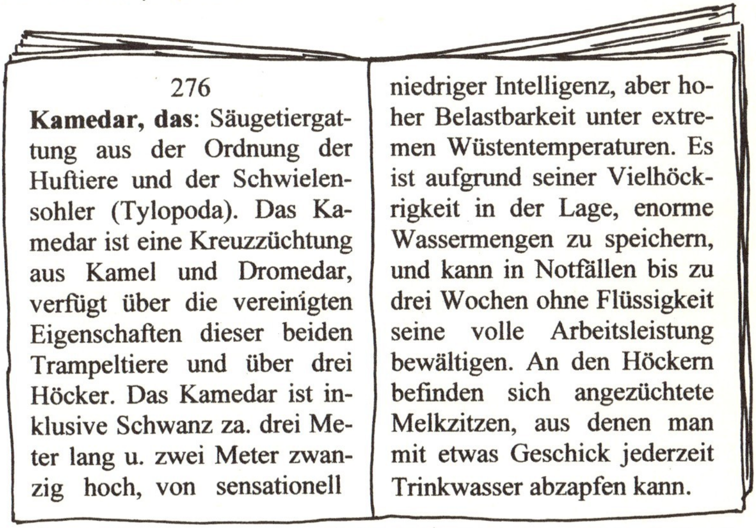

> 276
>
> **Kamedar, das**: Säugetiergattung aus der Ordnung der Huftiere und der Schwielensohler (Tylopoda). Das Kamedar ist eine Kreuzzüchtung aus Kamel und Dromedar, verfügt über die vereinigten Eigenschaften dieser beiden Trampeltiere und über drei Höcker. Das Kamedar ist inklusive Schwanz za. drei Meter lang u. zwei Meter zwanzig hoch, von sensationell niedriger Intelligenz, aber hoher Belastbarkeit unter extremen Wüstentemperaturen. Es ist aufgrund seiner Vielhöckrigkeit in der Lage, enorme Wassermengen zu speichern, und kann in Notfällen bis zu drei Wochen ohne Flüssigkeit seine volle Arbeitsleistung bewältigen. An den Höckern befinden sich angezüchtete Melkzitzen, aus denen man mit etwas Geschick jederzeit Trinkwasser abzapfen kann.

(Walter Moers, Die 13½ Leben des Käpt'n Blaubär. Frankfurt a. M. 2001, S. 276 f)

Kapitel 11 – Schrift

11.1 Sprache „optisch" – anfangs unkommunikativ

In Kapitel 10 wurde Sprache definiert als Medium, das „akustische bzw. optische Zeichen für Sinn" benutzt. Die akustischen Zeichen stehen der mündlichen Sprache zur Verfügung, die optischen der schriftlichen, um die es in diesem Kapitel geht. Schrift ist „die vom akustischen Medium ins optische Medium übertragene Sprache" (1997, 110; vergl. grundsätzlich den Abschnitt „Schrift" in „Die Gesellschaft der Gesellschaft", 249 ff, sowie „Die Form der Schrift", 1993).

In Schriftform wird nun wirklich ganz klar, dass es eine Differenz zwischen den Zeichen einerseits und der außersprachlichen Realität andererseits gibt. Auch bei der mündlichen Sprache existiert diese Differenz. Aber mündlich lassen sich Wort und Sache, Klang und Sinn leichter verwechseln, indem „man immer wieder dazu neigen wird, das Wort selbst für den Sinn zu nehmen, Namen für glück- oder unglückbringend zu halten und die Dinge selbst durch Sprechen zu beeinflussen" (1997, 256). Die optische Form zeigt jetzt eindeutig, dass die Sprache eine in sich geschlossene Kommunikationswelt schafft.

> Entscheidend ist, „daß nämlich die Sprache von der Differenz ihrer Zeichen lebt und nicht von einer Übereinstimmung mit der außersprachlichen Realität." (1997, 256)

Abb. 11.1 Schrift symbolisiert die Laut-Sinn-Differenz im Medium der Optik

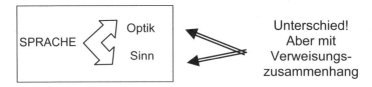

Schrift ist ein „Kommunikationsmedium" (vergl. die Aufstellung in Kap. 8.5), und als solches ist sie für uns von Interesse. Allerdings **wird Schrift ursprünglich wohl nicht für Kommunikation erfunden.** Davor scheint sie – wie frühe Quellen zeigen – anderen, *nicht*kommunikativen Zwecken zu dienen. So sakralen und magischen Zwecken: Priester zeichnen heilige Worte für die Götter auf. Oder ökonomischen: In Großhaushalten werden Vorratslisten geführt. Oder er-

11.2 „Verbreitungs"medium Nr. 1 für breitere Kommunikation

innerungstechnischen: Mithilfe kleiner Aufzeichnungen können Boten sich ihre (mündlichen) Botschaften merken. Sogar unkommunikatives Lesen ist möglich; so lassen sich Knochen, Schildkrötenpanzer und andere natürliche Zeichen als Schicksalshinweise lesen (vergl. 1993b, 350; 1997, 261).

> „Die Schrift wurde nicht zum Zweck der Kommunikation erfunden." (1993b, 350)
> „Schon der Übergang von Aufzeichnungsschrift zu Kommunikationsschrift muß ein Problem gewesen sein und seine Zeit gebraucht haben." (1997, 279)
> „Kommunikativer Gebrauch entsteht parasitär, profitiert von einer bereits ausgearbeiteten Universalschrift und fügt ihr eine neue Funktion und vor allem neue Anlässe zum Schreiben und Lesen hinzu." (1997, 264)

Abb. 11.2 Schrift ist ursprünglich nicht Kommunikation, sondern Aufzeichnung

11.2 „Verbreitungs"medium Nr. 1 für breitere Kommunikation

Innerhalb der „Kommunikationsmedien" ist Schrift das erste „Verbreitungsmedium". „Erstes", weil Schrift
➢ in der Evolution der Kommunikation als *frühestes* Verbreitungsmedium entstand und
➢ von allen Verbreitungsmedien das fundamental *wichtigste* ist und bleibt – selbst heute bei zunehmendem Einsatz von Bildern.

Es ist nun die Frage, was sich in einer Gesellschaft mit Schrift im Vergleich zu einer oralen Gesellschaft verändert. Zunächst sind Quantitäten verändert, worauf schon die Bezeichnung als „*Verbreitungs*medium" hinweist: **Im Vergleich zur mündlichen Sprache ist Schrift umfangreicher und weitreichender.** Parallel dazu verläuft gesellschaftlicher Wandel: **Im Vergleich zu oralen Gesellschaften sind schriftkundige Gesellschaften größer.**

„Was genau entwickelte sich mit der Einführung der Form der Schrift in die Gesellschaft, oder, um es genauer zu sagen: in den Bereich der Kommunikation, die die Gesellschaft konstituiert? Was sind Bedeutung und Wirkung dieser Teilung, dieser Trennung von mündlicher und schriftlicher Kommunikation?" (1993b, 354)
„In sozialer Hinsicht können auf diese Weise viel mehr Personen mit *einer* Kommunikation erreicht werden, als dies bei Beschränkung auf Anwesenheit möglich wäre. Um dies hervorzuheben, haben wir Schrift (und im Anschluß daran Buchdruck) als *Verbreitungsmedium* bezeichnet." (1997, 269; vergl. auch 202 und 464)
Es ist so, dass „alphabetisierte Schrift es ermöglicht, Kommunikationen über den zeitlich und räumlich begrenzten Kreis der Anwesenden hinauszutragen". (1984, 219)

Abb. 11.3 Kleine Gesellschaften brauchen mündliche Kommunikation, große auch schriftliche

Schrift vergrößert, erweitert, vermehrt in verschiedener Hinsicht. Die Kommunikation wird reichhaltiger, differenzierter und stimuliert außerdem mehr Anschlusskommunikation.

„Schrift vergrößert zunächst einmal die Zahl der Unterscheidungen, die eine Gesellschaft benutzen, aufbewahren, erinnern kann. Daraus ergibt sich auch eine Vermehrung der bezeichnungsfähigen Dinge oder Aspekte der Welt." (1997, 254)
Schrift „vergrößert als Verbreitungsmedium die Reichweite sozialer Redundanz; sie dehnt den Empfängerkreis aus und schränkt damit zugleich das ein, worüber noch informativ (d.h. überraschend) geredet werden kann. Im Gebrauch von Schrift *verzichtet* die Gesellschaft mithin auf die *zeitliche und interaktionelle Garantie der*

Einheit der kommunikativen Operation, und dieser Verzicht erfordert Kompensationen für das, was aufgegeben wird. Dadurch kommt es zu einer immensen, unabsehbaren Erweiterung von Anschlußfähigkeit." (1997, 258)

11.3 Gesellschaften mit Schrift sind „katastrophal anders"

Schrift bedeutet viel mehr als nur quantitative Zunahme, Schrift bedeutet große qualitative Veränderungen von Kommunikation und Gesellschaft. Luhmann unterscheidet insgesamt drei Hauptphasen gesellschaftlicher und kommunikativer Evolution; die Entstehung von Sprache markiert den Beginn von Gesellschaft überhaupt und die Erfindung der Schrift den Übergang zur 2. Stufe, den Hochkulturen (s. auch unten Kap. 21.3). Die evolutionäre Errungenschaft der Verbreitungsmedien – die mit der Schrift beginnen – hat Auswirkungen, die man sich radikaler kaum vorstellen kann. Er nennt sie „katastrophal", was nicht als moralische Abwertung, sondern als Hinweis auf das extreme Ausmaß zu verstehen ist.

> **„Alles wird anders, wenn es durch Schrift vermittelt wird."** (1997, 283; Hervorhebung durch M.B.)
> Es gibt in der Tat Strukturen, „deren Änderung sehr weitreichende, ‚katastrophale' Auswirkungen auf die Komplexität des Gesellschaftssystems hat. Es sind dies die *Verbreitungsmedien der Kommunikation* (erweitert durch Schrift, dann die Druckpresse und heute Telekommunikation und elektronische Datenverarbeitung) und die *Formen der Systemdifferenzierung* (Segmentierung, Zentrum/Peripherie-Differenzierung, Stratifikation, funktionale Differenzierung)." (1997, 515)
> Schrift kann sich „relativ rasch in nur wenigen Jahrtausenden durchsetzen. Sie führt im Laufe dieser Zeit zu einer tiefgreifenden Transformation der Kommunikationsmöglichkeiten und damit zu einer grundlegenden Neustrukturierung des Gesellschaftssystems". (1997, 264)
> **„Die Effekte der Schrift lassen sich nicht aus der bloßen Vermehrung der Adressaten erklären, so wichtig dieser Aspekt ist. Sie liegen in einer Neuordnung von Zeit und Kultur."** (1997, 269; Hervorhebung durch M.B.)

Hunderttausende von Jahren leben Menschen fast ohne Veränderungen in archaischen Gesellschaften. Ihre Kommunikation ist „Interaktion unter Anwesenden", wie Luhmann das nennt (vergl. 1997, 814 ff). Mit den Verbreitungsmedien beginnen Interaktionssysteme und Gesellschaftssystem auseinander zu driften. Kommunikation wird möglich auch ohne persönliches Zusammensein. Sie kann zum Beispiel brieflich erfolgen. Penelope wäre das Warten auf Odysseus sicher leichter gefallen, wenn sie brieflich erfahren hätte, dass er lebt und wo er umherirrt.

Im Liebesbrief kann „die Liebesbeziehung [...] zu Zeitpunkten, die von jeder Interaktion, der häuslichen ebenso wie der unter Liebenden, freigehalten sind, vorgenossen bzw. nachgenossen werden." (1984, 582)

Abb. 11.4 Kommunikation wird möglich auch ohne persönliches Zusammensein

In größeren Gesellschaften nimmt die Interaktionsmöglichkeit aller mit allen zwangsläufig ab, die Distanz zwischen gesellschaftlichen Mitgliedern sowie die Ausdifferenzierung in gesellschaftliche Sonderbereiche wie etwa Verwaltung, Medizin und Rechtsprechung zwangsläufig zu. Die Schrift ermöglicht und beschleunigt derartige Prozesse. Distanzen lassen sich schriftlich überbrücken – ein erster Schritt in Richtung der heutigen Tele- und Welt-Gesellschaft.

„Erst im Lauf der Evolution entsteht ein Bereich, in dem einsames, interaktionsfreies, aber dennoch gesellschaftliches Verhalten vorbereitet wird und sich schließlich mit weittragenden gesellschaftlichen und semantischen Rückwirkungen durchsetzt: der Bereich des Schreibens und Lesens. Die Erfindung der Schrift gibt mithin einsamem sozialen Handeln die Chance, gleichwohl gesellschaftliches Handeln zu sein. [... Es entsteht] eine Steigerung der Differenz von Gesellschaft und Interaktion". (1984, 581)
„Mit Schrift beginnt die Telekommunikation, die kommunikative Erreichbarkeit der in Raum und Zeit Abwesenden." (1997, 257)

11.3 Gesellschaften mit Schrift sind „katastrophal anders"

Abb. 11.5 Mit der Schrift beginnt schon die Telekommunikation

Es lassen sich hier nur in sehr grober Vereinfachung die deutlichsten Wandlungen durch Schrift skizzieren. Im vorigen Kapitel wurden Veränderungen bei der Entstehung von Sprache vorgestellt. Bei der Entstehung von Schrift kann man die Grundregel formulieren: An den nämlichen Punkten, die sich bei der Entstehung von Sprache generell als relevant erwiesen haben, werden bei der Entstehung von Schrift erneut qualitative Veränderungen sichtbar. Die Punkte sind:

(1) Mit der Entwicklung von Sprache generell wird die Differenz zwischen Information und Mitteilung erkennbar (s. oben Kap. 10.2).
Mit der Schrift wird diese Differenz noch schärfer (s. unten Kap. 11.4).

(2) Mit der Entwicklung von Sprache generell wird neben der realen Realität eine eigene, neue Realität der Kommunikation kreiert (s. oben Kap. 10.5).
Mit der Schrift entstehen weitere Realitätsebenen (s. unten Kap. 11.5).

(3) Mit der Entwicklung von Sprache generell wird die Gleichzeitigkeitsprämisse verlassen und eine neue, eigene Zeit der Kommunikation geschaffen (s. oben Kap. 10.6).
Mit Schrift löst sich die Kommunikation noch weiter von der Zeit der „realen Realität". Schrift schafft eine neue Zeitsemantik und eine neue Art von sozialem Gedächtnis (s. unten Kap. 11.6).

(4) Die Sprache erfindet das „Nein" (s. oben Kap. 10.7).
Mit der Schrift entsteht neu das „Vielleicht", das „Kann-sein", die „Möglichkeit des Meinens" (s. unten Kap. 11.7).

(5) Mit der Sprache kommen Zweifel, Interpretation, Irrtum, Täuschung in die Welt (s. oben Kap. 10.8).
Die Schrift fördert die Ungeniertheit der Täuschung, der Interpretation, der Kritik, der Ablehnung (s. unten Kap. 11.8).

Abb. 11.6 Schrift verändert radikal Kommunikation und Gesellschaft

ORALE GESELLSCHAFT *versus* Schriftgesellschaft

11.4 So ist Kommunikation sogar besonders kommunikativ

Das Maß für Kommunikation ist immer die dritte Selektion aus der Definition: Ego/der Empfänger versteht die Differenz zwischen Information und Mitteilung bei Alter/dem Sender. Im vorigen Kapitel wurde festgestellt, dass sprachliche Kommunikation diese Differenz deutlicher macht als nichtsprachliche. Nun müssen wir feststellen, dass schriftliche Kommunikation diese Differenz noch einmal verschärft und deutlicher macht als mündliche Kommunikation; erst jetzt ist sie nach Luhmann „eindeutig". So ist in oralen Gesellschaften der Zufluss immer neuer Informationen gar nicht groß genug, um den Eindruck nennenswerter Differenz zwischen Information und Mitteilung zu produzieren. Was dann läuft, ist beschränkt auf den Beziehungsaspekt von Kommunikation, auf das Zum-Ausdruck-Bringen sozialer Zugehörigkeit.

> **„Erst die Schrift erzwingt eine eindeutige Differenz von Mitteilung und Information".** (1984, 223; Hervorhebung durch M.B.)
> „Man wird hier anmerken müssen, daß besonders in Interaktionen unter Anwesenden und in Gesellschaften, die nur diese Kommunikationsweise kennen, der Informationswert von Mitteilungen marginalisiert werden kann. Es muß auch dann geredet werden, wenn man nichts zu sagen hat, weil nur durch Beteiligung an Kommunikation Gutwilligkeit und Zugehörigkeit zum Ausdruck gebracht werden kann und anderenfalls ein Verdacht böser Absichten aufkäme. [...] Man kommuniziert ‚we are communicating'". (1996, 38 f, Anm. 9)

11.4 So ist Kommunikation sogar besonders kommunikativ

Abb. 11.7 Erst die Schrift erzwingt eine eindeutige Differenz zwischen unendlich vielen Informationen und begrenzten Mitteilungsmöglichkeiten

Außerdem ist in der mündlichen Kommunikation unter Anwesenden die Kommunikation von gleichzeitig wahrnehmbaren sonstigen Eindrücken begleitet, die von der eigentlichen Mitteilung – genauer: von der Selektivität der Mitteilung – ablenken können. Solche Ablenkung erwächst aus der Stimme des Redners, seiner gesamten physischen Erscheinung, dem zwischenmenschlichen Beisammensein, der Situation und dem fortlaufenden sozialen Kontext überhaupt. Schriftlich jedoch liegt ein Text in klar begrenztem Umfang mit Anfang und Ende, losgelöst vom Verfasser und von der Produktionssituation vor. Der Mitteilende tritt zurück und der soziale Kontext tritt zurück; die Mitteilung selbst in ihrem selektiven und informativen Charakter tritt in den Vordergrund. **Schriftlich verliert die personale Beziehung zum Autor und gewinnt der unpersönliche Informationswert.**

> „Schrift ermöglicht mit all dem eine Schwerpunktverschiebung der Kommunikation in Richtung auf Information. In der mündlichen Kommunikation zeichnen Talente sich dadurch aus, daß sie auch dann noch reden können, wenn gar nichts zu sagen ist. Und in einfachen Gesellschaften gibt es auch gar nicht genug Information, um die laufende Kommunikation in Gang zu halten. Im wesentlichen dient die Kommunikation hier der Betätigung und Bestätigung sozialer Gesinnung und wechselseitigpositiver Einstellungen. Man schwatzt, und wer beharrlich schweigt, gilt als gefährlich, weil er sich weigert, seine Absichten zu verraten. Mit Schrift tritt diese primäre Angewiesenheit auf Kommunikation zurück [...]. Erst jetzt kommt es zur Intensivierung des Informierens". (1997, 275 f)

Abb. 11.8 Mündlich kann auch noch der reden, der nichts zu sagen hat, schriftlich nicht

> Mynheer Peeperkorn „wirkte befriedigend, unterhaltend, ja bereichernd durch sich selbst. [...] Er sagte mit ziemlich leiser Stimme: ‚Meine Herrschaften. Gut. Alles gut. Er-ledigt. Wollen Sie jedoch ins Auge fassen und nicht – keinen Augenblick – außer Acht lassen, daß – Doch über diesen Punkt nichts weiter. Was auszusprechen mir obliegt, ist weniger jenes, als vor allem und einzig dies, daß wir verpflichtet sind – daß der unverbrüchliche – ich wiederhole und lege alle Betonung auf diesen Ausdruck – der *unverbrüchliche* Anspruch an uns gestellt ist – *Nein*! Nein, meine Herrschaften, nicht so! Nicht so, daß ich etwa – Wie weit gefehlt wäre es, zu denken, daß ich – Er-*ledigt*, meine Herrschaften! Vollkommen erledigt. Ich weiß uns einig in alldem, und so denn: zur Sache!'
> Er hatte nichts gesagt; aber sein Haupt erschien so unzweifelhaft bedeutend, sein Mienen- und Gestenspiel war dermaßen entschieden, eindringlich, ausdrucksvoll gewesen, daß alle, und auch der lauschende Hans Castorp, höchst Wichtiges vernommen zu haben meinten oder, sofern ihnen das Ausbleiben sachlicher und zu Ende geführter Mitteilung bewußt geworden war, dergleichen doch nicht vermißten."

(Thomas Mann, Der Zauberberg, Berlin 1958, 7. Kapitel, „Mynheer Peeperkorn", S. 504 f)

Mit der Schrift erhält Kommunikation einen sachlicheren, distanzierteren, abstrakteren Charakter. Die Autorität eines Redners mag auf persönlicher Ausstrahlung beruhen – die eines Schreibers verlangt Sachkompetenz, Information und Wissen.

> „Es entsteht eine ganz neue Art von Autorität. Es kommt nicht mehr so sehr darauf an, mit lauter Stimme und Selbstbewußtsein immer wieder die Sprecherrolle zu okkupieren, sondern Autorität bildet sich nun in der Form der Präsentation und Unterstellung der Fähigkeit, mehr wissen und mehr sagen zu können" (1997, 274)
> „Schrift führt [...] zur Versachlichung der Kommunikationsthemen unabhängig davon, von wem und wann darüber gesprochen wird". (1997, 290)
> „Sobald alphabetisierte Schrift es ermöglicht, Kommunikationen über den zeitlich und räumlich begrenzten Kreis der Anwesenden hinauszutragen, kann man sich nicht mehr auf die mitreißende Kraft mündlicher Vortragsweise verlassen; man muß stärker von der Sache her argumentieren." (1984, 219)

Die Implikationen dieser Auffassung von Luhmann sind (wieder) weitreichend, und zwar in einer Weise, die (wieder) den üblichen Auffassungen von Kommunikation widerspricht: Denn nach Alltagsverständnis und konventionellem kommunikationswissenschaftlichen Verständnis gilt die mündliche Kom-

11.4 So ist Kommunikation sogar besonders kommunikativ

munikation im direkten Face-to-Face-Kontakt unter Anwesenden und mit permanent möglichem Rollenwechsel zwischen Sprecher und Zuhörer als die eigentliche, richtige, ‚echt kommunikative' Kommunikation. Aus konventioneller Sicht kann man daher fragen: Ist schriftliche Kommunikation überhaupt Kommunikation? Die Antwort Luhmanns ist überraschend, kann aber im Rahmen seiner Kommunikationsdefinition nicht anders ausfallen:

> „Schrift und Buchdruck **erzwingen also die Erfahrung der Differenz, die Kommunikation konstituiert: Sie sind in diesem genauen Sinne kommunikativere Formen der Kommunikation**, und sie veranlassen damit Reaktion von Kommunikation auf Kommunikation in einem sehr viel spezifischeren Sinne, als dies in der Form mündlicher Wechselrede möglich ist.
> Die übliche Auffassung denkt genau umgekehrt, weil sie Kommunikation teleologisch interpretiert als angelegt auf Übereinstimmung. Dann muß natürlich mündliche Wechselrede (Dialog, Diskurs) als Idealform erscheinen und alle Technisierung der Kommunikation durch Schrift und Druck als Verfallserscheinung oder als Notbehelf." (1984, 224 inkl. Anmerkung 48; Hervorhebung durch M.B.)

In Kapitel 10 wurde festgestellt, dass nonverbales Verhalten erst ab der evolutionären Errungenschaft von Sprache, also gleichsam rückwirkend, als nonverbale *Kommunikation* eingesetzt werden kann. Nun lässt sich hier eine ganz parallele Feststellung treffen: **Mündliche Kommunikation kann erst ab der evolutionären Errungenschaft von Schrift, also gleichsam rückwirkend, den absolut unbezweifelbar eindeutigen Charakter von *Kommunikation* erhalten.** Bei einer schriftlichen Mitteilung werden Menschen darauf gestoßen, dass die Mitteilung selektiv ist, das heißt bestimmte Informationen enthält und andere auslässt. Und erst mit dieser Erfahrung kommt die unverstellte, unausweichliche Einsicht: Jede Mitteilung, die schriftliche *und* die mündliche, ist selektiv!

> „Interaktion wird wegen ihrer Doppelbasierung in Wahrnehmung und Kommunikation, historisch gesehen, relativ voraussetzungsfrei, okkasionell, natürlich und situationsabhängig möglich gewesen sein. Man könnte fast von einem vorgesellschaftlichen Erfordernis für das Entstehen von Gesellschaft sprechen. Aber erst wenn die Interaktion sich als gesellschaftliche Episode versteht, erzeugt sie jene Differenz und jenen Mehrwert, mit denen sie zur Emergenz von Gesellschaft beiträgt." (1984, 567)

Abb. 11.9 Erst *nach* der Erfindung von Schrift ist auch mündliche Kommunikation unbezweifelbar Kommunikation

Verbales Verhalten
in schriftloser Kultur:
Differenz von Information und
Mitteilung evtl. gelernt –
Kommunikationscharakter möglich

Verbales Verhalten
in Schriftkultur:
Differenz von Information und
Mitteilung sicher gelernt –
Kommunikationscharakter eindeutig

11.5 Erneut neue Realitätsebenen

In Kapitel 10 wurde dargestellt, dass Sprache eine neue, eigene Kommunikationsrealität in Abgrenzung zur „realen Realität" kreiert. Durch Schrift nun differenziert sich diese weiter aus: in eine mündlich herstellbare und eine schriftlich herstellbare. Das entsteht durch die **„Zweitcodierung" der Sprache in mündlich/schriftlich, zusätzlich zu der Ja/Nein-Codierung**.

> Es handelt sich um „die *Verdopplung der Sprache* in zwei Wahrnehmungsformen, [die akustische und optische]". (1993b, 358)
> „Die Entwicklung von phonetischen Schriften stellt eine genaue und ausnahmslose Parallele von mündlicher und schriftlicher Kommunikation her. [...] Sie duplizieren nicht die Welt der Objekte, über die gesprochen wird, sondern die Kommunikation selbst, so daß man von einer Zweitcodierung der Sprache nach mündlich/schriftlich sprechen kann." (1997, 279).

11.5 Erneut neue Realitätsebenen

Abb. 11.10 Weitere Realitätsvermehrung: reale Realität und in Differenz dazu sprachliche Realität in Mündlich-/Schriftlich-Codierung jeweils in Ja-/Nein-Fassung

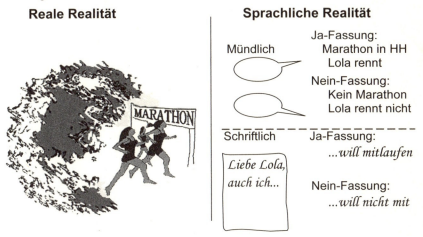

Wir haben es also mit einer weiteren Vermehrung von Realitätsebenen zu tun:

(1) Schrift setzt sich von der „realen Realität" ab. Das war schon bei Sprache generell der Fall (vergl. oben Abb. 10.8), wird aber bei schriftlicher Kommunikation im Vergleich mit der mündlichen noch augenfälliger.

> „[...] daß nämlich die Sprache von der Differenz ihrer Zeichen lebt und nicht von einer Übereinstimmung mit der außersprachlichen Realität. [...] Mit der Einführung von Schrift wird die Zeichenhaftigkeit, die Worthaftigkeit, der Abstand der Worte, ihre Kombinatorik (Grammatik), kurz: die Distanz zur Welt zum Problem". (1997, 256)
> „Nach Erfindung der Schrift kann man nicht mehr davon ausgehen, daß Gesellschaftsstruktur und Semantik sich in laufend synchronisierter Übereinstimmung befinden." (1997, 289)
> „Schrift ‚modalisiert' das Realitätsverständnis". (1997, 290)

(2) Schrift setzt sich ebenfalls von der Realität der mündlichen Kommunikation ab. Bei Schrift handelt es sich tatsächlich um ein anderes Medium als bei Mündlichkeit: um eine andere, wieder neue Art von Realitätskonstruktion.

> Es gibt „keine Punkt-für-Punkt Äquivalenz zwischen mündlicher und schriftlicher Kommunikation." (1997, 255)

„Die Veränderung greift so tief, daß es nicht möglich ist, mündliche Kommunikation in die Form eines schriftlichen Textes zu bringen (so wie es möglich ist, Texte aus einer Sprache in eine andere zu übersetzen)." (1997, 254)

Schrift schafft Fakten, die ohne schriftliche Aufzeichnung so nicht existieren würden: Vorrats-, Steuer- und Schuldenlisten, Gebote, Protokolle, Verträge, Notizen, der Vermerk eines Arztes auf der Karteikarte eines Patienten, die gefundenen Liebesbriefe in Effi Briests Nähkästchen, eine Eintragung in Joseph Goebbels Tagebuch, ein Spitzelbericht in den StaSi-Akten. Wieder ist – wie schon bei der mündlichen Kommunikation – zu betonen, dass nicht zuerst die Fakten als immanente, geordnete Daten mit Bedeutung in der Welt existieren, sondern dass sie schriftlich *gemacht* werden (vergl. schon oben Kap. 10.5). Das heißt selbstverständlich nicht, dass Beliebiges frei erfunden und als real existent niedergeschrieben werden dürfte; die Welt muss das Unterschiedene und Beschriebene als Potential wirklich enthalten.

„Ohne Thesenanschlag keine Reformation, ohne Preisschildchen kein reibungsloser Verkauf." (1984, 583)
Eine Folge von Schrift ist „ein Verzicht auf das segensreiche Sofort-Wieder-Verschwinden des gesprochenen Wortes, also ein Verzicht auf die Leichtigkeit des Vergessens". (1997, 266 f)

Abb. 11.11 Schrift schafft Fakten

11.6 Ganz neue Bedeutung von Zeit und Raum

11.6.1 Gleichzeitig abwesend und kommunizieren

Zeit und Raum wandeln sich wieder. Teilnehmer an mündlicher Kommunikation *müssen* beisammen sein, Schreiber und Leser dagegen nicht. Räumlich sind sie getrennt; damit werden die „Rollen des Schreibens und Lesens zu *unsozialen* Aktivitäten" (1997, 274). Und zeitlich entsteht eine Distanz: die zweite Selektion laut Kommunikationsdefinition – das Mitteilen, hier: Schreiben – und die dritte Selektion – das Verstehen der Mitteilung, hier: Lesen – fallen zeitlich auseinander. Die Auswirkungen sind erheblich. Vor allem die Beziehung zur Zeit wird eine völlig andere; Zeit gewinnt immer mehr an Bedeutung.

> „Die Schrift macht Informationen mehr oder weniger unabhängig von Raum und Zeit". (1993b, 364)
>
> „Ursprünglich ist Kommunikation nur mündliche Kommunikation, das heißt eine an Interaktion gebundene, notwendig synchrone Operation. Mitteilende und Verstehende müssen gleichzeitig anwesend sein. Es gibt, rein sprachlich gesehen, immer schon Möglichkeiten, über Vergangenes oder über Künftiges zu kommunizieren, aber eben nur in der Interaktion. Dies ändert sich erst durch die Erfindung von Schrift und durch die Ausbreitung des Schriftgebrauchs; denn Schrift ermöglicht eine *Desynchronisation der Kommunikation selbst*. Und eben dadurch stellt die Kommunikation sich als *Synchronisationsinstrument zur Verfügung* (und dies, obwohl nach wie vor gilt, daß alles, was faktisch geschieht, gleichzeitig geschieht).
> In das Einzelereignis der elementaren Kommunikation wird durch Schrift eine nahezu beliebige (nur durch Verlust der Mitteilungsträger bedrohte) Zeitdistanz eingebaut." (1997, 821)
>
> „Die Schrift erzeugt eine *neuartige Präsenz von Zeit*, nämlich die *Illusion der Gleichzeitigkeit des Ungleichzeitigen*. Die bloß virtuelle Zeit der Vergangenheit und der Zukunft ist in jeder Gegenwart präsent, *obwohl sie für etwas ganz anderes gleichzeitig ist als für die Gegenwart*." (1997, 265)

Abb. 11.12 Räumliche und zeitliche An-/Abwesenheit bei nonverbaler, mündlicher und schriftlicher Kommunikation

Nonverbale Kommunikation unter Anwesenden	Mündliche Kommunikation unter Anwesenden	Schriftliche Kommunikation
Räumlich und zeitlich *an*wesend müssen sein: ➤ Alter/Sender ➤ Ego/Empfänger ➤ Objekt/Thema	Räumlich und zeitlich *an*wesend müssen sein: ➤ Alter/Sender ➤ Ego/Empfänger	Räumlich und zeitlich *an*wesend müssen sein: ➤ - (Geschriebenes) ➤ Ego/Empfänger (Leser)
Räumlich und/oder zeitlich *ab*wesend können sein: –	Räumlich und/oder zeitlich *ab*wesend können sein: ➤ Objekt/Thema	Räumlich und zeitlich *ab*wesend können sein: ➤ Alter/Sender (Schreiber) ➤ Objekt/Thema

Wenn aber in der Kommunikation Mitteilen und Verstehen so auseinandergerissen sind: Wann genau findet eigentlich die Kommunikation statt? Nach Luhmann selbstverständlich erst dann, wenn die dritte Selektion, die Annahmeselektion erfolgt, also in dem Moment, in dem ein geschriebener Text als Mitteilung verstanden wird. Nur schreiben reicht nicht; gelesen muss er werden.

Man ist „genötigt, zu entscheiden, wann eigentlich die schriftliche Kommunikation stattfindet. Man könnte meinen: immer dann, wenn geschrieben und wenn gelesen wird. Aber dies kann ja nicht mehr gleichzeitig erfolgen, Kommunikation kommt tatsächlich erst mit ihrem Abschluß im Verstehen zustande. [...] In jedem Fall funktioniert **schriftliche Kommunikation nur im Rückblick auf sich selbst. Sie muß sich daher auf eine unvermeidbare Nachträglichkeit einlassen.**" (1997, 259; Hervorhebung durch M.B.)

„Für geschriebene Mitteilungen ist es nicht einmal nötig, daß der Schreiber noch lebt." (1997, 276)

11.6 Ganz neue Bedeutung von Zeit und Raum

Abb. 11.13 Schriftlich kann sogar ein Toter noch reden

11.6.2 „Selbstgemachtes soziales Gedächtnis"

Die Schriftkultur muss „das unmittelbare Mit-der-Zeit-Leben brechen". Es entsteht eine völlig neue „Zeitsemantik". Zeit bekommt zunehmende Wichtigkeit. In Gesellschaften mit Schriftkultur wird – anders als in oralen Gesellschaften – nun die Zeit registriert; sie wird durch Kalender und Uhren (bzw. deren Vorläufer) genau gemessen und in die Formen „Vergangenheit", „Gegenwart" und „Zukunft", die präzise auseinander zu halten sind, eingeteilt (1997, 265 und 271).

Die Vergangenheit gewinnt an Macht. Denn sie lässt sich nun unabhängig vom individuellen Gedächtnis bewahren. Das ist ein traditioneller Anlass für Kritik an der Schrift: „sie verderbe die Pflege des Gedächtnisses" (1997, 287). **Schrift erweitert und verändert das überindividuelle, „soziale Gedächtnis" der Gesellschaft – die Kultur. Erinnern und Vergessen sind jetzt durch bewusste Entscheidungen steuerbar.**

„Während vorschriftliche Kulturen ihr Gedächtnis an Objekten und an Inszenierungen (Quasi-Objekten) aller Art fixieren mußten und nur auf diese Weise sich von den absterbenden Gedächtnissen der Menschen unabhängig machen konnten, wird durch den Gebrauch von Schrift das Diskriminieren von Erinnern und Vergessen zur Sache von Entscheidungen. Denn **Aufschreiben ist immer auch Nichtaufschreiben von Anderem. Schrift ist selbstgemachtes Gedächtnis.**" (1997, 271, Hervorhebung durch M.B. Vergl. auch 289 f und 585 f)

„Durch Schrift wird Kommunikation aufbewahrbar, unabhängig von dem lebenden Gedächtnis von Interaktionsteilnehmern". (1984, 127)

„Schrift ist eine Art Limitierung der Vergessenschancen des Systems". (2002b, 330)

Das soziale Gedächtnis stützt sich nun auf Geschichtsschreibung („Schreibung"!). Geschichte „passiert" nicht, sie wird rückwirkend „geschrieben", durch Kommunikation hergestellt, konstruiert. Und damit unterliegt sie – wie alle Kommunikation – der Selektivität, der Möglichkeit zur Fehlentscheidung, dem Irrtum, der Fälschbarkeit und damit dem ständigen Anlass zum Verdacht.

Abb. 11.14 Durch Geschichts*schreibung* kann das soziale Gedächtnis gezielt seligieren, was zu erinnern und was zu vergessen ist

11.7 Schreiben kannst du auch „Vielleicht"

Sprache generell hat die Codierung in „Ja" und „Nein" erfunden, Schrift fügt nun das „Vielleicht", das „Könnte-Sein", die „Möglichkeit des Meinens" hinzu. Das leitet sich schon aus der neuen Zeit- und der neuen Raumorientierung ab, die Verweise auf die Zukunft und auf die Ferne anregen – bis hin zu erdachten, phantastischen Visionen. Diese „Potentialisierung" entfaltet sich später in der gedruckten Literatur, in Film und Fernsehen zu voller Blüte: in Romanen, in der Poesie, in Utopien und Fiktionen aller Art (1997, 277).

> „Die Realität wird auf der Basis ihrer Möglichkeit gesehen und teils als Notwendigkeit, teils als kontingente Realisation, teils auch als bloße Möglichkeit geführt. Zunächst begnügt man sich mit abgelehnten oder mit sehr fernliegenden (,monsterhaften') Möglichkeiten." (1997, 277)
> „Das Potential der Schrift/des Lesens erhöht offensichtlich auch eine gewisse Unsicherheit und weckt das entsprechende Bedürfnis nach Deutungen [...] Das *Problem der* Gewißheit wird zu einem *Potential für* Ungewißheit." (1993b, 360)

11.7 Schreiben kannst Du auch „Vielleicht"

Abb. 11.15 Schriftlich entstehen Möglichkeitsentwürfe, Utopien

In wissenschaftlichen Abhandlungen, philosophischen Traktaten, religiösen Deutungen und politischen Pamphleten, in Dichtung und Roman lässt sich das beschreiben, was real beobachtet wird; ferner das, **was im Gegensatz zur erlebten Wirklichkeit als Möglichkeit denkbar ist**; schließlich lassen sich die schriftlich fixierten eigenen und fremden Beobachtungen beobachten und kommentieren. All das regt außerdem an, dieses zustimmend oder ablehnend – in Anschlusskommunikation – zu debattieren. Es kommt also zu einer enormen Vergrößerung des Spielraums und Anregungspotenzials für Kommunikation, zu einer Vermehrung möglicher Themen, Darstellungsformen und Kommentierungen – zu „Beobachtungsweisen höherer Ordnung". Allerdings ist die schriftliche Fixierung nicht nur eine Ausweitung, sie ist auch eine Beschränkung. Denn sie lässt sich genau so gut zur Kontrolle nutzen: Nun fällt auf, wenn Aussagen Inkonsistenzen enthalten.

> *„Deshalb* löst die Evolution von Schrift allmählich die *Evolution von Beobachtungsweisen höherer Ordnung* aus; und speziell das Beobachten anderer Beobachter". (1997, 278)
> Schrift ist „Medium einer Debattenkultur in vielen Themenfeldern, von der Medizin und der Geometrie bis zur Poesie, zum Theater, zu Rhetorik und zur Philosophie." (1997, 281)
> Schrift ermöglicht eine „Vielheit von Perspektiven ohne Einigungszwang". (1997, 282)
> „Zu einer deutlichen Differenzierung von Beobachtung und Beschreibung (also auch Selbstbeobachtung und Selbstbeschreibung) kommt es erst durch die Erfindung der Schrift. Eine Beschreibung kann dann aber auch mündlich vollzogen werden; sie setzt jedoch Textmuster voraus, die erst auf Grund der Schrift entwickelt werden, insbesondere lange, disziplinierte, weitgehend situationsunabhängig verständliche Texte." (1984, 618)
> „Neuartige Konsistenzzwänge treten auf, da Texte wiederholt gelesen und verglichen werden können." (1997, 282)

Abb. 11.16 Geschriebenes lässt sich mehrfach lesen und so auf Konsistenz überprüfen

11.8 Kritik – schriftlich gänzlich ungeniert

Schriftlich gibt es unendlich viel mehr an Kommunikation – schon allein deswegen muss mehr abgelehnt werden. Aber auch die sonstigen Eigenschaften des Schriftlichen im Vergleich mit dem Mündlichen fördern das Risiko der Ablehnung, der Kritik, des Zweifels und aller Arten von Abgrenzung. Denn in der Interaktion unter Anwesenden lässt sich viel sozialer Druck auf den Empfänger ausüben, erstens die laufende Kommunikation nicht abzubrechen und zweitens Sinnvorschläge inhaltlich zu akzeptieren, um das Gegenüber nicht vor den Kopf zu stoßen. Sprecher oder Sprecherin kann das mit der gesamten leiblichen Präsenz – von Charme bis Charisma – und allen möglichen situativen Inszenierungen unterstützen. Schriftlich kann dieses so nicht mehr gelingen: **Der Sender/Schreiber ist weit weg; die Mitteilung emanzipiert sich und der Empfänger emanzipiert sich. Darum kann Kritik ungehinderter und Ablehnung ungenierter erfolgen**.

„Die Verbreitungsmedien Schrift und Druck schalten die für Interaktionssysteme typische Konfliktrepression aus." (1984, 513)
„Schrift ist in hohem Maße unterschiedswirksam". (1997, 268f)
„Der schriftliche Text muß mit kritischeren Einstellungen, mit der Kenntnis anderer Texte und mit Zeit für Kritik rechnen. Er muß mit Lesern rechnen, die es besser wissen." (1997, 276)
„Schrift ermöglicht sachbezogene, nahezu kränkungsfreie Kritik." (1997, 545)

11.8 Kritik – schriftlich gänzlich ungeniert

Das bedeutet: entweder fehlende Aufmerksamkeit; oder mehr Anschlusskommunikation, „Anregungen zu abstrakteren Inhalten der Kommunikation", zu „Kontroversen" und „Schulbildungen" (1997, 268 und 290). Gefördert wird so auch die Unsicherheit, der Zweifel, der Verdacht. Die Gewissheit, eine Mitteilung ‚richtig' zu verstehen, nimmt ab; ebenso das Vertrauen in die ‚Wahrheit' der Mitteilung und die Glaubwürdigkeit des Mitteilenden. Mit der Schrift stellen sich somit Skepsis, Abwehr- und Ablehnungstendenzen ein, wie sie in der oralen Gesellschaft unbekannt waren und die sich mit der weiteren Ausdifferenzierung in Buchdruck und elektronische Medien noch deutlich verstärken.

> „Vor allem steigert die Schrift die Unsicherheit in bezug auf das Verständnis des gemeinten Sinnes." (1997, 269)
> „Größere Distanz bedeutet abnehmende Nützlichkeit und zunehmende Gefährlichkeit und schließlich eine Grenze zum Unvertrauten." (1997, 251)
> *Vor* Erfindung der Schrift „ist der Rahmen der Weltkenntnis eng gezogen, so daß Übereinstimmung von der Sache her ungeprüft vermutet werden kann [...] Dieser Sachstand ändert sich allmählich, dann aber grundlegend durch die Erfindung und Verbreitung von Schrift". (1997, 254)
> „Schrift steigert, weil sie interaktionelle Kontrollen ausschaltet, das *Risiko der Selbst- und Fremdtäuschung* und das *Risiko der Ablehnung* von Kommunikationen. **Mehr Information heißt normalerweise: weniger Akzeptanz**". (1997, 290; fett durch M.B.)

Abb. 11.17 Durch Schrift nehmen Kritik, Kontroversen, Schulbildungen zu

Kapitel 12 – Buchdruck

12.1 Erneute Revolution der Kommunikation

Hunderttausende von Jahren hatte es gedauert, bis die Alphabetschrift entstand. Von da bis zur Erfindung des Buchdrucks müssen nur rund 2000 Jahre vergehen – die Evolution der Kommunikation gewinnt an Tempo. Erneut verändern sich Kommunikation und Gesellschaft fundamental. Aspekte des Wandels, die sich schon bei Sprache und bei Schrift als relevant erwiesen hatten, entwickeln neue Facetten, eine neue Tragweite und Dynamik. An eine angemessene Darstellung ist hier nicht zu denken. Nur die wichtigsten Veränderungen lassen sich anreißen (vergl. grundsätzlich den Abschnitt „Buchdruck" in „Die Gesellschaft der Gesellschaft", 291 ff).

> „Zweitausend Jahre, nachdem das Alphabet in Gebrauch gekommen war, bringt die Druckpresse eine immense Ausweitung der Verbreitung von Schrift." (1997, 291)
> Die durch „die Evolution von Schriften und die Erfindung der Druckpresse [...] bewirkten evolutionären Schübe sind Gegenstand einer umfangreichen Literatur und können hier nicht [ausführlich] behandelt werden." (1995a, 32)

Als erstes fällt wieder die quantitative Zunahme auf. Diese entsteht überall: auf Seiten der Autoren und bei den Mitteilungen und auf Seiten der Leser. Mit dem Buchdruck beginnen die „Massenmedien" – wobei „Masse" ebenfalls auf angestiegene Quantitäten verweist. Den Begriff „Massenmedien" reserviert Luhmann für den Umstand, dass sich nun ein eigenes, spezialisiertes Funktionssystem mit eigenen gesellschaftlichen Aufgaben – das System der Massenmedien – herauszubilden beginnt. Dieses wird ausführlich in den künftigen Kapiteln 14 bis 20 diskutiert.

> „Auf die immense Bedeutung der durch Schrift und Druck bewirkten Extension [wird...] hingewiesen. [...] Zunächst geht es natürlich darum, daß man mehr Adressaten über längere Zeiträume hinweg erreichen kann". (19984, 581)
> Massenmedien sind Einrichtungen, „die sich zur Verbreitung von Kommunikation technischer Mittel der Vervielfältigung bedienen. Vor allem ist an Bücher, Zeitungen, Zeitschriften zu denken, die durch die Druckpresse hergestellt werden [... und] Produkte in großer Zahl mit noch unbestimmten Adressaten erzeugen." (1996, 10)

Mit der Erfindung des Buchdrucks passiert allerdings viel mehr als eine bloß quantitative Zunahme: **Die quantitative Steigerung schlägt in einen qualita-**

tiven Wandel, in eine Revolution der gesamten gesellschaftlichen Kommunikation um.

> „Jedenfalls handelt es sich nicht nur um eine rein quantitative Vermehrung der Zahl der Bücher und Leser, die bereits im Hochmittelalter begonnen hatte, sondern um einen der Fälle, in denen man mit Fug und Recht von einem Umschlag von Quantität in Qualität sprechen kann." (1997, 291)

Abb. 12.1 Anstieg der Bücherproduktion seit 1750

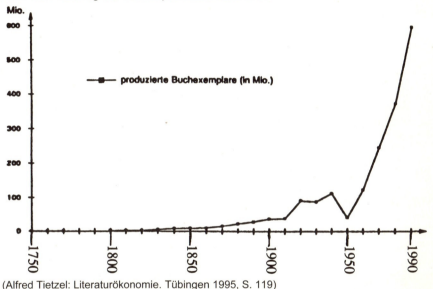

(Alfred Tietzel: Literaturökonomie. Tübingen 1995, S. 119)

12.2 Gedrucktes orientiert sich am Markt

Der revolutionäre Umbruch entsteht eigentlich nicht durch das Drucken, sondern durch das *Lesen* des Gedruckten. Buchdruck ist zwar eine Technologie auf Seiten des Senders. Sie zieht jedoch die „Zusatztechnologie des Lesens" nach sich, und das ist entscheidend. Denn Kommunikation ist ja von Empfängerseite – hier also: von Seiten des Lesers, in Luhmanns Worten: von der Selektion der Annahme, des Verstehens durch „Ego" – her aufzufassen. Weil Druckwerke erschwinglich werden, lohnt es sich nun für viele, lesen zu lernen. Folgen sind: eine umfassende Alphabetisierung und eine Orientierung am Geschmack von vielen. Auch die Autoren orientieren sich an den Lesern. Auf diese Weise treten – was bisher noch nie der Fall war – Kriterien der Nachfrage nach Kommunikationsangeboten, Kriterien des Marktes und der Ökonomie in den Kommunikationsprozess ein. **Nicht etwa: Gelesen wird, was gedruckt wird. Sondern: Gedruckt wird, was gelesen zu werden verspricht. Genauer: Gedruckt wird, was sich verkaufen lässt.**

„Zunächst erinnern wir noch einmal daran, daß wir Kommunikation nicht vom Mitteilungshandeln, sondern vom Verstehen her begreifen. Entsprechend setzt Schrift, soll sie nicht nur zur Aufzeichnung, sondern zur Kommunikation verwendet werden, Leser voraus. Das macht es einsichtig, daß die immense Vermehrung dessen, was man dann lesendes Publikum nennen wird, eine Revolutionierung der gesellschaftlichen Kommunikation mit sich bringen konnte." (1997, 291 f)

„Über den geringen Preis entsteht ein Markt, der seinerseits einen Bedarf schafft; denn angesichts zugänglicher Texte lohnt es sich erst, lesen zu lernen bzw. das Können durch Übung zu erhalten. Die Technologie der Druckpresse erzeugt die Zusatztechnologie des Lesens". (1997, 293)

„Der Buchdruck ermöglicht ein Volumen der Reproduktion, das seinerseits eine marktmäßige Verteilung ermöglicht, also die Herstellung der Texte an der Nachfrage orientiert und sie damit vom Eigeninteresse des Schreibers oder seines Auftraggebers abkoppelt." (1993, 292)

Abb. 12.2 Was gedruckt wird, richtet sich nach dem Markt, der Nachfrage

12.3 Distanz zum Autor – Distanz zur Autorität

Bei Luhmann ist Kommunikation *immer* von der Annahme- und Verstehensseite – von „Ego", traditionell: dem Empfänger – her definiert. In den vorigen Kapiteln wurde gezeigt, dass dieses Prinzip im Lauf der Kommunikationsevoluti-

12.3 Distanz zum Autor – Distanz zur Autorität

on an Schärfe gewinnt; Ego versteht zunehmend deutlicher, dass er lediglich eine Mitteilung, also eine seligierte Information in Differenz zu vielen möglichen anderen Informationen erhält. Durch den Buchdruck spitzt sich dieses weiter zu, weil die Distanz zwischen Sender und Empfänger noch größer wird.

Zwar sind auch schon bei handschriftlichen Aufzeichnungen Sender und Empfänger räumlich und zeitlich getrennt (vergl. oben in Kap. 11 die Abb. 11.12: Räumliche und zeitliche An-/Abwesenheit bei schriftlicher Kommunikation). Aber immerhin reicht dort noch die ‚Hand' des Mitteilenden in seiner persönlichen ‚Hand'schrift hinüber bis zum Empfänger und vermittelt einen Rest von konkreter Anwesenheit. Beim Druck ist das nicht mehr der Fall. Die Technik schiebt sich als Schirm zwischen Sender und Empfänger. Der Autor steht definitiv außerhalb des entscheidenden kommunikativen Aktes. Und er erfährt auch nicht mehr, wen seine Mitteilung erreicht und was sie bewirkt. Die Beziehung zwischen Autor und Leser ist anonymisiert. (Dieser Umstand bringt dann, wenn sich die Massenmedien als eigenes Funktionssystem etablieren, die Publikumsforschung – Leser-, Hörer-, Zuschauer-, Rezeptions- und Wirkungsforschung – hervor.)

„Buchdruck, das heißt: [...] Anonymisierung des lesenden Publikums". (1995a, 296)
Mit den Verbreitungsmedien „wird auch ungewiß und schließlich unerklärbar, ob mitgeteilte Informationen als Prämissen für weiteres Verhalten angenommen oder abgelehnt werden. Es sind zu viele, unübersehbar viele beteiligt, und man kann nicht mehr feststellen, ob und wozu eine Kommunikation motiviert hatte." (1997, 203)

Eine gewandelte Beziehung zwischen ‚Autor' und Publikum; dadurch wandelt sich das gesamte ‚Autoritäts'gefüge der Gesellschaft. ‚Autoren' sind nicht länger ‚Autorität' kraft zentraler Befugnis von Oben oder von Amts wegen, sondern durch Akzeptanz und Wirkung in der Öffentlichkeit. Staatliche und kirchliche ‚Autoritäten' mögen ursprünglich gewollt haben, dass alle Leute lesen lernen, ausschließlich, damit sie fromm die Bibel lesen. Aber dann lässt sich auch unfromme Lektüre kaum verhindern. Druckletttern der Bibel lassen sich genau so gut für Pamphlete *gegen* Kirche und Obrigkeit gebrauchen; und Lesekompetenzen ebenfalls. So werden die überkommenen Autoritäten auf breiter Front in Frage stellbar, die traditionellen Kanäle politischen und religiösen Einflusses „unterlaufen", hergebrachte Hierarchien abgeflacht. **Es entstehen kritische Öffentlichkeiten, plurale Werte, Individualismus.** Die zentralen Autoritäten versuchen, durch Zensur die Kontrolle zu behalten.

„Das Problem ist nur, daß die Leser, wenn sie die Bibel lesen können, auch andere Texte lesen können." (1997, 292, vergl. auch 297)
„Seit der Erfindung des Buchdrucks gab es Politik nicht mehr nur in der Form des Dienstes am Hof, sondern auch in der Form der Publikation von Meinungen für un-

bestimmte Adressaten, die öffentlich (und das heißt nach damaligem Verständnis: politisch) zu wirken bestimmt waren." (1995a, 431)

In der Evolution der Verbreitungsmedien zeigt sich ein „Trend von hierarchischer zu heterarchischer Ordnung". (1997, 312).

Abb. 12.3   Druckwerke bedrohen Autoritäten – daher zensieren Autoritäten Druckwerke

Beschluß des Regierungs-Kommissärs, wodurch die Einführung und Austheilung der fremden Journale verboten wird.

Mainz, den 12ten Germinal, 6ten Jahrs der einen und untheilbaren Franken-Republik.

Der Regierungs-Kommissär in den neu errichteten Departementen auf dem linken Rheinufer;

Nach Einsicht verschiedener öffentlicher Blätter, welche bekannt sind unter dem Namen:

Frankfurter französisches Journal.

Politisches Gespräch zwischen Lebendigen und Todten: Aus dem Reiche der Todten:

Frankfurter kaiserl. Reichs-Ober-Postamts-Zeitung.
Frankfurter Staats-Ristretto: und Eudemonia.

In Erwägung, daß es für die Ruhe der auf dem linken Rheinufer gelegenen Länder wichtig ist, in denselben keine von jenen gefährlichen Zeitungen im Umlaufe zu lassen, in denen der Geist der Zwietracht seinen Gift ausspeiet: wo derselbe bald durch leere Schreckensbilder die schwachen und furchtsamen Gemüther beunruhigt, bald durch gallsüchtige Abhandlungen diejenigen muthlos zu machen sucht,

(Aus: 1770 – 1850. Weltgeschichte am Rhein erlebt. Hg. von Adolf Klein und Justus Bockemühl. Köln 1973, S. 262)

12.4 Wissen systematisiert, Sprachen standardisiert

Innerhalb der Kommunikation kann man feststellen, dass nicht mehr allein das ‚Was', sondern vermehrt auch das ‚Wie' in den Blick gerät. So wird geregelt, ‚wie' für den Druck geschrieben werden muss, nämlich landesweit einheitlich und standardisiert (vergl. 1997, 295; 1995a, 322). Da Autoren als Personen zurücktreten und die Reichweite ihrer Texte vergrößert werden soll, müssen ihre zufälligen Eigenarten, orthografischen Besonderheiten und mundartlichen Einfärbungen ebenfalls zurücktreten. Es entstehen landesweit standardisierte Nationalsprachen, die festgelegen, was sprachlich ‚richtig' ist. Und alle müssen sich danach ‚richten'.

> Ein „Effekt des Buchdrucks ist die Standardisierung großräumig verwendbarer Nationalsprachen." (1997, 298)
> „Jetzt erst entstehen auch Regeln (und der Sinn für Regeln) des ‚korrekten' Sprachgebrauchs bis hin zu den Lächerlichkeiten einer vollständigen Dudenisierung der Schriftsprache, über deren Änderungen dann nur noch Experten und Autoritäten entscheiden können." (1997, 298, vergl. auch 295)

Abb. 12.4 Sprache wird von Experten standardisiert, „dudenisiert"

Eingeführt werden ebenfalls Ordnungsprinzipien im Umgang mit Geschriebenem. Die bisherigen „Textmengen des handschriftlich vorliegenden Literaturgutes" werden gesichtet, verglichen, kontrolliert, systematisiert, kategorisiert, bereinigt, aufgefüllt, archiviert.

> „Im übrigen sieht man erst jetzt, wie verworren, widerspruchsvoll und nahezu unlernbar die Bestände sind, und es entsteht ein dringender Bedarf nach Überblick und Vereinfachung, nach neuen Methoden, nach Systematisierung, nach Aussortieren des Überholten und Unbrauchbaren. Das führt zu neuen Ansprüchen an die geistige Beherrschung des Stoffes, aber zunächst auch zur Pedanterie." (1997, 296)

Abb. 12.5 Wissen wird kategorisiert und archiviert

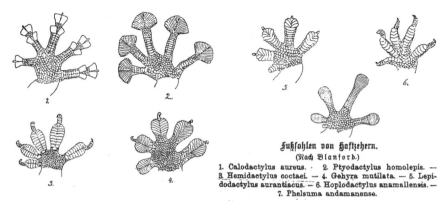

(Hausschatz des Wissens. Band VI, 8-9: Das Tierreich. Neudamm, o.J., S. 111)

12.5 Zeit wertvoll, Denken linear

Ein Ordnungsprinzip wird die Zeit. Vorhandene Wissensbestände lassen sich nach zeitlichen Kriterien sortieren, kategorisieren, systematisieren: nach Vorher/Nachher sowie nach messbaren Zeitabschnitten. Die Zeit gewinnt überhaupt nochmals stärker an Wert. Mit dem Buchdruck verbreitet sich das der Schrift innewohnende, der Vorstellung des Zeitablaufs folgende lineare und kausale Prinzip. **Die Linearität, die Kausalität, die Ordnung des Denkens werden eingeübt und anerzogen.**

> „Mehr als bei einer auf Handschriften und mündlicher Tradierung beruhenden Kultur macht der Buchdruck Inkonsistenzen in der Tradition sichtbar und führt damit indirekt zur Einrichtung der semantischen Bereinigung von Widersprüchen. Dazu verhilft zum Beispiel die Linearisierung einer durchdatierten Zeit, die es ermöglicht, Verschiedenes durch zeitliche Placierung zu trennen und damit ‚geschichtlich' kompatibel zu machen." (1997, 298)
>
> „Man muß Zeit als *meßbare* Distanz, als *datierte* Linie denken, als temporalisierte Komplexität, auf der viel Verschiedenes eingetragen werden kann, sofern es nur nacheinander vorkommt." (1997, 1014)
>
> „Die Zeit […] **wird eine Art Abstraktion des Zwanges zur Ordnung schlechthin.**" (1980, 257; Hervorhebung durch M.B.)

Abb. 12.6 Der Buchdruck fördert lineares Denken und kausales Begründen

> Der Deduktion der reinen Verstandesbegriffe
> Zweiter Abschnitt
> **[Nach der Ausgabe A]**
> *Von den Gründen a priori zur Möglichkeit der Erfahrung*
>
> *Wenn es also reine Begriffe a priori gibt, so können diese zwar freilich nichts Empirisches enthalten: sie müssen aber gleichwohl lauter Bedingungen a priori zu einer möglichen Erfahrung sein, als worauf allein ihre objektive Realität beruhen kann.*
>
> *Will man daher wissen, wie reine Verstandesbegriffe möglich seien, so muß man untersuchen, welches die Be | dingungen a priori seien, worauf die Möglichkeit der Erfahrung ankommt, und die ihr zum Grunde liegen, wenn man gleich von allem Empirischen der Erscheinungen abstrahiert. Ein Begriff, der diese formale und objektive Bedingung der Erfahrung all-*

(Immanuel Kant: Kritik der reinen Vernunft. Ausgabe A von 1871, Hamburg 1956, S.137 f)

Es steigt das Bewusstsein, dass Wissen nicht nur zu ordnen, sondern auch vor dem zeitlichen Verfall zu sichern ist. Schon vor dem Buchdruck hatte man durch (hand)schriftliche Aufzeichnungen ein „soziales Gedächtnis" unabhängig vom individuellen, sterblichen Gedächtnis kreiert. Nun potenzieren sich diese Möglichkeiten: Gedruckt kann ein „soziales Gedächtnis" viel umfangreicher, systematischer und öffentlich zugänglich sein, was die Verpflichtung erhöht, mehr zu wissen, mehr Bildung anzuhäufen.

> „Es braucht gut zweihundert Jahre seit der Erfindung der Druckpresse, bis die Funktion des Buchdruckes als einer technischen Infrastruktur für die Erhaltung und Fortschreibung eines Gedächtnisses der Gesellschaft sichtbar wird – abgelöst von dem, was Individuen mehr oder weniger zufällig erinnern und was dann mit ihnen stirbt. Zum Bereithalten dieses Gedächtnisses werden allgemein zugängliche, ‚öffentliche' Bibliotheken eingerichtet. Die damit verbundene Stabilitätsgarantie ist, unabhängig von dem Generationswechsel der Individuen, erneuerungsfähig und offen für eine durch sie nicht festgelegte Zukunft." (1997, 299 f)

12.6 Lob des Neuen

Das gesamte Zeitschema ändert sich. Heute scheint es uns natürlich, sich die Zeit als Bewegung oder Linie vorzustellen, die aus der Vergangenheit kommt und in die Zukunft führt. Zeit ‚ist' aber nicht so; sie ‚ist' auch nicht anders; sondern sie wird von einer Gesellschaft auf eine bestimmte Weise beobachtet, unterschieden (vergl. dazu das Kapitel „Zeit" in 2002b, 195 ff). In Gesellschaften vor dem Buchdruck wurde Zeit eher als Kreislauf erfahren: Kreislauf von Morgen, Abend, Nacht; von Jahreszeiten; von Leben zwischen Geburt und Tod. Dabei konnte die Gegenwart Raum einnehmen und Dauer entfalten; auf punktgenaue Messung kam es nicht an. Das wird nun allmählich völlig anders. „Die Zeit selbst nimmt viel stärker als zuvor Züge der Irreversibilität an" (1980, 264). Man kann zeigen, wie sich die Zeitstruktur verändert und was das bedeutet:

(1) Die Gegenwart verliert an Bedeutung, sie schrumpft gleichsam. Sie wird reduziert auf einen bloßen Umschlagpunkt zwischen Vergangenheit und Zukunft; hat keinen eigenen Raum, keine Dauer, keine Stabilität mehr. Zeit ohne Dauer im Jetzt bedeutet: Man hat buchstäblich ‚keine Zeit' mehr – charakteristisch für die moderne Gesellschaft. Mit der Erfindung des Buchdrucks wird die gesamte Gesellschaft unruhiger, unsicherer, unsteter, eiliger – was sich künftig mit der weiteren Entfaltung der modernen Massenmedien noch weiter verstärkt.

„Die Zeitmessung punktualisiert (oder digitalisiert) jenes Zwischen, das im Vorher/Nachher-Schema die Gleichzeitigkeit zu vertreten hat." (1990, 111 f)
„Im 16., spätestens im 17. Jahrhundert scheint damit eine punktualisierende Auffassung der Gegenwart Oberhand zu gewinnen. Der Gedanke einer radikalen Reduktion auf momenthafte Gegenwart [...] *entwurzelt* das, was existentiell gilt". (1980, 264 f)

Abb. 12.7 Die Gegenwart schrumpft zu einem bloßen Umschlagpunkt ohne Dauer zwischen gestern und morgen – so dass man „jetzt" keine Zeit hat

(Aus: Kalender Simplify your life, 20.3.2004)

12.6 Lob des Neuen

(2) Sowohl Vergangenheit als auch Zukunft gewinnen an Bedeutung. Das eine bedingt das andere! Ausgelöst wird der Prozess zwar dadurch, dass sich durch die Druckpresse die Vergangenheit fixieren lässt. Das bringt jedoch zwangsläufig auch eine Orientierung auf Zukunft hin mit sich. Das eine ist der unvermeidliche „Gegenhorizont" des anderen. Der Zwilling der Archivierung ist die Suche nach Neuheit. Das heißt, **neben die Vergangenheits- und Geschichtsorientierung tritt eine Zukunftsorientierung, welche die „Neuheit" als Wert entdeckt.** Immer wieder neu soll die gedruckte Unterhaltung, aber ebenfalls das gedruckte Wissen sein. Zunehmend gilt „neu" als wertvoll – und im Gefolge auch „schnell".

„Ein neues Verständnis für Neuheit wird freigesetzt durch eine heimliche Revolutionierung des Zeitverständnisses." (1995a, 323)
„Neu ist etwas im Vergleich mit der Vergangenheit". (1989, 14)
„Die Mode der Bewunderung von Neuem und Originellem seit dem 16. Jahrhundert ist möglicherweise das Ergebnis der Druckpresse." (1989, 14)
„Der Buchdruck erzwingt eine Präferenz für Neues". (1997, 996)
„Da Bücher über den Markt verbreitet werden, wird die Behauptung, sie enthielten etwas Neues, zu einem wichtigen Verkaufsargument – zunächst wohl vor allem bei kleinen, billigen Texten wie Pamphleten, Balladen, Kriminalgeschichten aus Anlaß von Hinrichtungen. Der Käufer möchte offenbar nicht etwas geliefert bekommen, was er schon kennt. Und das gilt nicht nur für wissenschaftliche und technische Innovationen, sondern gerade auch für fiktionale Literatur auf Unterhaltungsniveau, die man nicht kauft, wenn man dasselbe schon einmal gelesen hat. Der Buchmarkt selbst prämiert behauptete Neuheiten unabhängig davon, ob sich in den Künsten und Wissenschaften eine Positivwertung des Originalen und Neuen durchsetzt." (1997, 294 f)

Abb. 12.8 Neuheit wird zum Auswahlkriterium und Tempo zum Prinzip der Gesellschaft

Es ist also nicht der Gegenstandsbereich, *über* den berichtet wird, sondern der Buchdruck selbst als Medium, der die Zeitsemantik ändert und „Neuheit" sowie „Schnelligkeit" als Selektionsprinzipien schafft. Für die Gesellschaft münden diese Veränderungen der Kommunikationsweise in einem verstärkten Bewusstsein von Veränderbarkeit generell und Unruhe. Die modernen Massenmedien werden dieses noch weiter anreizen und damit die „Temporalisierungen" der modernen Gesellschaft beschleunigen (1997, 997; vergl. auch 1984, 255 f sowie unten Kap. 14.7 und Kap. 18.3 - 18.4).

> „Es geht nicht nur darum, daß das Veränderliche auf Kosten des Unveränderlichen zunimmt. Vielmehr wird allmählich die Gesamtstruktur von ‚Veränderlichkeit-in-einer-permanenten-Ordnung' verdrängt durch ein Denken, das die varietas zur Ordnungsbedingung aufwertet". (1980, 267)
> „Die Stimmungslage des Zeitbewußtseins [...] verstärkt zunächst das Verfallsbewußtsein [... – das Bewußtsein, daß] *nichts* in der Welt der Veränderbarkeit entzogen ist." (1980, 263)

12.7 Liebe ist – wie im Roman

Neben der Zeitsemantik ändern sich mit dem Buchdruck noch andere Semantiken, so die der Intimbeziehungen, der Liebe (vergl. dazu grundsätzlich „Liebe als Passion", 1982). Auch in dieser Hinsicht werden Hierarchien abgeflacht: Was früher als Privileg von „höheren Gesellschaftsschichten" galt, wird im Zeitalter des jungen Werther zum Recht eines jeden Menschen, eines jeden „Individuums", eines jeden „Subjekts". Das neue Verständnis von romantischer Liebe ist hochindividualisiert und subjektbezogen. Was möglich ist und wie das Ideal aussieht, wird in Romanen vorgeführt.

> „Das Verständnis von Freundschaft wird privatisiert, die Vorstellungen über Liebe werden psychologisch in Richtung auf soziale Reflexivität ausgebaut und aus der Maximen-Literatur in den Roman überführt." (1984, 321)
> Man hatte „Intimität zunächst nur in höheren Gesellschaftsschichten für möglich gehalten und zum Beispiel auf gepflegte Formen der Geselligkeit, Festlichkeiten usw. als situativen Kontext für die Anbahnung von Intimbeziehungen Wert gelegt. Der junge Werther beobachtet bereits in einem breiteren Rahmen von Alltagsaktivitäten, und die Semantik der romantischen Liebe zieht nach und nach die gesamte Natur als Widerhall des eigenen Gefühls in Betracht." (1984, 308)
> „Mehr als im Bereich irgendeines anderes Kommunikationsmediums wird in der Liebessemantik die Codierung schon früh reflektiert, und zwar **als direkte Folge des Buchdrucks**." (1982, 37, Hervorhebung durch M.B.)

12.8 Gedrucktes für Beobachtung und Selbstbeobachtung der Gesellschaft

„**Man hat Romane gelesen und weiß, was Liebe ist**." (1997, 483; Hervorhebung durch M.B.)
„Vermutlich denken die meisten (und besonders die Amerikaner) bei ‚romantisch' an die Verhaltensmodelle, die der Roman vorführt." (1997, 346, Anmerkung 276)

Abb. 12.9 Man hat Romane gelesen und weiß, was Liebe ist

12.8 Gedrucktes für Beobachtung und Selbstbeobachtung der Gesellschaft

Ein Charakteristikum der modernen Gesellschaft besteht laut Luhmann darin, dass sie „beobachtet". Beobachten heißt: Ereignisse, Situationen, Operationen, Objekte, Systeme nach bestimmten Unterscheidungen – beispielsweise nach neu/nicht neu, gut/böse, gesund/ungesund oder anderen griffigen Schemata – zu beschreiben. Dabei handelt es sich in der Regel nicht um unmittelbare Direkt-Beobachtung der ‚Welt', ihrer Sachverhalten und Objekte – das wäre „Beobachtung erster Ordnung –, sondern vorzugsweise darum, zu schauen und zu kennen, was andere beobachtet, untersucht, unterschieden, beschrieben haben; es handelt sich also um die Beobachtung von Beobachtern oder „Beobachtung zweiter Ordnung".

> Es gibt Gründe anzunehmen, „dass in der modernen Gesellschaft die Beobachtung der Beobachter, das Verlagern von Realitätsbewusstsein auf die Beschreibung von Beschreibungen, auf das Wahrnehmen dessen, was andere sagen oder was andere nicht sagen, die avancierte Art, Welt wahrzunehmen, geworden ist, und zwar in allen wichtigen Funktionsbereichen, in der Wissenschaft ebenso wie in der Ökonomie, in der Kunst ebenso wie in der Politik." (2002b, 140 f)

Abb. 12.10 Die moderne Gesellschaft gewinnt ihr Bild von der Realität durch beobachten von Beobachtern (Beobachtung zweiter Ordnung) – z.B. beobachten, was die Presse schreibt

Die Drucktechnik ermöglicht und provoziert diese Art von Beobachtung, die moderne Gesellschaft erfordert sie. Denn Druckwerke erlauben es, an der gesellschaftlichen Kommunikation teilzuhaben, ohne in einer Face-to-Face-Situation interagieren zu müssen. Ein Leser muss nicht handeln; er kann sich ganz darauf konzentrieren, das zu beobachten und zu bewerten, worüber er in seiner Lektüre liest. So führt der Buchdruck
(1) zu einer Trennung von Handeln (in der Interaktion) und Beobachten (im Lesen):

> „Schriftliche bzw. gedruckte Kommunikation erzwingt geradezu eine Trennung von Handeln und Beobachten, da man während des Lesens kaum handeln und auch an den gerade ablaufenden Handlungen anderer kaum teilnehmen kann. Statt dessen ist man zur Evaluierung der gelesenen Kommunikation und in diesem engeren Sinne zur Beobachtung freigestellt." (1984, 409)

(2) zu einer Trennung von Interaktion und Gesellschaft. In einem Interaktionssystem wird kommuniziert *und* beobachtet. Die Beobachtung kann allerdings nur ungenau sein, weil alle Anwesenden ja in die Situation verstrickt sind; darum können sie nur offensichtliche, „manifeste" Strukturen erkennen. „Latente" Strukturen zu erkennen ist einem Beobachter vorbehalten, der nicht in die soziale Situation involviert ist.

> Bei der Interaktion unter Anwesenden gilt: „Jeder fungiert – wenn nicht zugleich, so doch im raschen Wechsel – als Handelnder und als Beobachter und gibt beide Positionen in den Kommunikationsprozeß ein. In Interaktionssystemen können diese

12.8 Gedrucktes für Beobachtung und Selbstbeobachtung der Gesellschaft

> beiden Positionen kaum auseinandergehalten werden. Nach der Erfindung von Schrift und Druck kann die Gesellschaft sie jedoch sehr wohl auseinanderziehen. Das ermöglicht den Einsatz von Differenzschemata, die sich nur für Beobachtung eignen. In diesem Sinne ist das Schema manifest/latent ein Beobachtungsschema, und das gleiche gilt für den funktionsorientierten Vergleich. Der Buchdruck ist dann auch die Voraussetzung dafür, daß die Gesellschaft Möglichkeiten der Kommunikation über Inkommunikabilitäten und über latente Strukturen und Funktionen findet. Mit beiden Formen von Differenzorientierung betreibt sie nun Aufklärung über sich selbst." (1984, 468)

Der Buchdruck ermöglicht also – indem er eine separierte Beobachtung schafft – die „Kommunikation über Inkommunikabilitäten". Das lässt sich folgendermaßen verstehen: Interaktionssysteme können direkt kommunizieren. Aber das Gesellschaftssystem kann nicht mit sich selbst kommunizieren. Denn wo wäre der Sender, wo der Empfänger? Trotzdem wird die Einheit der Gesellschaft durch Kommunikation vollzogen. Dafür treten Hilfskonstruktionen in Form von „Selbstbeobachtungen" und „'Selbstbeschreibungen' des Gesellschaftssystems" ein: Beobachtungen und Beschreibungen von unzähligen Ereignissen, Situationen und Kommunikationen in der Gesellschaft; „Texte, mit denen das System sich selbst bezeichnet" und die gedruckt verbreitet, wiederum „beobachtet", das heißt gelesen und diskutiert werden – die also Material für Beobachtung zweiter Ordnung darstellen (1997, 867 und 880).

> „Die Gesellschaft hat keine Adresse. Sie ist auch keine Organisation, mit der man kommunizieren könnte [...] Die kommunikative Unerreichbarkeit der Gesellschaft [...] steht empirisch eindeutig fest". (1997, 866)
> Beobachtungen und Selbstbeschreibungen „ermöglichen, in der Gesellschaft zwar nicht *mit* der Gesellschaft, aber *über* die Gesellschaft zu kommunizieren." (1997, 867)

Abb. 12.11 Man kann nicht *mit* der Gesellschaft, aber *über* die Gesellschaft kommunizieren – in Druckwerken

Auf dem Weg über gedruckte Selbstbeschreibungen wird dann doch die eigentlich unmögliche Kommunikation mit Gesellschaft, die eigentlich unmögliche „Kommunikation über Inkommunikabilitäten" möglich. Dieses provoziert Anschlussbeobachtungen und Anschlusskommunikation. Es ist demnach eine Leistung der Drucktechnik, dass zunehmend Beobachtungen von Außen, mit Abstand, „Beobachtungen zweiter Ordnung" eröffnet werden. In den früheren Stadien der Kommunikationsevolution hatte die *Sprache* die Verneinung und die Täuschung geschaffen; die *Schrift* fügte die Utopie und die ungenierte Kritik hinzu. Der *Buchdruck* nun erweitert die Palette durch gesteigerte Beobachtung erster und zweiter Ordnung und „Kommunikation über Unkommunikabilitäten". Die Beobachter-Haltung wird immer mehr zu einer charakteristischen Haltung der modernen Gesellschaft; später in den elektronischen Massenmedien wird sie sich zu voller Blüte entfalten.

„Gesellschaftliche Selbstbeobachtungen und Selbstbeschreibungen, da sie ja nur als Kommunikation überhaupt vorkommen können, [setzen] sich ihrerseits der Beobachtung und Beschreibung aus". (1997, 876)

Abb. 12.12   Die Beobachter-Haltung wird zu charakteristischen Haltung der modernen Gesellschaft mit modernen Massenmedien

(Karikatur von Nik Ebert in: Rheinische Post, 29. 9. 2001)

Kapitel 13 – Elektronische Medien

13.1 Wieder alles anders durch Film, Fernsehen und Computer

Die Elektrizität bringt erneut neue Kommunikationsmöglichkeiten hervor. Dazu gehören:
(1) *„Telekommunikation* – vom Telefon bis zum Telefax und zum elektronischen Postverkehr",
(2) *„Kino und Fernsehen"* für die „Kommunikation beweglicher Bilder",
(3) *„Computer"* als „die Erfindung und Entwicklung elektronischer Maschinen der Informationsverarbeitung" (1997, 302 f und 305).
Mit (2) und (3) befasst sich Luhmann intensiver, und darauf konzentrieren wir uns hier.

Ähnlich wie bei der Entstehung von Schrift und Druck verdrängt die Elektronik nicht frühere Kommunikationsformen, sondern „eröffnet [...] *zusätzliche* Anwendungsmöglichkeiten". Wieder kommt es zu einer quantitativen Steigerung, Vermehrung und Erweiterung, einer „Explosion von Kommunikationsmöglichkeiten". Wieder gehen damit auch qualitative Veränderungen einher (1997, 302 f).

Dazu gehört die neue Bedeutung der Technik. Revolutionär neu am Buchdruck war das Eindringen der Ökonomie – des Gesetzes des Marktes – in die gesellschaftliche Kommunikation. Revolutionär neu bei den elektronischen Medien ist das Eindringen der Technologie – des Gesetzes „technisch präparierter Physik" – in die gesellschaftliche Kommunikation. *Vor* den elektronischen Medien beruhte Kommunikation mehr oder weniger auf den Organismen von Menschen, hatte also eine natürliche Basis. Die wird nun verlassen. **Die kommunizierten Informationen einerseits und die technischen Maschinen und Netze für den Informationsfluss andererseits stehen in keiner inhaltlichen Beziehung mehr. Das Netz „verhält sich völlig neutral zur Kommunikation".** Die Natur wird verlassen, dafür kann die Technik zur „zweiten Natur" werden – mit allen Risiken der Störanfälligkeit, Unverständlichkeit und Unkalkulierbarkeit der Folgen (1997, 302).

„Die modernen elektronischen Kommunikationstechnologien beruhen auf einer klaren **Trennung der technischen Netzwerke von der Information** und damit von der kulturellen Semantik, die mit ihrer Hilfe kommuniziert wird." (1997, 522; Hervorhebung durch M.B.)

„Die kausalen Beziehungen zwischen technisch präparierter Physik und kommunizierter Information werden von allen Überlappungen freigestellt und in die Form einer strukturellen Kopplung gebracht. Das bedeutet einerseits, daß das Kommunikationssystem Gesellschaft mehr und mehr abhängig wird von technologisch bedingten strukturellen Kopplungen und Gegebenheiten seiner Umwelt. Damit nimmt die Störanfälligkeit zu und mit ihr der technische und wirtschaftliche Aufwand zu Absicherung gegen Störungen." (1997, 302)

„**Technik wird wieder zur Natur, zur zweiten Natur**, weil kaum jemand versteht, wie sie funktioniert, und weil man dies in der Alltagskommunikation auch nicht mehr voraussetzen kann." (1997, 522 f; Hervorhebung durch M.B.)

Abb. 13.1 Technologie dringt in Kommunikation ein

13.2 Film und Fernsehen schaffen eine „Alibi-Realität" – glaubwürdig

Durch elektronische Medien kann sich also die Informationsverarbeitung von den Menschen – oder nach Luhmann: von den Bewusstseinssystemen und den sozialen Systemen – *entfernen*. Auf der anderen Seite aber erlauben die nämlichen Medien eine erneute *Annäherung* an ursprüngliche Kommunikationsbedingungen. Denn mit Kino und Fernsehen werden bewegliche Bilder mit Ton geliefert, was in hohem Grad den Eindruck von Realitätsnähe vermittelt. **Bewegliche Bilder liefern eine „Realitätsgarantie", eine „Alibi-Realität"**. Das lässt sich aus verschiedenen Blickwinkeln belegen:

13.2 Film und Fernsehen schaffen eine „Alibi-Realität" – glaubwürdig

Bilder zeichnen sich durch Ähnlichkeit mit der realen Realität aus, während Schrift und Druck eine größtmögliche Differenz dazu aufweisen. Der Realität kann man nicht widersprechen, und auch die Bilder lassen keinen Widerspruch zu; nur sprachlich kann man wider"sprechen". Denn die Sprache hat eine Ja/Nein-Codierung, das Bild nicht (vergl. oben Kap. 10.7). **Bilder wirken ohne Nein und Aber glaubhaft.**

> Es ist so, dass durch Kino und Fernsehen „die gesamte vorkommende Realität als Cliché multipliziert und für Sekundärerfahrung mit Garantie der Originaltreue reproduziert werden kann. Optische und akustische Wiedergabe, die durch die Schrift so markant getrennt waren, verschmelzen. Die Realitätsgarantie, die die Sprache aufgeben mußte, weil allem, was gesagt wird, widersprochen werden kann, verlagert sich damit auf die beweglichen, optisch/akustisch synchronisierten Bilder. [...] Das Bild zeigt ganz offensichtlich eine Alibi-Realität." (1997, 305 f)

Abb. 13.2 Bilder anders als Sprache: Ähnlichkeit mit der realen Realität und ohne Nein-Fassung

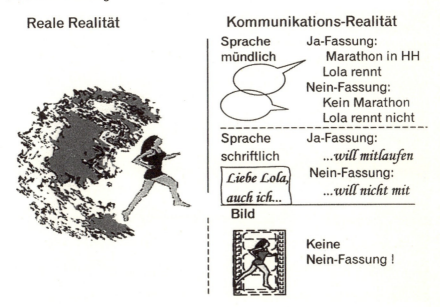

Abgefilmte Realität ist „realzeitabhängig". Bei Sprache, Schrift und Druck ist das ganz anders: Wenn diese die Realität beschreiben, lösen sie sich von der Realzeit und schaffen eine eigene Zeit (vergl. Kap. 10.6, Abb. 10.11: Dauer zwischen Vollmond und Neumond). Man kann etwas sagen, *bevor* es geschieht und *nachdem* es geschehen ist. Wenn dagegen Film und Fernsehen die Realität filmen, geht das nur, *während* diese geschieht; der Filmvorgang währt exakt so lange wie das Originalgeschehen, und den Film anzuschauen ebenfalls. Das vermittelt den Eindruck von Deckungsgleichheit zwischen realer Realität und gefilmter Realität und somit von Fälschungssicherheit. Zwar können Montage- und Bearbeitungstechniken auch die Filmzeit manipulieren. Aber es entsteht doch eine konkrete, direkte, gleichsam natürliche Beziehung zur realen Vorlage – vergleichbar der Beziehung zur konkreten umgebenden Situation in einer oralen Kultur. Luhmann nennt das einen „'Rückfall' in ein quasi-orales Zeitverhältnis" (1997, 306). **Film und Fernsehen simulieren eine quasi-orale Ursprünglichkeit und wirken daher glaubhaft.**

> „Die Realität wird rein zeitlich gesichert durch das Erfordernis realzeitlicher Gleichzeitigkeit von Filmaufnahme und Geschehen [...] Man kann nichts filmen, bevor es geschieht oder nachdem es geschehen ist." (1997, 152)
> „Ein Film kann nur aufgenommen werden, wenn das, was gefilmt wird, tatsächlich geschieht – weder vorher, noch nachher. [...] Als **Folge jener Realzeitabhängigkeit bleibt aber ein gewisser Glaubwürdigkeitsbonus** zurück; denn man hat weder beim Aufnehmen noch beim Sehen des Films die Zeit für komplexe Manipulierungen oder ihre Kontrolle." (1997, 306; Hervorhebung durch M.B.)
> Es bleibt „bei einer eigentümlichen Evidenz, die auf die realzeitliche Gleichzeitigkeit des Filmens (nicht natürlich: des Sendens und des Empfangens) zurückzuführen ist und sich darin von der schriftlichen Fixierung von Texten unterscheidet. Für die Manipulation des gesamten basalen Materials hat das Fernsehen buchstäblich ‚keine Zeit'." (1996, 79)

Abb. 13.3 Filmen kann man nur das, *was* und *während* es geschieht

13.3 Wo bleibt denn hier die Kommunikation?

Ein Film oder Fernsehstück ist eine Mitteilung, also eine *seligierte* Information. Das Wissen um den Selektionscharakter macht Kommunikation aus; hierin unterscheidet sich Kommunikation von Wahrnehmung, die mitgeteilte Information von der direkt wahrgenommenen Information. Kommunikation ist Differenz zwischen Information und Mitteilung (vergl. oben Kap. 6, speziell 6.2.3). Aus dem Verstehen, dass jeder Mitteilung eine *Selektion* zugrunde liegt, die vom Mitteilenden auch ganz anders hätte getroffen werden können, kann immer eine Irritation, ein leiser Zweifel an der Richtigkeit und Aufrichtigkeit bis hin zum Manipulationsverdacht mitlaufen.

Bei bewegten Bildern mit Ton aber ist dieser selektive Charakter verschleiert. Denn auf gefilmten Darstellungen ist scheinbar *alles* enthalten einschließlich der realen Zeit. Damit verschwimmt der Kommunikationscharakter; an seine Stelle tritt der Eindruck von direkter, nicht vorseligierter Wahrnehmung. Und auch das verleiht den Bildern wieder besondere Glaubwürdigkeit. Es unterdrückt die sonst mit Kommunikation einhergehenden Zweifel, das Misstrauen, die Kontrollen. **Bildlich scheint „die *gesamte* Welt [also unseligiert] kommunikabel"** – eigentlich ein Widerspruch in sich.

> „Im Ergebnis führen diese Erfindungen dazu, daß die gesamte Welt kommunikabel wird. [...] Außerdem tritt im Wahrnehmungsprozeß genau das zurück, was an der Sprache fasziniert hatte: nämlich die Möglichkeit und die Notwendigkeit, zwischen Information und Mitteilung zu unterscheiden. [...] Das Gesamtarrangement entzieht sich denjenigen Kontrollen, die in Jahrtausenden auf der Basis einer Unterscheidbarkeit von Mitteilung und Information entwickelt worden sind. [... Bei Filmen] fehlt im Gesamtkomplex des Wahrgenommenen jene Zuspitzung, die eine klare Distinktion von Annahme oder Ablehnung ermöglichen würde. Man *weiß* zwar, daß es sich um Kommunikation handelt, aber man *sieht es nicht*. So kann ein Verdacht der Manipulation entstehen, der sich aber nicht substantiiert äußern kann. Man weiß es, man nimmt es hin. **Das Fernsehen produziert eine produzierte Form, die alle Überzeugungsmittel des Alltagslebens an sich bindet.**" (1997, 307; Fett durch M.B.)

Trotzdem findet Selektion statt. Allerdings nicht mehr als Teil des eigentlichen kommunikativen Aktes, sondern im Kontext, meistens vorher. Der Sender wählt aus, ob und was er überhaupt sendet, zu welcher Zeit, gekürzt oder ungekürzt; der Zuschauer, ob und was er überhaupt ansieht und ob er nicht zwischendurch mal ein Nickerchen vor dem Fernseher macht oder im Gruselfilm zeitweise die Augen schließt. Beide Seiten können unterschiedlich seligieren, denn bei Film und Fernsehen erzwingen teils die zwischengeschalteten Apparate, teils der Massenkommunikationscharakter die „Einseitigkeit der Kommunikation":

„Dies verändert das Selektionsgeschehen, und zwar auf *beiden* Seiten der Apparatur. Man seligiert nicht mehr in der Kommunikation, man seligiert *für* die Kommunikation. Der Sender wählt Themen und Formen, Inszenierungen und vor allem Sendezeiten und Sendedauer im Hinblick auf das, was ihm geeignet erscheint. Der Empfänger seligiert sich selber im Hinblick auf das, was er sehen und hören möchte. Kommunikation kommt dann wie in einem Hyperzyklus wechselseitiger Selektion zustande, kann aber, wenn und soweit sie zustandekommt, sich nicht mehr selber korrigieren." (1997, 308)

Abb. 13.4 Man seligiert nicht in der Kommunikation, sondern für die Kommunikation – z.B. wann man fernsieht

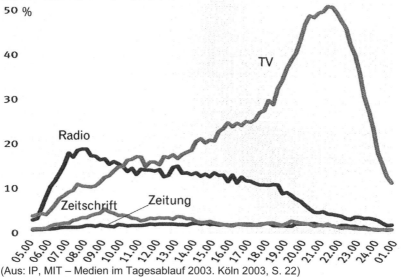

(Aus: IP, MIT – Medien im Tagesablauf 2003. Köln 2003, S. 22)

13.4 Computer-Kommunikation: *von, mit* oder *mittels* Computer

Mit dem Computer entstehen wieder neue Bedingungen. Die Entwicklung von Technik und Kommunikation ist „durch eine Zäsur markiert, die der Einsatz von Computern mit sich bringt" (1997, 529). Wenn man sich mit dem Zusammenhang von Computer und Kommunikation auseinandersetzt, muss man drei Ebenen unterscheiden:

Zunächst ist die Frage, ob Computer selbst kommunizieren, das heißt soziale Kommunikation *ersetzen* können. Damit beschäftigt sich der Forschungs-

13.4 Computer-Kommunikation: *von*, *mit* oder *mittels* Computer

zweig der „artificial intelligence". Luhmann hält das derzeit noch nicht für möglich und verfolgt diese Frage nicht weiter. Die oben in Abb. 13.1 skizzierte Szene gibt es real also (noch) nicht.

> Eine „Frage ist, ob und wie weit Computer die gesellschaftskonstituierende Leistung der Kommunikation ersetzen oder überbieten können. Dazu müßten sie ja Wissen als Form behandeln, also wissen können, was andere Computer nicht wissen. [...] Hier gibt es, zur Zeit jedenfalls, gute Argumente für Unentbehrlichkeit und Überlegenheit mündlicher und schriftlicher Kommunikation". (1997, 303 f; vergl. auch 1984, 16 f)

Davon zu unterscheiden ist die Frage, ob *eine* von den (mindestens) zwei an Kommunikation beteiligten Instanzen („Alter"/Sender oder „Ego"/Empfänger) ein Computer sein kann. Das heißt können Computer wie Bewusstseine arbeiten, so dass sich *mit* ihnen kommunizieren lässt? Auch das ist gegenwärtig noch nicht zu überblicken; Luhmann lässt diese Frage offen.

> Man wird „fragen müssen, welche Konsequenzen es haben wird, wenn Computer eine ganz eigenständige strukturelle Kopplung zwischen einer für sie konstruierbaren Realität und Bewußtseins- bzw. Kommunikationssystemen herstellen können." (1997, 117 f)
> „Wir wollen offen lassen, ob Arbeit oder Spiel mit Computern als Kommunikation begriffen werden kann; ob zum Beispiel das Merkmal der doppelten Kontingenz auf *beiden* Seiten gegeben ist." (1997, 304)

Abb. 13.5 Lässt sich *mit* einem Computer kommunizieren? Vielleicht

Schließlich zur Kommunikation *mittels* Computer. Die Frage ist, **wie sich die Kommunikation und die Gesellschaft generell verändern, indem sie sich der Computer bedienen.** Kommunikation bleibt dabei Kommunikation, aber „es handelt sich um die durch Computer vermittelte Kommunikation" (1997, 309). Das ist die eigentliche Frage, die Luhmann beschäftigt.

> „Die interessantere Frage ist, wie es sich auf gesellschaftliche Kommunikation auswirkt, wenn sie durch computervermitteltes Wissen beeinflußt wird. Was sich tatsächlich beobachten läßt, sind weltweit operierende, konnexionistische Netzwerke des Sammelns, Auswertens und Wiederzugänglichmachens von Daten, etwa im Bereich von Medizin, die themenspezifisch, aber nicht räumlich begrenzt operieren." (1997, 304)

13.5 Un-„autoritär", a-„sozial", „sinn"-frei...

Die Computer sammeln, sortieren und verarbeiten Daten. Wie sie das jedoch tun, bleibt unsichtbar. Der eigentliche Computer ist eine „unsichtbare Maschine". Der sichtbare Teil erfordert zwar ein gewisses Können in der Bedienung, aber die „Oberfläche" ist klein; dahinter verbirgt sich eine „Tiefe" mit nahezu unbegrenzt scheinenden Leistungen, um immer mehr Informationen herzustellen, neue, andere Unterscheidungen zu treffen, Wissen zu sammeln, umzusortieren und neu zu generieren (1997, 304 f).

Abb. 13.6 Der Computer ändert „das Verhältnis von (zugänglicher) Oberfläche und Tiefe"

13.5 Un-„autoritär", a-„sozial", „sinn"-frei...

Zur Verfügung stehen „Daten", und zwar zur freieren Verfügung als jemals zuvor. Denn die Daten sind losgelöst von ihren Quellen; die „Autoren" hinter ihnen sind verschwunden. Mehr noch: Da man sich mittels Computer und Internet über alles und jedes informieren kann, werden die Aussagen von Experten kontrollier- und kritisierbar. Das greift jede „Autorität" an. Nicht nur die „Autoren", ebenfalls die „Autoritäten" schwinden. Der Prozess des „Autoritäts"-Abbaus hatte schon mit der Schrift begonnen und sich mit dem Buchdruck fortgesetzt (vergl. Kap. 12.3). Nun ist darin eine neue Stufe erreicht. Hierarchien können sich nicht mehr halten.

> „Die moderne Computertechnologie [...] greift auch die Autorität der Experten an. Im Prinzip wird in nicht allzu ferner Zukunft jeder die Möglichkeit haben, die Aussagen von Experten wie Ärzten oder Juristen am eigenen Computer zu überprüfen." (1997, 312)
> „Wenn es in der Evolution der Verbreitungsmedien durchgehende Trends gibt, die mit der Erfindung der Schrift beginnen und in den modernen elektronischen Medien ihren Abschluß finden, dann sind es [...] der **Trend von hierarchischer zu heterarchischer Ordnung** und der Verzicht auf räumliche Integration gesellschaftlicher Operationen. (1997, 312; Hervorhebung durch M.B. Vergl. auch: 1992a, 174 f.)

Es verändert sich ebenfalls der eigentliche kommunikative Akt: Die Mitteilung einerseits und das Verstehen andererseits waren bereits bei der Schrift und dann noch mehr beim Buchdruck entkoppelt. Die Entkopplung erreicht beim Computer eine neue Stufe: Mit Daten, die scheinbar ohne die Person eines „Autors" von der Maschine geliefert werden, tritt „soziale Entkopplung" ein. Und da die Maschine – anders als Bewusstseinssysteme und soziale Systeme – die Daten völlig unabhängig von „Sinn" bearbeitet, tritt ebenfalls die Entkopplung von Sinn ein. Als Beispiele dafür kann man sich Computer-Sprachübersetzungsprogramme vorstellen; oder auch die automatische Text-Zusammenfassungsfunktion von Schreibprogrammen; oder auch Internet-Suchmaschinen.

Abb. 13.7 Digitale Medien verarbeiten Signale ohne Sinn – z.B. Internet-Suchmaschinen

Der durch die Computertechnologie entstehende „Umbau des Wissens" dürfte gesellschaftliche Folgen haben, deren Ausmaß man sich bisher noch gar nicht radikal genug ausmalen kann.

> „Mit all dem ist die *soziale Entkopplung* des medialen Substrats der Kommunikation ins Extrem getrieben. In unserer Begrifflichkeit muß das heißen, daß ein **neues Medium im Entstehen** ist, dessen Formen nun von den Computerprogrammen abhängig sind." (1997, 309 f; fett durch M.B.)
> Entkopplung von Sinn: **„Was daraus werden kann, entzieht sich derzeit auch den kühnsten Spekulationen."** (1997, 310; Hervorhebung durch M.B.)
> „Das führt in die Vorstellung einer **nicht mehr durchschaubaren Komplexität.**" (1997, 310; Hervorhebung durch M.B.)

13.6 ... und „azentrisch": Weltkommunikation und Weltgesellschaft verwirklicht

Elektronische Medien transportieren und verarbeiten Daten blitzschnell und weltweit. Die Kommunikation kann sich so von räumlichen und zeitlichen Begrenzungen lösen – mehr als je zuvor. Auch das setzt einen Trend fort, der im Verlauf der Ausdifferenzierung von Kommunikationsmedien zu beobachten war: In der Evolution der Verbreitungsmedien von der Sprache zur Schrift und dann zum Buchdruck nimmt die räumliche und zeitliche Entkopplung sukzessive zu, wie in den vorigen Kapiteln beschrieben (vergl. Abb. 10.10 und Abb. 11.12). Nun ist auch hierin ein Stadium erreicht, das nicht mehr überbietbar scheint.

13.6 ... und „azentrisch": Weltkommunikation und Weltgesellschaft verwirklicht

„So läßt *Telekommunikation* [...] die noch bestehenden räumlichen (also zeitlichen) Beschränkungen der Kommunikation gegen Null tendieren." (1997, 302)
„In dieser fast vollständigen Entkopplung von Raum und Zeit [besteht] ein wichtiges, ja einzigartiges Merkmal der Moderne". (1992a, 166)

Abb. 13.8 Weltkommunikation – weltweit gleichzeitig

Durch Computer verändern sich Raum und Zeit in der Kommunikation, und parallel dazu verändert sich die Bedeutung von Raum und Zeit in der Gesellschaft. Schon seit dem 19. Jahrhundert gibt es weltweit eine „einheitliche Weltzeit". Da sich die Gesellschaft in Kommunikation konstituiert und die Kommunikation weltweit räumliche Grenzen abgeschüttelt hat, kann auch die Gesellschaft nicht mehr territorial abgegrenzt werden: Statt vieler, räumlich nebeneinander liegender Gesellschaften gibt es nun die *eine* „Weltgesellschaft" (1997, 145 ff; vergl. auch unten Kap. 21: „Evolution der Kommunikation").

„Ältere Gesellschaften waren hierarchisch und nach der Unterscheidung von Zentrum und Peripherie organisiert. [...] Die Differenzierungsform der modernen Gesellschaft zwingt dazu, diese Strukturprinzipien aufzugeben, und entsprechend **hat diese Gesellschaft eine heterarchische und eine azentrische Welt. Ihre Welt ist Korrelat der Vernetzung von Operationen und von jeder Operation aus gleich zugänglich.**" (1997, 156 f; Hervorhebung durch M.B.)

Die Evolution der Kommunikation und die gesellschaftliche Ausdifferenzierung sind also in einem gemeinsamen Trend zur Globalisierung verzahnt. Nach Luhmann spielen die Massenmedien dabei eine zentrale, bislang immer noch unterschätzte Rolle.

„Diese Argumente für Weltgesellschaft lassen sich empirisch gut absichern. Es fehlt bisher nur eine Theorie, die sie aufnehmen und verarbeiten könnte. Das viel diskutierte Konzept des kapitalistischen Weltsystems, das Immanuel Wallerstein ausgearbeitet hat, geht von einem Primat der kapitalistischen Wirtschaft aus und unterschätzt damit den Beitrag anderer Funktionssysteme, vor allem der Wissenschaft sowie der Kommunikation durch Massenmedien." (1997, 170 f)

Abb. 13.9 Weltkommunikation und Weltgesellschaft in Massenmedien

Kapitel 14 – Massenmedien

14.1 Verbreitungsmedien in besonderer gesellschaftlicher Funktion

Nach der Sprache und den „Verbreitungsmedien" Schrift, Buchdruck und elektronische Medien – die alle zu „Kommunikationsmedien" zählen (vergl. die Medien-Systematik in Kap. 8.5) – nun zu den „Massenmedien". In den vorigen Kapiteln wurde die Evolution der Kommunikationsmedien in chronologischer Abfolge diskutiert. Dieses Prinzip wird jetzt verlassen. Denn Massenmedien sind keineswegs die nächste Entwicklungsstufe nach diesen; vielmehr steht ein anderer Gesichtspunkt im Mittelpunkt: die gesellschaftliche Funktion. Die Funktion besteht offenbar darin – wie der Titel und der erste Satz von „Die Realität der Massenmedien" andeutet –, Orientierungswissen über die Realität bereit zu stellen:

> „Was wir über unsere Gesellschaft, ja über die Welt, in der wir leben, wissen, wissen wir durch die Massenmedien." (1996, 9)

Die Gesellschaft hat sich im Lauf ihrer Evolution von archaischen Formen bis zur Moderne immer weiter ausdifferenziert und dabei zahlreiche Teilsysteme oder „Funktionssysteme" wie Politik, Wirtschaft, Recht, Wissenschaft und Kunst entwickelt, die je autopoietisch operieren und eigene gesellschaftliche Funktionen erfüllen; die Massenmedien gehören in diese Reihe (vergl. dazu auch unten Kap. 21 „Evolution von Kommunikation und Gesellschaft"). Luhmanns Interesse ist die Theorie der Gesellschaft im Ganzen, die er als Systemtheorie betreibt. Um sein systemtheoretisches Analyse-Instrumentarium zu erproben, spielt er es an verschiedenen dieser spezialisierten Funktionssysteme durch. So entstehen die Bücher über „Die Politik der Gesellschaft", „Die Wirtschaft der Gesellschaft", „Das Recht der Gesellschaft", „Die Wissenschaft der Gesellschaft", „Die Kunst der Gesellschaft" usw. (vergl. oben Kap. 2.2). Auch die Massenmedien dienen ihm als ein Anwendungsfeld. Das entsprechende Buch nennt er aber nicht „Die Massenmedien der Gesellschaft", sondern „Die Realität der Massenmedien" (1996). Das Werk kann man sowohl als Fallstudie für die Anwendung der Theorie allgemeiner Systeme als auch als eigene, höchst anregende, interessante Theorie der Massenmedien lesen. In diesem Einführungsbuch sollen die Darstellungen zu Massenmedien in den folgenden Kapiteln ebenfalls beide Zwecke erfüllen.

Die bisher diskutierten Kommunikationsmedien Sprache, Schrift, Druck und elektronische Medien sind *Medien*, aber sie sind keine *Systeme*; sie *dienen* psychischen und sozialen Systemen (vergl. schon oben Kap. 10.1). Und sie gehören zu den *Voraussetzungen* der Massenmedien. **Massenmedien bilden ein eigenes soziales System, ein Funktionssystem der modernen Gesellschaft.** Luhmann gebraucht den Begriff „Massenmedien" ausschließlich dann, wenn von diesem ausdifferenzierten Funktionssystem die Rede ist (vergl. 1997, 1098).

„System" – d.h. Autopoiesis und System/Umwelt-Differenz (vergl. oben Kap. 4); wie und warum konnte sich ein solches eigenständiges Mediensystem in Abgrenzung zur ‚umgebenden' Gesellschaft herausbilden? „Soziales System" – d.h. Operation in Form von Kommunikation (vergl. oben Kap. 5 und 6); wie operieren die Massenmedien, wonach seligieren sie in ihrer Kommunikation, welche Unterscheidungen setzen sie in ihrer Berichterstattung ein? Und schließlich „Funktionssystem" – welche Funktionen genau erfüllen sie für die Gesellschaft und wie wirkt sich ihre Operationsweise auf die Gesellschaft aus?

Das ist nun und in den folgenden Kapiteln unser Thema. Im Mittelpunkt steht „Die Realität der Massenmedien"; hinzugezogen werden ebenfalls „Die Gesellschaft der Gesellschaft", Aufsätze und andere Publikationen. Da Massenmedien hier (auch) als Fallbeispiel für Luhmanns systemtheoretisches Vorgehen dienen, wird immer wieder auf die früheren Kapitel mit den allgemeineren Erläuterungen zurückverwiesen, so wie in den vorigen Kapiteln zur Veranschaulichung auch schon Beispiele aus Massenmedien Verwendung fanden.

Abb. 14.1 Massenmedien sind Druck- und elektronische Medien, aber nicht alle Druck- und elektronischen Medien gehören zum Massenmedien-System

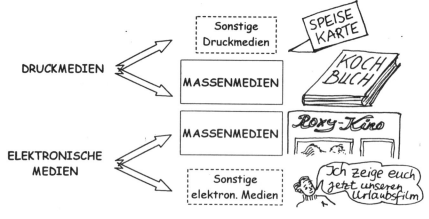

14.2 Typisch: ohne Interaktion mit massenhaft Kommunikation

Luhmann definiert „Massenmedien" folgendermaßen:

> „Mit dem Begriff der Massenmedien sollen [...] alle Einrichtungen der Gesellschaft erfaßt werden, die sich zur Verbreitung von Kommunikation technischer Mittel der Vervielfältigung bedienen. Vor allem ist an Bücher, Zeitschriften, Zeitungen zu denken, die durch die Druckpresse hergestellt werden; aber auch an photographische oder elektronische Kopierverfahren jeder Art, sofern sie Produkte in großer Zahl mit noch unbestimmten Adressaten erzeugen. Auch die Verbreitung der Kommunikation über Funk fällt unter den Begriff, sofern sie allgemein zugänglich ist. [...]
> Entscheidend ist auf alle Fälle: *daß keine Interaktion unter Anwesenden zwischen Sender und Empfängern stattfinden kann.*" (1996, 10 f)

Abb. 14.2 Massenmedien erzeugen und verbreiten mit technischen Mitteln Produkte in großer Zahl

Es ist die Technik, die hier eine Schlüsselrolle spielt. Denn technische Geräte bringen den im Begriff *Massen*medien enthaltenen *Massen*charakter hervor: Nur durch Maschinen sind „*Kopier*verfahren" und „Produkte *in großer Zahl*", „Ver*viel*fältigung" und massenhafte „Ver*breit*ung" möglich. Die massenmedialen Produkte sind „unbestimmten Adressaten" zugedacht, das heißt sie dürfen nicht individuell adressiert, sondern müssen „*all*gemein", öffentlich zugänglich sein.

Aber wichtiger ist noch, dass **durch diese Technik eine „Kontaktunterbrechung" zwischen Sender und Empfängern** entsteht (1996, 11). Die beiden Instanzen – auf der einen Seite Verlage, Hörfunk- und Fernsehsender, auf der anderen Leser, Hörer, Zuschauer, Publikum – interagieren nicht direkt miteinander. Zwar gibt es Leserbriefe an Zeitungen, Anrufe und Mails an Hörfunk- und Fernsehsender, aber diese bleiben Ausnahme, werden auch inszeniert und ins Programm integriert. Die technische Kontaktunterbrechung zwischen Sender und Empfängern entsteht erst ab und mit gedruckter Schrift. Mündliche und handschriftliche Kommunikation bewahrten und bewahren bis heute den direkten Kontakt, sie gelingen nur durch direkten Kontakt. Massenkommunikation dagegen gelingt nur durch Kontaktunterbrechung.

„Erst der Buchdruck multipliziert das Schriftgut so stark, daß eine mündliche Interaktion aller an Kommunikation Beteiligten wirksam und sichtbar ausgeschlossen wird. Die Abnehmer machen sich allenfalls quantitativ bemerkbar: durch Absatzzahlen, durch Einschaltquoten, aber nicht entgegenwirkend. Das Quantum an Präsenz kann bezeichnet und interpretiert werden, aber nicht über Kommunikation rückvermittelt." (1996, 33 f)

Durch „Massenmedien" erfolgt „Massenkommunikation". Dazu sei erstens erinnert an die Definition von Kommunikation: Die beteiligten Instanzen nennt Luhmann Alter (für Sender) und Ego (für Empfänger), wobei es sich dabei sowohl um Personen als auch soziale Systeme handeln kann (vergl. oben Kap. 6.3). In der Rolle von Alter kann man sich also sowohl einzelne Journalisten als auch einen Verlag, einen Fernsehsender oder das Mediensystem im Ganzen vorstellen. Zweitens sei betont, dass hier tatsächlich „Kommunikation" stattfindet.

In der Publizistik- und Kommunikationswissenschaft gibt es vereinzelt die Auffassung, der Begriff „Massenkommunikation" sei eine Fehlbildung, weil die zwischen Sendern und Publikum ablaufenden Prozesse wegen ihrer Einseitigkeit nicht als „Kommunikation" bezeichnet werden dürften. Luhmann ist da anderer Ansicht. Die Massenmedien-Prozesse sind mit seinem Verständnis und seiner Definition von Kommunikation durchaus vereinbar; der Zweck von Massenmedien ist für ihn die „Verbreitung von Kommunikation", sie dienen der „Massenkommunikation" (1996, 10 und 13; vergl. schon Kap. 6.5). Was er kategorisch ausgrenzt, ist die „Interaktion". Die *Kommunikation* zwischen Medienanbietern und Empfängern läuft; die *Interaktion* zwischen ihnen dagegen ist abgeschnitten.

Unter „Interaktion" versteht er „unmittelbare Kontakte unter Anwesenden". Die können durch Massenmedien nicht erfolgen. Daraus kann man ableiten, dass „interaktives Fernsehen" und „interaktives Internet" als Massenmedien also für ihn Widersprüche in sich sind: Entweder handelt es sich nicht um echte Interaktion oder nicht um Massenmedien (1997, 812 ff und 826 sowie 1984, 551 ff; vergl. auch oben Kap. 5.2).

Abb. 14.3 Kommunikation durch Massenmedien: mit Technik ohne Interaktion massenhaft allgemein zugänglich für unbestimmte Adressaten

Kommunikation, keine Massenkommunikation

Kommunikation, keine Massenkommunikation: zwar mit Technik, aber nicht an unbestimmte Adressaten und nicht allgemein zugänglich.

Kommunikation, keine Massenkommunikation: zwar mit Technik massenhaft an unbestimmte Adressaten und allgemein zugänglich, aber mit Interaktion.

Kommunikation, keine Massenkommunikation: zwar mit Technik und ohne Interaktion, aber an bestimmte Adressaten.

Massenkommunikation

Massenkommunikation

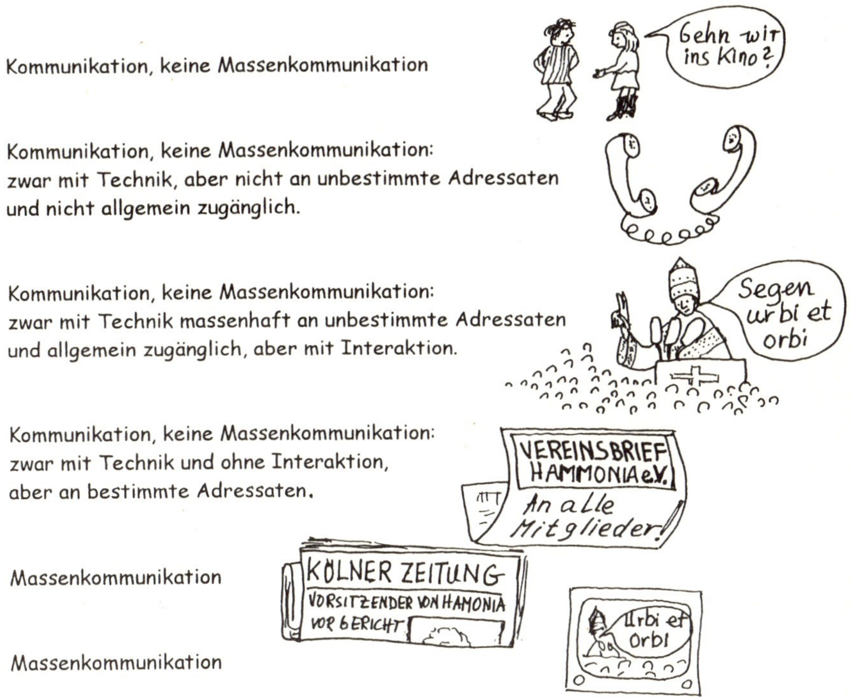

14.3 Technik macht Kontaktunterbrechung – Kontaktunterbrechung macht *System*

Die direkte Interaktion zwischen Medienanbietern und Publikum ist durch zwischengeschaltete Technik – Druckmaschinen, Aufzeichnungs-, Kopier- und Verbreitungsapparate, Sende- und Empfangsgeräte – unterbrochen. Das hat weitreichende Konsequenzen: Erst durch die Unterbrechung kann ein eigenes, ausdifferenziertes Funktionssystem der Massenmedien entstehen; ein System im Luhmannschen Sinne, das autopoietisch und in System/Umwelt-Differenz operiert.

> „Für die Ausdifferenzierung eines Systems der Massenmedien dürfte die ausschlaggebende Errungenschaft in der Erfindung von Verbreitungstechnologien gelegen ha-

ben, die **eine Interaktion unter Anwesenden nicht nur einsparen, sondern für die eigenen Kommunikationen der Massenmedien wirksam ausschließen.**" (1996, 33; Hervorhebung durch M.B.)

Denn was passiert, wenn Sender/Alter und Empfänger/Ego keinen direkten Kontakt miteinander haben? Beide Parteien sind frei, ohne Rücksicht auf ein direktes Gegenüber zu agieren. Die Sender können Informationen auswählen, mitteilen, drucken, schreiben, sagen, zeigen, was und wie sie wollen. Die Empfänger können ebenfalls ungeniert seligieren, rezipieren, zappen, interpretieren, kritisieren oder gar verweigern. Allerdings hat jede Seite ihre Selektionsentscheidungen doch auf die andere abzustimmen, weil jede grundsätzlich ein Interesse am Zustandekommen der Kommunikation hat: Die Sender wollen gelesen, gehört, gesehen werden, die Empfänger wollen etwas zu lesen, hören, sehen kriegen. Die Medienanbieter müssen daher einen ausgefeilten Apparat von Programmen, Sparten und Genres, Formaten und Titeln, Finanzierungs- und Vertriebswegen, Organisation von Personal und Unternehmen entwickeln und all dieses durch Publikumsforschung und Marktanalysen flankieren – kurz: ein Medien-*System* bilden –, um sicher zu stellen, dass ihre Mitteilungen überhaupt ankommen.

„Das Gelingen von planmäßiger Kommunikation hängt davon [von der Rückvermittlung über direkte Kommunikation] *nicht mehr ab*. So kann im Bereich der Massenmedien ein autopoietisches, sich selbst reproduzierendes System entstehen". (1996, 34)
„Durch die Unterbrechung des unmittelbaren Kontaktes sind einerseits hohe Freiheitsgrade der Kommunikation gesichert. Dadurch entsteht ein Überschuß an Kommunikationsmöglichkeiten, der nur noch systemintern durch Selbstorganisation und durch eigene Realitätskonstruktionen kontrolliert werden kann. Andererseits sind zwei Selektoren am Werk: die Sendebereitschaft und das Einschaltinteresse, die zentral nicht koordiniert werden können. Die Organisationen, die die Kommunikation der Massenmedien produzieren, sind auf Vermutungen über Zumutbarkeit und Akzeptanz angewiesen. Das führt zur Standardisierung, aber auch zur Differenzierung ihrer Programme". (1996, 11 f)

14.3 Technik macht Kontaktunterbrechung – Kontaktunterbrechung macht *System*

Abb. 14.4 Durch Kontaktunterbrechung (keine Interaktion) zwischen Sender und Empfänger kann ein eigenständiges *Funktionssystem Massenmedien* entstehen. Abgrenzung führt zu Leistungssteigerung

Dass die Unterbrechung von Umweltbezügen eine Voraussetzung für die Bildung eines eigenständigen Funktionssystems ist, ist keine Besonderheit des Massenmedien-Systems (vergl. auch Kap. 4.2: System/Umwelt-Differenz). Es gilt für alle gesellschaftlichen Funktionssysteme, und dies wiederum vor dem Hintergrund, dass die gesellschaftliche Komplexität so groß geworden ist, dass die verschiedenen Funktionen von Spezialsystemen übernommen werden müssen. Die allgemeine Formel ist: „Steigerung durch Reduktion von Komplexität" (1997, 507). Oder, wie schon oben in Kap. 4.3.4 zitiert: „Reduktion von Komplexität ist die Bedingung der Steigerung von Komplexität" (2002b, 121). Konkret: Das Funktionssystem der Massenmedien kann so viel mehr leisten, weil es sich in hinreichender Abgrenzung auf seine spezielle Funktion – die Konstruktion von Realität und die Selbstbeschreibung der Gesellschaft für die Gesellschaft – zu konzentrieren vermag.

> Es ist so, „daß die Ausdifferenzierung eines Systems und das Kappen von Umweltbezügen Voraussetzung dafür ist, daß im Schutze von Grenzen systemeigene Komplexität aufgebaut werden kann." (1997, 1350)

14.4 Die Realität der Massenmedien ist zwei Realitäten

Erstens: Massenmedien *operieren*, also *sind* sie; das ist ihre „reale Realität" oder „Realität erster Ordnung". Dass sie real existieren, daran gibt es keinen Zweifel: Sie produzieren und senden ununterbrochen, liefern uns die Zeitung auf den Frühstückstisch, Nachrichten ins Autoradio, den Krimi als Nachtlektüre und auf den Fernsehschirm.

> „Die Realität der Massenmedien, ihre reale Realität könnte man sagen, besteht in ihren eigenen Operationen. Es wird gedruckt und gefunkt. Es wird gelesen. Sendungen werden empfangen. Zahllose Kommunikationen der Vorbereitung und des Nachher-darüber-Redens umranken dieses Geschehen. [...] Es macht daher guten Sinn, die reale Realität der Massenmedien als die in ihnen ablaufenden Kommunikationen anzusehen." (1996, 12 f)

Zweitens: Massenmedien *beobachten*, also *konstruieren* sie. Ergebnis ist eine „konstruierte Realität" oder „Realität zweiter Ordnung". Als System *beobachten* sie wie alle sozialen Systeme; ja: ihre regulären Operationen bestehen sogar im Beobachten. Beobachten heißt: Sie unterscheiden zwischen sich und ihrer Umwelt, zwischen „Selbstreferenz" und „Fremdreferenz" (vergl. oben Kap. 4.2). Konkret: Sie handeln nach dem Leitprinzip ‚*Wir* sind die Medien, *wir* haben eine *bestimmte Aufgabe* (d.i. Selbstreferenz), nämlich *die Welt um uns herum* zu beobachten und *über sie* zu berichten' (d.i. Fremdreferenz). Dabei liefern die Medien kein Realitäts-*Abbild*, das können sie gar nicht! Denn die Welt ist ja nicht objektiv, sondern nur als systemrelative Umwelt mithilfe von Unterscheidungen, die auch anders getroffen werden könnten, beobacht- und beschreibbar. Die Medien vermögen die Realität allein aus *ihrer* Perspektive mithilfe *ihrer* Unterscheidungen zu erfassen. Ihre System/Umwelt-Differenz benutzen sie als Schema der Beobachtung und Berichterstattung. Die Ergebnisse ihrer Beobachtung, ihre „konstruierte Realität", präsentieren sie ihrem Publikum und damit der Gesellschaft als ‚die' Realität. Und wir akzeptieren das auch als ‚die' Realität.

> Neben der „realen Realität" kann man „aber noch in einem zweiten Sinne von der Realität der Massenmedien sprechen, nämlich im Sinne dessen, was *für sie* oder *durch sie für andere* als Realität *erscheint*." (1996, 14)

14.4 Die Realität der Massenmedien ist zwei Realitäten

Abb. 14.5 Massenmedien existieren real als Teil der Welt (reale Realität/erster Ordnung), machen Beobachtungen und Beschreibungen von der Welt (konstruierte Realität/zweiter Ordnung), was dann uns als Realität erscheint

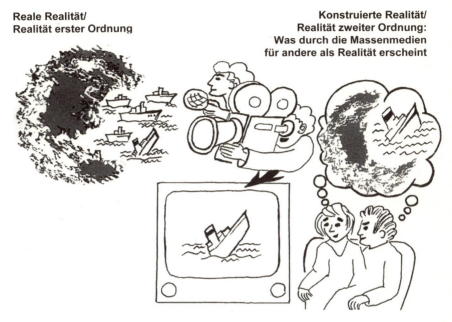

Wir haben jetzt also eine „reale Realität" oder „Realität erster Ordnung" und die Massenmedien als „Beobachter erster Ordnung". In ihren Berichten stellen sie eine „konstruierte Realität" oder „Realität zweiter Ordnung" her. Wie sie das machen, das heißt: nach welchen Kriterien und warum gerade so sie die Realität beschreiben – genau dafür interessiert sich Luhmann. Er ist Beobachter „zweiter Ordnung", der die Medien beim Beobachten beobachtet.

> Hier „wird die Tätigkeit der Massenmedien nicht einfach als Sequenz von *Operationen* angesehen, sondern als Sequenz von *Beobachtungen*, oder genauer: von beobachtenden Operationen. Um dieses Verständnis von Massenmedien zu erreichen, müssen wir also ihr Beobachten beobachten. Für das zuerst vorgestellte Verständnis [die ‚reale Realität'] genügt ein Beobachten erster Ordnung, so als ob es um Fakten ginge. Für die zweite Verstehensmöglichkeit [was für sie oder durch sie für andere als Realität erscheint] muß man die Einstellung eines Beobachters zweiter Ordnung einnehmen, eines Beobachters von Beobachtern." (1996, 14 f)

Man kann festhalten, dass Massenmedien Konstruktionen von Realität liefern. Damit beruht unser Gesellschafts- und Weltwissen – das laut zitiertem erstem

Satz der „Realität der Massenmedien" weitgehend aus den Medien stammt – auf Konstruktionen. Es ist übrigens keine Besonderheit der Moderne, dass eine Gesellschaft sich auf gemeinsame Wissensvorgaben stützt. Dieses ist offenbar immer unvermeidbar. Allerdings waren es früher andere Instanzen, die das Weltbild lieferten; Instanzen, deren Vorgaben noch als „Wahrheit" akzeptiert werden konnten.

„Die Realität der Massenmedien, das ist die Realität der Beobachtung zweiter Ordnung. Sie ersetzt die Wissensvorgaben, die in anderen Gesellschaftsformationen durch ausgezeichnete Beobachtungsplätze bereitgestellt wurden: durch die Weisen, die Priester, den Adel, die Stadt, durch Religion oder politisch-ethisch ausgezeichnete Lebensformen." (1996, 153)

„Ihre [der Massenmedien] Funktion läge, historisch gesehen, im Ersatz dessen, was in der alten Gesellschaft über (konkurrenzlose) Repräsentation geregelt war, also in der Absorption von Unsicherheit bei der Herstellung und Reformulierung von Welt- und Gesellschaftsbeschreibungen." (1997, 1103)

14.5 Bloß keine „Verzerrungen"!

Das führt zu der Frage, welche Art von Realität speziell durch die Massenmedien entworfen wird und welche Auswirkungen dieses auf unsere Gesellschaft hat. Das Problem besteht für Luhmann nicht darin, dass die Medien eine Realität „verzerrt" darstellen, die sie auch „unverzerrt" darstellen könnten – was wäre dafür der Maßstab? *Dass* sie konstruieren, ist unvermeidbar. Jede Beobachtung ist Konstruktion (vergl. oben Kap. 3.2 und Kap. 3.3). Das Problem, oder neutraler: die interessante Frage besteht darin, *wie* sie seligieren und konstruieren. **Darum kann man der Massenmedien keineswegs schlicht „Verzerrung der Realität" vorwerfen.**

„Unsere Frage hat also jetzt die Form: Wie konstruieren Massenmedien Realität? Oder komplizierter [...]: Wie können wir [...] die Realität ihrer Realitätskonstruktion beschreiben? Sie lautet *nicht*: Wie *verzerren* die Massenmedien die Realität durch die Art und Weise ihrer Darstellung? Denn das würde ja eine ontologische, vorhandene, objektiv zugängliche, konstruktionsfrei erkennbare Realität, würde im Grunde den alten Essenzkosmos voraussetzen." (1996, 20)

14.5 Bloß keine „Verzerrungen"!

Abb. 14.6 Verzerrung – ein allseits beliebter Vorwurf an die Medienberichterstattung: nach Luhmann unsinnig

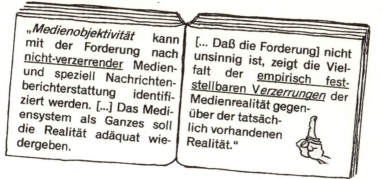

(Günter Bentele: Objektivitätsanspruch und Glaubwürdigkeit. In: O. Jarren [Hg.]: Medien und Journalismus 1. Opladen 1994, S. 306. Unterstreichung durch M.B.)

Selbstverständlich bedeutet das nicht, dass Medien beliebig berichten dürfen. Ein 2:1 des HSV gegen Schalke kann nicht einfach in ein 3:1 verändert werden. Die Welt verfügt ja über ein „unermeßliches Potential", aus dem für die Berichterstattung ausgewählt werden kann. Aber sie muss das, was ausgewählt wird, auch enthalten; „die Welt muss das erlauben" – und 3:1 wäre nicht enthalten und nicht erlaubt (2002b, 197; vergl. auch oben Kap. 6.3.1). Überprüfungen sind jedoch nur möglich als systeminterne „Konsistenzprüfungen", etwa als Vergleiche zwischen den Versionen verschiedener Beobachter. Konkurrierende Pressetitel und Rundfunksender, aber auch andere gesellschaftliche Instanzen sowie in unserem Beispiel nicht zuletzt die Fußballfans selbst passen auf, dass nicht ‚falsch' berichtet wird (1996, 19; vergl. auch Kap. 18.5). Immer jedoch lassen sich nur Konstruktionen mit Konstruktionen, nie Konstruktionen mit einer ‚objektiven' Realität vergleichen. Das schützt die Massenmedien allerdings nicht vor der illusorischen Auffassung, sie würden die Realität ‚objektiv' ermitteln und vermitteln. Sie schaffen eine *zweite* Realität. Für sie selbst aber handelt es sich um *eine* Realität; um die Welt, „wie sie ist".

> Es gibt „zahlreiche, kulturell bewährte Möglichkeiten der Korrektur von Irrtümern [...] Die Gesellschaft hält sich für die Zwecke ‚kritische' Intellektuelle und Therapeuten." (1996, 26 f)
> „In der Wahrnehmung des [Massenmedien-] Systems verwischt sich die Unterscheidung der Welt, wie sie ist, und der Welt, wie sie beobachtet wird." (1996, 26)
> Es handelt sich um eine „Konfusion zweier Welten". (1996, 27)

Dabei holen sich die Medien durchaus ihr Konstruktionsmaterial aus ihrer real existierenden Umwelt (vergl. oben Abb. 4.13: Massenmedien importieren Informationen und Ressourcen aus ihrer Umwelt). Aber sie *machen* etwas damit: Sie unterscheiden nach ihren Kriterien, begrenzen oder erweitern, lenken Aufmerksamkeit, akzentuieren, dramatisieren, bauen Themenkarrieren auf, bereiten Anschlusskommunikation vor usw. Luhmann veranschaulicht ihr Konstruieren am Beispiel von AIDS (vergl. auch unten Abb. 15.9 sowie Kap. 18.2: Schema und Thema).

> „Ein Thema wie AIDS ist nicht ein Eigenprodukt der Massenmedien. Es wird von ihnen nur aufgegriffen, dann aber in einer Weise behandelt und einer Themenkarriere ausgesetzt, die sich aus den Krankheitsbefunden und auch aus der Kommunikation zwischen Ärzten und Patienten nicht erklären läßt. Vor allem ist die öffentliche Rekursivität der Themenbehandlung, die Voraussetzung des Schon-Bekannt-Seins und des Bedarfs für weitere Information, ein typisches Produkt und Fortsetzungserfordernis massenmedialer Kommunikation." (1996, 28)

14.6 Mit „Information/Nichtinformation" sind Massenmedien in Form

Massenmedien beobachten und berichten. Aber wie, nach welchen Kriterien? Dazu brauchen sie einen „Code". Ein Code ist immer „binär" und unterscheidet von allem eine Ja-Fassung und eine Nein-Fassung (1996, 32 ff und 36. Vergl. auch oben bei Sprache Kap. 10.7). Der Code der Massenmedien ist „Information/Nichtinformation". Das ist ihr Richtwert, nach dem sie sich bei ihren Selektionen richten; ihre „Leitdifferenz"; ihr Maßstab für Brauchbarkeit; ihre Währung, analog dem Geld in der Wirtschaft. Das lässt ich auch in dem Begriffspaar Medium/Form ausdrücken: Massenmedien berichten in Form von Informationen (vergl. oben Kap. 8.3 – 8.4). **Massenmedien sortieren alles nach „Information" – das ist das Weiterverwendbare – und „Nichtinformation" – das ist der Ausschuss.**

> „Der Code des Systems der Massenmedien ist die Unterscheidung von Information und Nichtinformation. Mit Information kann das System arbeiten. Information ist also der positive Wert". (1996, 36)
> „Der positive Wert bezeichnet die im System gegebene Anschlußfähigkeit der Operationen: das, womit man etwas anfangen kann. Der negative Wert dient nur der Reflexion der Bedingungen, unter denen der positive Wert eingesetzt werden kann." (1996, 35)

Abb. 14.7 Der Code der Massenmedien ist Information/Nichtinformation

Die Medien informieren – das entspricht unserem Alltagsverständnis. Man erinnere sich aber – und das widerspricht dem Alltagsverständnis –, dass „Informationen" keine fertigen, wohlgeordneten Substanzen in der Welt, „keine festen Körperchen oder konstanten Elemente sind, die von der Umwelt in das System übertragen werden könnten" (2002b, 130). Sie werden vielmehr vom beobachtenden System erzeugt. Es ist eine Leistung des Beobachters, in der unbestimmten, diffusen Realität eine Unterscheidung zu machen, eine Wahl zu treffen, etwas als Information zu identifizieren und von Nichtinformation zu differenzieren. Folglich können Massenmedien auch nicht – wie häufig formuliert wird – „Informationen übertragen". Weder kann ein Journalist einen fertigen Informationspartikel aus der Welt in sein Medium „übertragen", noch wird dieser Partikel dann aus dem Medium in die Köpfe der Nutzer „übertragen". Selbst die Beobachtungseinheit „eine" Information ist vom Beobachter hergestellt, keine in der realen Realität vorfindliche Identität (vergl. dazu oben Kap. 6.3.1 und 6.4.2 sowie 1996, 40).

> „Es hat also keinen Sinn zu sagen, dass in der Umwelt massenhaft Informationen vorliegen [... Man kann] gerade in den Kommunikationswissenschaften alle möglichen Äußerungen über Informationsübertragungen und dergleichen finden. Wenn man liest, dass Massenmedien, Zeitungen, Nachrichten Informationen übertragen, setzt dies einen ungeklärten Begriff von Informationen voraus". (2002b, 129 f)

Man erinnere sich ferner, dass „Information" in jeder Kommunikation eines jeden sozialen Systems eine Rolle spielt, denn „Selektion der Information" bildet die erste Stufe im Kommunikationsprozess (vergl. Kap. 6.3.1). Aber nirgends sonst hat Information diese absolut zentrale Bedeutung einer „Leitdifferenz" wie im System der Massenmedien.

> „Als Leitdifferenz – das muß vielleicht kommentiert werden. Es versteht sich, daß alle Systeme die sie interessierenden Informationen unterscheiden [...]. Aber nur das

System der Massenmedien reflektiert diese Differenz, um erkennen zu können, welche Operationen zum System gehören oder nicht." (1996, 49 f, Anmerkung 1)

Abb. 14.8 Information ist die Leitdifferenz der Massenmedien

(Karikatur von Gerhard Mester, in: Journalist 2000/4)

14.7 Verderbliche Ware zum Einmalgebrauch. Darum: Tempo!

Information als Leitdifferenz der Massenmedien bedeutet eine besondere Beziehung zur Zeit. Denn Informationen müssen neu sein, sonst sind sie keine. Es ist wie bei Überraschungen: Man kann sie nicht wiederholen. ‚Neue Information' ist eine Tautologie. Zeitung, Hörfunk und Fernsehen müssen Neuigkeiten bringen, am besten sogar im Superlativ: Das Neueste! Informationen haben die fatale Eigenschaft mangelnder Haltbarkeit. Einmal berichtet, sind sie schon verbraucht, ‚Schnee von gestern'. Das System selbst verwandelt sein wertvolles Material ständig in unwertes; **„das System veraltet sich selber"**.

> „Information selbst kann nur als (wie immer geringe) Überraschung auftreten." (1996, 57 f)
> **„Information ist ein Zerfallsprodukt."** (1997, 1090; Hervorhebung durch M.B.)
> „Die wohl wichtigste Besonderheit des Codes Information/Nichtinformation liegt in dessen Verhältnis zur Zeit. Informationen lassen sich nicht wiederholen; sie werden,

14.7 Verderbliche Ware zum Einmalgebrauch. Darum: Tempo!

sobald sie Ereignis werden, zur Nichtinformation. Eine Nachricht, die ein zweites Mal gebracht wird, behält zwar ihren Sinn, verliert aber ihren Informationswert. Wenn Information als Codewert benutzt wird, heißt dies also, daß die Operationen des Systems ständig und zwangsläufig Information in Nichtinformation verwandeln. Das Kreuzen der Grenze vom Wert zum Gegenwert geschieht automatisch mit der bloßen Autopoiesis des Systems. [...] Mit anderen Worten: Das System veraltet sich selber." (1996, 41 f)

Abb. 14.9 Eine wiederholte Information ist Schnee von gestern

Das Massenmedien-System hat also eine eingebaute Dynamik, die seine eigene Währung vernichtet und dadurch neuen Bedarf an mehr und neuer Münze hervorruft. Die Mitteilung macht aus einer Information eine Nichtinformation. Je mehr Informationen berichtet werden, desto mehr Nichtinformationen resultieren. **Information verursacht Informationsdefizit – paradoxerweise. Die ständige Umwandlung von Information in Nichtinformation erzeugt einen Sog, der die Produktion von immer wieder neuer Information anheizt.** Die Informationen machen nicht satt, sondern im Gegenteil immer hungriger nach neuer Information. ‚Immer mehr und immer schneller' wird zum Prinzip.

Wie bereits in früheren Kapiteln dargestellt, schaffen Sprache, Schrift, Druck und elektronische Medien jeweils eigene, neue Zeitstrukturen (vergl. Kap. 10.6, 11.6, 12.5 und 12.6 sowie 13.6). Im System der Massenmedien mit ihrem Informations-Code spitzt sich die Zeitorientierung zu. Blitzschnell schlägt eine mitgeteilte Information in Nichtinformation um, Neu in Alt, Künftiges in Vergangenes. Massenmedien sind ein Durchlauferhitzer für Zeit. Die Temporalisierung erfasst die Medien und darüber hinaus die Gesellschaft.

„Hinter den viel diskutierten Eigenarten moderner Zeitstrukturen wie Dominanz des Vergangenheit/Zukunft-Schemas, Uniformisierung der Weltzeit, Beschleunigung, Ausdehnung der Gleichzeitigkeit auf Ungleichzeitiges stecken also vermutlich neben der Geldwirtschaft die Massenmedien. **Sie erzeugen die Zeit, die sie voraussetzen, und die Gesellschaft paßt sich dem an.**" (1996, 44; Hervorhebung durch M.B.)
„**So wird Zeit zur dominierenden Sinndimension**". (1996, 150; Hervorhebung durch M.B)

„Man kann nur feststellen, daß die Beschreibung der Welt und der Gesellschaft mit all ihren Funktionssystemen durch das Funktionssystem der Massenmedien mobilisiert werden, so daß Zeitdifferenzen eine vorherrschende Bedeutung gewinnen und jede Bestimmtheit zeitlich situiert sein muß." (1997, 1105)

Wenn Massenmedien Informationen seligieren, dann kann das allerdings unmöglich aus einem völlig unbegrenzten Ereignis-„Horizont" geschehen. Es muss Einschränkungen auf „Möglichkeitsräume" geben, die für die Medien spezifisch sind und im Rahmen derer dann Neues, Überraschendes festgestellt werden kann. So mag vieles in anderen Kontexten als Information gelten – z.B. im Freundeskreis eine Verabredung für das Kaffeehaus – was den Massenmedien keine Nachricht wert ist; es sei denn, Besonderheiten wie etwa Unfälle oder Normabweichungen kommen hinzu. Der Code Information/ Nichtinformation ist also noch zu allgemein. Er reicht nicht, um konkret zu beschreiben, wonach die Medien genau vorgehen.

„Deshalb ist alle Information auf Kategorisierungen angewiesen, die Möglichkeitsräume abstecken, in denen der Auswahlbereich für das, was als Kommunikation geschehen kann, vorstrukturiert ist. Das ist nur eine andere Formulierung für die These, daß der Code Information/Nichtinformation nicht genügt, sondern daß zusätzlich Programme erforderlich sind, die das, was als Information erwartet werden kann bzw. ohne Informationswert bleibt, aufgliedern in Selektionsbereiche wie Sport oder Astrophysik, Politik oder moderne Kunst, Unfälle oder Katastrophen." (1996, 38)

Abb. 14.10 Nicht jede beliebige Information ist informationswert für Massenmedien

Keine Information: Jedermanns überraschender Kaffeehausbesuch

Dagegen Information: Rätselhafte Ohnmachtsepidemien nach Kaffeegenuß.

Die modernen Massenmedien sind extrem ausdifferenziert in unterschiedliche Medienarten, Spezialtitel und Ressorts. Für diese gelten jeweils unterschiedliche „Auswahlbereiche". So ist beispielsweise für einen Sportsender ‚eine Information' etwas anderes als für eine Frauenzeitschrift. Luhmann unterscheidet grundsätzlich drei „Programmbereiche": „Nachrichten und Berichte", „Werbung" und „Unterhaltung", denen in den drei folgenden Kapiteln nachgegangen wird.

„Ohne Absicht auf eine systematische Deduktion und Begründung einer geschlossenen Typologie unterscheiden wir rein induktiv: Nachrichten und Berichte [...], Werbung [...] und Unterhaltung [...]. Jeder dieser Bereiche benutzt den Code Information/Nichtinformation, wenngleich in sehr verschiedenen Ausführungen; aber sie unterscheiden sich auf Grund der Kriterien, die der Auswahl von Informationen zugrundegelegt werden. Deshalb werden wir auch von Programmbereichen (und nicht von Subsystemen) sprechen." (1996, 51)

Kapitel 15 – Nachrichten und Berichte

15.1 Nachrichten und Berichte sagen „wahr", mehr oder weniger „aktuell"

Als erstes einige Überlegungen zum Programmbereich „Nachrichten und Berichte". Dessen spezifische Eigenart besteht darin, „Informationen mit Wahrheitsanspruch" auszuwählen und zu verbreiten. Das gilt gleichermaßen für die beiden hier zusammengefassten Sorten „Nachrichten" und „Berichte". Sie unterscheiden sich in Bezug auf den Aktualitätsgrad. **Mit „Nachrichten" ist die ganz aktuelle Berichterstattung mit Wahrheitsanspruch gemeint: die „Produktion der Tagesnachrichten", die „von Tagesereignissen abhängigen" Informationen, die eine ausgeprägt „temporäre, vergängliche Natur" haben. „Berichte" dagegen sind „die nicht von Tagesereignissen abhängigen" Informationen mit Wahrheitsanspruch als Kontext von Nachrichten** (vergl. Kapitel 5 in „Die Realität der Massenmedien", 53 ff, Zitate 72 f).

„Bei Informationen, die im Modus der Nachrichten und Berichterstattung angeboten werden, wird vorausgesetzt und geglaubt, daß sie zutreffen, daß sie wahr sind." (1996, 55)
Berichte „informieren über die Kontexte etwaiger Neuigkeiten. Ihr Neuigkeitswert liegt nicht in der für alle gleichmäßig fließenden Zeit, sondern ergibt sich aus dem vermuteten Wissensstand des Publikums oder angesprochener Teile des Publikums – Berichte über die Eigenart bestimmter Krankheiten, über ferne Länder, über Entwicklungen in der Wissenschaft, über ökologische oder klimatische Verhältnisse etc. Auch hierbei geht es um Informationen mit Wahrheitsanspruch. Riesige Mengen von ‚Sachbüchern' erfüllen vor allem diesen Zweck, die temporäre, vergängliche Natur der Nachrichten zu ergänzen." (1996, 72 f)

Abb. 15.1 Nachrichten informieren tagesaktuell, Berichte über Kontexte – alles „mit Wahrheitsanspruch"

Nachricht   Bericht

15.2 Seligiert wird nackte Wahrheit – vorzugsweise wahre Nacktheit

Es ist dieser Programmbereich, der am deutlichsten macht, dass es bei Massenmedien um Informationen geht. Alltagssprachlich wie auch im journalistischen Sprachgebrauch werden „Informationen" nahezu gleichgesetzt mit „wahren", dokumentarischen Informationen. Von Informationen in Nachrichten und Berichten wird „vorausgesetzt und geglaubt", dass sie wahr sind. Die Wahrheitspflicht steht im Pressegesetz, im Pressekodex (der auch für Hörfunk und Fernsehen gilt) und ist oberster publizistischer Grundsatz.

Abb. 15.2 Die Wahrheitpflicht steht ganz oben

> **Publizistische Grundsätze**
>
> § 1 Die Achtung vor der *Wahrheit*, die Wahrung der Menschenwürde und die *wahrhaftige* Unterrichtung der Öffentlichkeit sind oberste Gebote der Presse.
> § 2 Zur Veröffentlichung bestimmte Nachrichten und Informationen in Wort und Bild sind mit der nach den Umständen gebotenen Sorgfalt auf ihren *Wahrheitsgehalt* zu prüfen....

(Publizistische Grundsätze/Pressekodex 2001; Hervorhebung durch M.B.)

Um den zentralen Begriff „Wahrheit" gruppieren sich weitere, verwandte Begriffe, die hier zu klären sind:
- ➢ Wahrheitsanspruch bzw. Wahrheitsunterstellung
- ➢ Wahrheit versus Konstruktion
- ➢ Unwahrheit bzw. Unwahrheitsverdacht
- ➢ Manipulation bzw. Manipulationsverdacht.

„Wahrheit" ist das oberste Selektionskriterium dieses Programmbereichs. Trotzdem wird laut Luhmann nicht absolut „wahr", sondern lediglich mit dem „Anspruch" auf Wahrheit bzw. „vorausgesetzter", „geglaubter" Wahrheit berichtet. Denn die Berichterstattung ist Ergebnis von Beobachtung (journalistisch: „Recherche") nach bestimmten Unterscheidungen und liefert daher unmöglich wahre *Abbilder* der Realität.

Möglich sind lediglich „Konstruktionen" von Realität mit Wahrheitsanspruch. Ob sie dem Wahrheitsanspruch standhalten, lässt sich durch Konsistenzprüfungen sowie durch einen Vergleich verschiedener Beobachterversionen miteinander kontrollieren (siehe oben Kap. 3.2 sowie Kap. 14.5). Die Welt bietet ja ein unermessliches Potential für unendlich viele Beobachtungen, Überraschungen, Informationen (vergl. oben Kap. 4.2.1, Kap. 4.2.3 und Kap. 6.3.1). Alles, was innerhalb dieses Potentials liegt, kann Anspruch auf Wahrheit erheben; was außerhalb liegt, nicht. Wahr ist beispielsweise, dass letzten Samstag in allen deutschen Städten lebhafter Fußgängerverkehr herrschte. Wahr ist auch, dass sich in Köln zehn Nackte darunter mischten. Unwahr ist, dass es zwanzig waren oder dies in München stattfand. Die Grenze zwischen wahr und unwahr ist also überwachbar (vergl. Abb. 15.3).

„Unwahrheit" kommt vor – aber nur vereinzelt: als bewusste Lügen oder versehentliche Falschmeldungen. Unwahre Meldungen müssen Ausnahme bleiben! Und zwar nicht aus moralischen Gründen – so argumentiert Luhmann nie –, sondern aus existentiellen. Denn wenn Falschmeldungen überhand nähmen, würde die Wahrheitsunterstellung für diesen Programmbereich zusammenbrechen und die Akzeptanz der Nachrichten in der Gesellschaft ein Ende haben. Darum setzt das System selbst alles daran, die Wahrheit zu überwachen – wie oben in Abb. 15.2 dokumentiert –, „Unwahrheitsverdacht" auszuräumen, falsche Berichterstattung abzustrafen und zu korrigieren.

> Fehlmeldungen bleiben „Einzelereignisse; denn andernfalls würde die Besonderheit dieses Programmbereichs Nachrichten und Berichte zusammenbrechen" (1996, 56). „Auf Unwahrheitsverdacht [kann] das System mit seinen alltäglichen Operationsweisen reagieren". (1996, 81)

Die Selektion nach Wahrheit reicht jedoch noch nicht aus, denn unendlich viel kann beanspruchen, wahr zu sein, und wird trotzdem nicht von den Medien gemeldet (vergl. auch oben Abb. 14.10). So kommt von den vielen möglichen

Wahrheiten über lebhaften Fußgängerverkehr in allen Städten wahrscheinlich nur die über die zehn Nackten in Köln in die Nachrichten. **Der Programmbereich seligiert also (a) nach Wahrheit, (b) legt er dann zusätzliche, eigene Kriterien an, um die Auswahl weiter einzugrenzen. Es ist dieser zweite, notwendige Auswahlakt, der „Manipulationsverdacht" erregt** (1996, 80 f).

Abb. 15.3 Nachrichten und Berichte seligieren (a) nach wahr/unwahr bzw. innerhalb/außerhalb des unermesslichen Potentials der Welt ...

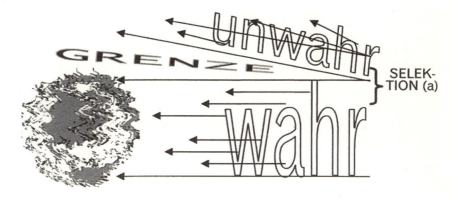

15.3 Immer dabei: „Manipulationsverdacht"

Der „Unwahrheitsverdacht" ist also eigentlich nicht das Problem; er betrifft nur Einzelfälle in der Berichterstattung. Anders der „Manipulationsverdacht"; er betrifft die Berichterstattung generell. Die Wahrheit ist ja nur eine notwendige, aber keine hinreichende Bedingung für die Nachrichtenauswahl. Die Selektion (a) nach wahr/unwahr grenzt ein, was zum potentiell möglichen Material gehören kann, und grenzt alles andere aus. Nach (a) muss also eine weitere Selektion (b) stattfinden, die *innerhalb* des Materials mit Wahrheitsanspruch auswählt. Manipulationsverdacht ist die ständig mehr oder weniger stark mitlaufende Irritation über diesen Selektionsspielraum; ein Verdacht, dass die Massenmedien ihn ausnutzen, um nach undurchschaubaren Interessenlagen und mit bestimmten Einflusszielen zu seligieren.

> „Wahrheit interessiert die Massenmedien nur unter stark limitierenden Bedingungen, die sich von denen wissenschaftlicher Forschung deutlich unterscheiden. Nicht in der Wahrheit liegt deshalb das Problem, sondern in der unvermeidlichen, aber auch gewollten und geregelten Selektivität." (1996, 56)

„Es ist wichtig, die wie immer beschränkten Möglichkeiten der Manipulation und des teils überzogenen, teils nicht durchdringenden Manipulationsverdachts als eine system*interne* Problematik zu begreifen und nicht als einen Effekt, den die Massenmedien in der Umwelt ihres Systems erzeugen." (1996, 80)

Abb. 15.4 ... und (b) seligieren sie *innerhalb* des unermesslichen Potentials mit Wahrheitsanspruch nach weiteren, medieneigenen Kriterien – aber nach welchen? Vielleicht manipulativ?

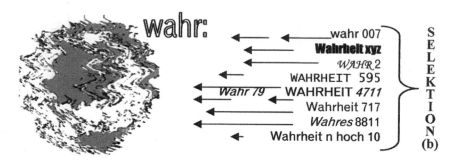

Sprachliche und bildliche Berichterstattung sind unterschiedlich verdächtig: Gefilmte Informationen haben einen „Glaubwürdigkeitsbonus", wovon die Fernsehnachrichten profitieren. Denn man kann etwas nur im Moment des Geschehens filmen, weder vorher noch nachher, so dass das gefilmte Material zum Teil der realen Realität unterworfen und dadurch weniger manipulierbar scheint als sprachliches Material (1996, 79; vergl. oben Kap. 13.2).

„Für die Manipulation des gesamten basalen Materials hat das Fernsehen buchstäblich ‚keine Zeit'." (1996, 79)

Aber grundsätzlich provozieren die gesamten Massenmedien einschließlich des besonders auf Wahrheit verpflichteten Programmbereichs „Nachrichten und Berichte" Zweifel; das liegt an ihrem Code. Denn eine gemeldete Information verweist immer auch auf das nicht Mitgeteilte, auf die Nichtinformation, und lässt damit unausweichlich „Motivverdacht" und „Manipulationsverdacht" entstehen. Daraus gibt es für die Medien kein Entrinnen (1996, 77 und 80 f; vergl. auch oben Abb. 14.7).

„Auf Unwahrheitsverdacht könnte das System mit seinen alltäglichen Operationsweisen reagieren, auf Manipulationsverdacht nicht". (1996, 81)

Abb. 15.5 Manipulationsverdacht

Mehrheit fühlt sich manipuliert

Mehr als 80 Prozent der Bundesbürger glauben, dass sie durch die Medien manipuliert werden. Das ergab eine repräsentative TNS Emnid-Umfrage. 83 Prozent meinten demnach, dass „die Medien uns durch Worte manipulieren". Dem Bild wird geringfügig mehr vertraut: 82 Prozent stimmten der Befürchtung zu, auch durch Bilder manipuliert zu werden. 55 Prozent der Befragten meinten, Bilder seien „ehrlicher als Worte".

(in: Journalist 2/2004, S. 6)

15.4 Zehn „Selektoren" konstruieren Informationen

Selektivität ist also unvermeidbar. Selektion kann nicht gleichsam maßstabsgetreu in „Punkt-für-Punkt-Korrespondenz zwischen Information und Sachverhalt" erfolgen. Der Programmbereich muss sich die „Freiheit zur Selektion" nehmen (das ist nach Abb. 15.4 die Selektion innerhalb des Selektionsspielraums b). **Charakteristisch für Massenmedien ist, dass sich das System selbst die Selektionsregeln gibt**: Es ist so, „daß das System *sich selbst Beschränkungen auferlegen muß – und kann*!" Für die Nachrichten listet Luhmann zehn Kriterien auf, die er „Selektoren" nennt, wobei er auch auf die ähnlichen, aus der empirischen Medienforschung bekannten „Nachrichtenfaktoren" verweist (1996, 57 f inkl. Anmerkung 5).

(1) „**Die Information muß neu sein**".
Der Eindruck von „neu" entsteht, wenn innerhalb eines bekannten, vertrauten Kontextes Erwartungen überraschend gebrochen werden. Neuheit lässt sich sogar in Serie produzieren, beispielsweise wenn ein Sender täglich Neues von der Börse berichtet (1996, 58 f).

(2) „**Bevorzugt werden Konflikte.**"
Nachrichten über Konflikte erzeugen im Moment Spannung und vertagen die Lösung der Spannung auf die Zukunft (1996, 59).

(3) „**Ein besonders wirksamer Aufmerksamkeitsfänger sind Quantitäten.**"
Das können etwa Unfallzahlen oder Daten über die Wirtschaftentwicklung sein. Quantitative Daten scheinen unschuldig, aber sind es nicht. Denn sie for-

dern Vergleiche heraus. So wird z.B. eine Gesellschaft, die auf Wachstum setzt, ständig durch latent mitlaufende Vergleichszahlen gereizt, wenn über „sinkende Exportquoten" oder „steigende Arbeitslosigkeit" berichtet wird. Derartige Berichte versetzen die Gesellschaft „in eine Art statistische Normaldepression" (1996, 59 f sowie 1997, 1099).

(4) „Ferner gibt der lokale Bezug einer Information Gewicht".
Was in der Nähe passiert, bekommt mehr Aufmerksamkeit als ein entsprechendes Ereignis in der Ferne (1996, 60 f).

Abb. 15.6 Selektor „lokaler Bezug", Quizfrage: Worüber berichtet hier eine schottische Zeitung im Jahr 1912?

(Antwort: Über den Untergang der Titanic)

(Luhmann: Die Realität der Massenmedien, 1996, S. 60, A. 8, der sich bezieht auf: Robertson: Globalization. London 1992, S. 174)

(5) „Auch Normverstöße verdienen besondere Beachtung"...
Abweichungen von der Norm – rechtlich, moralisch oder politisch – sind den Nachrichten immer eine Schlagzeile wert. Gern stellt die Berichterstattung solche Fälle als „Skandal" dar. Denn ein solcher wühlt auf, schweißt das Publikum in Betroffenheit und Entrüstung zusammen. Luhmann zeigt, wie sich das auswirkt: Üblicherweise fällt die *Normalität*, die *Einhaltung* einer Norm, nicht weiter auf; sie ist unsichtbar. Sichtbar wird die *Abweichung*, weil die Medien darüber berichten. Und erst jetzt wird auch die Norm erkennbar. **Massenmedien stärken also Normen, indem sie Abweichungen zeigen.**

Dabei lenken Massenmedien von der „Normalität der Devianz" ab. Dadurch dass beispielsweise über einen kriminellen Jugendlichen pointiert und Empörung auslösend berichtet wird, gerät aus dem Blick, „daß Delinquenz bis hin zu erheblicher Kriminalität im Jugendalter nicht die Ausnahme, sondern die Regel ist." Mit der Fokussierung auf Einzelpersonen als Abweichler „wird ein politischer Handlungsdruck erzeugt, der es nicht mehr erlaubt, die Berichte ins Nor-

15.4 Zehn „Selektoren" konstruieren Information

male zurückzubetten" (1996, 63). Eine mögliche Wirkung: Das Vorkommen wird überschätzt (vergl. auch unten Abb. 19.6).

> „Der Effekt von ständig wiederholten Informationen über Normverstöße könnte in der Überschätzung der moralischen Korruptheit der Gesellschaft liegen". (1996, 61 ff)

Abb. 15.7   Massenhaft Berichte über Normverstöße führen zu ihrer Überschätzung in der Gesellschaft

(6) ... besonders, „wenn ihnen moralische Bewertungen beigemischt werden können".
Die Nachrichten präsentieren „Schurken", ertappte Missetäter, an denen die Gesellschaft spektakulär vor Augen geführt bekommt, wer als gut und wer als böse gilt. Nicht nur Täter, auch Opfer und Helden dienen dazu, die gängige Moral zu demonstrieren (1996, 64 f).

(7) „Die Medien [bevorzugen] eine Zurechnung auf Handeln, also auf Handelnde", auf Personen. Personen und Handlungen – auch das sind *Konstrukte*. Kontexte sind abgeschnitten; weder Handlungshintergründe noch die „biochemischen, neurophysiologischen oder psychischen" Abläufe, die einen Menschen ausmachen, werden einbezogen. Über das Kürzel „Person", z.B. eines Politikers, können Massenmedien den Eindruck von Bekanntheit hervorrufen, Bezüge zur Alltagskommunikation herstellen, Unterschiedlichkeit in der

Operationsweise verschiedener Systeme – etwa der Politik und der Massenmedien – verwischen sowie Unschärfe erzeugen, was Anschlusskommunikation provoziert. Es wird der *Anschein* erweckt, als ob man einen *Menschen* kennen würde (1996, 65 ff).

Abb. 15.8 Politiker werden scheinbar menschlich und alltäglich nahegerückt

(8) „Das Erfordernis der Aktualität führt zur Konzentration der Meldungen auf Einzelfälle"
– Vorfälle, Unfälle, Störfälle, Einfälle." Die Einzelfälle werden rekursiv „in einen narrativen Kontext eingewoben [...], der weitererzählt werden kann." Dabei akzentuieren die Nachrichten, was davon man behalten soll und was getrost vergessen kann (1996, 68 f).

(9) „Auch die Äußerung von Meinungen [kann] als Nachricht verbreitet werden".
Die Medien machen Meinungen, die sie häufig sogar selber hervorrufen, zu berichtenswerten Ereignissen.

> Es handelt sich „um Ereignisse, die gar nicht stattfinden würden, wenn es die Massenmedien nicht gäbe. Die Welt wird gleichsam zusätzlich mit Geräusch gefüllt, mit Initiativen, Kommentaren, Kritik." (1996, 69 ff)

(10) „All diese Selektoren werden verstärkt und durch weitere ergänzt".
Das geschieht durch dazu ausgebildete „eigene Routinen" in den Presse- und Funkhäusern (1996, 71 f).

15.5 So werden Nachrichten und Berichte *gemacht*

Mit den „Selektoren" seligieren also Nachrichtenredaktionen etwas als Information aus der unendlichen Fülle möglicher Wahrheiten. Dabei werden einzelne Elemente, mit denen dieser Programmbereich etwas anfangen kann, aus ihrem Kontext in der Außenwelt herausgelöst, „dekontextiert" – etwa wie man aus diffusen Geröllhalden bestimmte Brocken nach eigenen Kriterien für seine eigenen Zwecke identifiziert und herausholt (1996, 74).

Dieses ist jedoch nur der erste Akt; er entspricht der ersten Stufe im dreistelligen Kommunikationsprozess, der „Selektion von Information". Danach muss noch ein zweiter Akt folgen, entsprechend der zweiten Stufe im Kommunikationsprozess, die „Selektion der Mitteilung". In diesem Akt wird aus dem gewonnenen Material die Nachricht oder der Bericht gemacht (vergl. oben Kap. 6.3.1 und Kap. 6.3.2).

Dabei erzeugen die Massenmedien „Identitäten"; „Sinnkondensate, Themen, Objekte" – Neukonstruktionen, die so in der realen Realität nicht vorliegen. Beispiele sind etwa: ‚der 11. September', ‚der Fall der Mauer', ‚der Untergang des Öltankers Exxon Valdez', ‚der Hormon-Lebensmittelskandal', ‚der Hamburger Stadt-Marathon', ‚die Vierlingsgeburt von Donsbrüggen', ‚das Heroin-Dementi' eines prominenten Sportlers. Diese Neukonstruktionen geschehen durch „*Kondensierung, Konfirmierung, Generalisierung und Schematisierung*". „Kondensierung" bedeutet Verdichtung auf bestimmte, klar markierbare Aspekte; für „Konfirmierung" wurde oben schon als Beispiel die Stärkung der Norm durch Berichte über Normverstöße und für „Generalisierung" als Beispiel die Art der Berichterstattung über Jugendkriminalität erwähnt; „Schematisierung" schließlich bezeichnet kognitive Routinen, was behalten und was vergessen werden kann (1996, 74 f und 2002b, 332; vergl. auch oben Kap. 14.6 und unten Kap. 18.2: Schema und Thema).

> „Aller Selektion, und das gilt für die alltägliche Kommunikation ebenso wie für die herausgehobene der Massenmedien, liegt also ein *Zusammenhang von Kondensierung, Konfirmierung, Generalisierung und Schematisierung* zugrunde, der sich in der Außenwelt, über die kommuniziert wird, so nicht findet. Das steckt hinter der These, daß erst die Kommunikation (oder eben: das System der Massenmedien) den Sachverhalten Bedeutung verleiht." (1996, 74 f.)
>
> „Das Identifizierte wird in ein Schema überführt oder mit einem bekannten Schema assoziiert. Es wird bezeichnet und dadurch bestätigt, und dies so, daß es auch für andere Rückgriffe in anderen Situationen denselben Sinn behalten kann." (1996, 74)

Das Ziel und das Ergebnis der neu hergestellten Sinneinheiten: Sie sind griffig etikettiert, dadurch gut handhabbar und erinnerbar. Auf sie lässt sich immer wieder rückverweisen: in der weiteren Medien-Berichterstattung, aber auch bei Gesprächen im Alltag und in der gesamten gesellschaftlichen Kommunikation.

Sie füllen das „soziale Gedächtnis" der Gesellschaft. Es lassen sich ständig neue Themen zufügen, mit alten assoziieren und andere alte aussortieren. Und sie sind so griffig und quasi natürlich, dass sie nach naivem Verständnis scheinbar in der Außenwelt vorgefunden und von den Massenmedien lediglich berichtend transportiert werden. Der Eindruck täuscht: **Die „Sinnkondensate, Themen, Objekte" sind Produkte dieses Programmbereichs der Massenmedien** (1996, 75; vergl. auch unten Kap. 18.3).

Abb. 15.9   Nachrichten und Berichte gewinnen Informationselemente aus der Außenwelt und konstruieren daraus ihre eigenen Sinneinheiten, Themen

Thema: „Hamburger Stadtmarathon"
Sportredaktion: „Neue Bestzeit..."
Lokales: „Endlich wieder in unserer Stadt..."
Wetter: „Bei strahlendem Sonnenschein..."
Wissenschaft: „Flüssigkeitsverlust beim Laufen..."
Mode: „Neue Renn-Höschen aus Kunstfaser..."
Buntes: „Ihr Freund feuerte sie an..."
Kulturressort: „Lola rennt"

Kapitel 16 – Werbung

16.1 Werbung täuscht – ehrlich gesagt

„Nach der Wahrheit die Werbung", so beginnt Luhmann sein Kapitel über Werbung in „Die Realität der Massenmedien" (1996, 85ff). Die Nachrichten berichten zwar auch nicht die „Wahrheit", aber sie wollen es doch. Der Werbung dagegen ist die Wahrheit egal. Sie will Beachtung ihrer Produkte und Verkaufserfolg – selbst wenn dafür gelogen werden muss. Das Interessante dabei ist, dass **die Werbung über ihre Täuschungsabsicht nicht hinwegtäuscht**. Sie spielt mit offenen Karten, „deklariert ihre Motive", und jeder weiß Bescheid. Indem sie sich dazu bekennt, nimmt sie das auf sich, wessen man die Massenmedien insgesamt verdächtigt: „Manipulation" – „die Todsünde der Massenmedien".

> „Die Werbung sucht zu manipulieren, sie arbeitet unaufrichtig und setzt voraus, daß das vorausgesetzt wird. Sie nimmt gleichsam die Todsünde der Massenmedien auf sich – so als ob dadurch alle anderen Sendungen gerettet werden könnten. [...] Das ändert nichts daran, daß über das Ziel der Werbung, über das Mitteilungsmotiv nicht getäuscht wird." (1996, 85 f)

Abb. 16.1 Werbung lügt – unverhohlen

16.2 Und leistet „Beihilfe zur Selbsttäuschung"

Die Werbung täuscht also unverhohlen. Allerdings gibt es dabei doch Grenzen: rechtliche Grenzen. Unbegrenzt kann sie aber eine andere Art von Täuschung versuchen, nämlich die „Beihilfe zur Selbsttäuschung des Adressaten". Und das macht die Werbung mehr und mehr. Sie setzt ihre Gestaltungsmittel ein, um den Umworbenen ihre eigenen Motive zu verschleiern (1996, 86).

Ein Mittel dafür ist die schöne Form, die vor die Informationen geschoben wird. Als Teil der Massenmedien ist der Code der Werbung ja Information/Nichtinformation. Auf mitgeteilte Informationen kann ein Empfänger mit Zustimmung oder Ablehnung – also kritisch – antworten. Die Werbung aber will eigentlich nicht informieren, weil sie keine Kritik will. Sie verdeckt die Informationen über die beworbenen Produkte mit Raffinesse oder mit Drastik oder durch kürzeste Ausstrahlungssequenz oder durch Unterbrechung oder ähnlich, jedenfalls „mit psychologisch komplexer eingreifenden Mitteln, die die zur Kritik neigende kognitive Sphäre umgehen". Damit werden Informationen unkenntlich gemacht. Die interessante Verpackung schluckt die Information (1996, 85 f).

> „Gute Form vernichtet Information. Sie erscheint als durch sich selbst determiniert, als nicht weiter klärungsbedürftig, als unmittelbar einleuchtend. Sie bietet also keinen Anlaß zu weiterer Kommunikation, auf die weitere Kommunikation dann wieder mit Ja oder mit Nein reagieren könnte." (1996, 87)

Andere Mittel sind die „Opakisierung" und „Paradoxierung". Dabei wird der Werbe- und Verkaufszweck nebulös verwischt, indem die Aussage z.B. ins Paradoxe gekehrt, das Gegenmotiv vereinnahmt, das eigentliche Werbeobjekt vorenthalten, Vordergrund/Hintergrund oder Anfang/Ende vertauscht wird. So etwa, wenn die Werbung absurderweise behauptet, man könne durch kaufen sparen (vergl. Quelle: „shoppen und sparen bei www.quelle.de"; McDonalds: „Sparen Sie sich satt!"). Oder wenn sie das Gegenteil tut von dem, was sie behauptet (vergl. die Bundesbahn: „Alle reden vom Wetter, wir nicht"). Oder wenn sie widersinnig akzentuiert (vergl. die Mercedeswerbung, die eine leere Garage zeigt, Abb. 16.2). Oder wenn sie ihr eigentliches Objekt versteckt (vergl. z.B. den Slogan: „Immer? Nein, aber immer öfter", der *nicht* für gehorsame Hunde wirbt). Der Effekt laut Luhmann: Da die Werbebotschaft sich selbst zu negieren scheint, räumt sie scheinbar jede Freiheit im Umgang mit ihr ein. Aber in Wirklichkeit besteht diese Entscheidungsfreiheit gar nicht, denn die Paradoxien fesseln, so dass die Adressaten Interesse und Erinnern aktivieren. Man wird aufmerksam, ob man will oder nicht, und ist beeinflusst, ohne es zu merken und ohne zu wissen, wie (1996, 87 f).

16.3 Latente Funktion: Leute ohne Geschmack mit Geschmack versorgen

„Solche Techniken der Paradoxierung der Motivlage lassen jede Freiheit (oder so meint man jedenfalls), das Paradox durch Entscheidung für oder gegen die Transaktion aufzulösen. Aber schon damit sind Erfolgserwartungen verbunden. Denn zunächst kommt es ja darauf an, in ein bereits interessenfixiertes Terrain einzubrechen und eine spezifische Ungewißheit zu erzeugen: Schon daß man überhaupt die Frage stellt, ob oder ob nicht [...], ist ein Erfolg der Werbung." (1996, 88)

Der Umworbene „wird dann erkennen, daß es sich um Werbung handelt, aber nicht: wie er beeinflußt wird. Ihm wird Entscheidungsfreiheit suggeriert, und das schließt ein, daß er von sich aus will, was er eigentlich gar nicht wollte." (1996, 86 f)

Abb. 16.2 Paradoxien in der Werbung – z.B. Vorenthaltung des Kaufobjekts – räumen scheinbar Freiheit (vom Kaufdruck) ein, sind aber doch Fesselung (von Aufmerksamkeit und Erinnerung)

(Werbung von Mercedes)

16.3 Latente Funktion: Leute ohne Geschmack mit Geschmack versorgen

Wenn nun jeder weiß, dass die Werbung das manifeste Ziel hat, zu manipulieren: Warum kommt sie trotzdem an? Laut Luhmann deswegen, weil sie zusätzlich eine latente Funktion erfüllt: „Leute ohne Geschmack mit Geschmack zu versorgen". Damit leistet sie ihren spezifischen Beitrag zur Realitätskonstruktion durch Massenmedien (1996, 89).

„Leute ohne Geschmack" – damit sind nun nicht Hinterwäldler und Landeier gemeint. Luhmanns Ansatz ist fundamentaler. Wie im Zusammenhang von

Massenmedien generell schon gesagt: Es gibt heute keine eindeutigen gesellschaftlichen Instanzen mehr wie früher den Adel, die Stadt oder die Weisen, die verbindlich machen könnten, welche Realitätskonstrukte die richtigen, vorbildlichen, kulturell angemessenen und gemeinsam zu teilenden sind (vergl. oben Kap. 14.4). Diese Orientierungsfunktion haben die Massenmedien übernommen. Und innerhalb der Massenmedien übernimmt die Werbung ihren Part. Der Wirklichkeitsbereich, für den die Informationen aus der Werbung die gültigen Orientierungen bereitstellen, ist Geschmack und Mode. **Woher weiß man denn heute, was modern und geschmackvoll ist? Aus der Werbung.** In diesem Sinne sind eigentlich *alle* Leute „Leute ohne Geschmack", die Selektionssicherheit beziehen müssen. Es ist die Werbung, die „diese Geschmack substituierende Funktion" und damit in dieser Hinsicht „Selektionssicherheit" liefert.

> „Mit ihrer [der Werbung] Hilfe kann man sich sowohl optisch als auch verbal **in Bereichen, in denen man über keine Kriterien verfügt, mit Selektionssicherheit versorgen lassen**". (1996, 89; Hervorhebung durch M.B.)
>
> „Der Konsument reagiert, ob er kauft oder nicht, gleichsinnig mit anderen, ohne daß dazu eine direkte Imitation anderer erforderlich wäre. Auch das hängt damit zusammen, daß es keine überzeugende Oberschicht mehr gibt, an der man ablesen könnte, was ,geht' und was ,nicht geht'. Eher ist es umgekehrt, daß die Oberschicht sich selbst in dem, was sie begehrt und vorzeigenswert hält, nach dem Geschmacksdiktat der Werbung richtet". (1996, 90)
>
> „Ihre [der Werbung] latente Funktion liegt aber in der Erzeugung und Festigung von Kriterien des guten Geschmacks für Leute, die von sich aus darüber nicht mehr verfügen; also in der Belieferung mit Urteilssicherheit in bezug auf die symbolischen Qualitäten von Objekten und Verhaltensweisen." (1997, 1105)

Abb. 16.3 Wer informiert über Geschmack? Werbung. Und bedient sich der neuen Oberschicht

(Boris Becker in Werbung von AOL)

16.4 Werbung und Mode wollen stets Neues. Darum: Tempo!

Werbung steht der Mode nahe. Beide sind gleichermaßen dem „schönen Schein" verpflichtet. Die Mode ist aber zeitabhängig; ‚modern' und ‚modisch' kann nicht etwas von gestern sein. Damit wird auch die Werbung zeitbezogen. **Wie die Informationen für Massenmedien generell müssen Werbung und Mode immer neu sein und veralten sich ständig selbst.** So leistet die Werbung – wie das Massenmedien-System überhaupt – ihren Beitrag zur Temporalisierung der Gesellschaft (1996, 91; vergl. auch oben Kap. 14.7).

> „Werbung ist dann auch ein Faktor in der Erzeugung des Umschlagtempos." (1996, 91)
>
> „Seitdem [seit dem 17. Jahrhundert] ist das Bündnis von schönem Schein und kurzer Dauer Thema der europäischen Diskussion. Die Werbung verlangt stets Neues, und darauf beruht auch die Macht der Mode." (1996, 91)
>
> „Die Kultobjekte müssen, für kurze Zeit und deshalb desto wirksamer, inszeniert werden." (1996, 93)

Abb. 16.4 Werbung und Mode – „Bündnis von schönem Schein und kurzer Dauer"

16.5 Werbung wie Alltagskultur: Balance zwischen Zwang und Freiheit

In der Werbung sind zwei gesellschaftliche Funktionssysteme strukturell gekoppelt: Einerseits das Wirtschaftssystem; aus Sicht der Wirtschaft verfolgt die Werbung ökonomische Ziele: verkaufen! Und andererseits das Mediensystem; „im System der Massenmedien folgt sie anderen Gesetzen": einen Beitrag zur Realitätskonstruktion liefern!

Die wirtschaftliche Perspektive greift allerdings ebenfalls mehr und mehr über die finanzielle Kalkulation hinaus. Der Fokus verlagert sich vom „Was" – dem Produkt – auf das „Wie": „Zunehmend wird die Realitätskonstruktion selbst zum Problem, zur Frage des ‚wie'?" „Wie" zu werben, welches Mittel aufmerksamkeitsträchtig und was im Moment angesagt ist, das lassen Marketing- und Werbeabteilungen über „Trendscouts" bei potentiellen Käufern und Werbeadressaten auspähen. Sie suchen danach, „was gehen wird", und stellen ihre Aktivitäten darauf ab. Statt nur Verkaufserfolg gewinnen die Mobilisierung von Aufmerksamkeit, die öffentliche Präsenz und die Demonstration von Zugehörigkeit zur ‚Szene' an Bedeutung. Den Wirtschaftsunternehmen scheint es weniger um massenhafte Verkaufszahlen und Profit, „eher scheint es um den Zwang zu gehen, sichtbar zu bleiben". Dazu werden „Kultobjekte" erzeugt und inszeniert, die sich kurze Zeit halten, schnell veralten und dann wieder durch neue ersetzt werden müssen (1996, 92 f).

Abb. 16.5 Kultobjekte werden ausgespäht, inszeniert und immer wieder durch neue ersetzt

(Werbung von Nike)

16.5 Werbung und Alltagskultur: Balance zwischen Zwang und Freiheit

Oberflächlich findet also permanent Wechsel, Abwechslung, „Varietät", „Oberflächendifferenzierung", „Freiheit" statt. Dahinter verbergen sich jedoch notwendig gleichbleibende Strukturen, immer „Dasselbe", „Redundanz", „hohe Standardisierung" und „Ordnung". Konkret: Bei einem Waschmittel oder einer Automarke wird ständig ein Modell vom nächsten, neueren abgelöst. Dahinter stehen jedoch die gleichbleibende Marke und das Ziel der „Markentreue" der Konsumenten. Das Verhältnis von einerseits Varietät und andererseits Redundanz muss ausgependelt sein, sowohl bei den Produkten wie überhaupt in der Alltagskultur. Es entwickelt sich eine Warenkultur von „Varietät und Redundanz [...] Ein BMW bleibt ein BMW, aber er wird von Modell zu Modell immer besser". Parallel dazu etabliert sich eine Alltagskultur nach demselben Muster (1996, 94). **Eine Funktion der Werbung besteht also darin, in der Alltagskultur Stabilität und Wandel, Ordnung und Freiraum, Zwang und Freiheit auszubalancieren**.

> „Der Erfolg der Werbung liegt nicht nur im Ökonomischen, nicht nur im Verkaufserfolg. Das System der Massenmedien hat auch hier eine *eigene Funktion*, und sie dürfte in der *Stabilisierung eines Verhältnisses von Redundanz und Varietät in der Alltagskultur liegen*." (1996, 94)

> „So entsteht eine Kombination von hoher Standardisierung mit gleichfalls hoher Oberflächendifferenzierung – **eine Art beste der möglichen Welten mit so viel Ordnung wie nötig und soviel Freiheit wie möglich**." (1996, 94, Hervorhebung durch M.B.)

Abb. 16.6 Werbung stabilisiert das Verhältnis von Redundanz und Varietät in der Alltagskultur

Redundanz
„Persil bleibt Persil"
„Persil bleibt Persil"
„ ... bleibt Persil"
„ ... bleibt Persil"
„ ... bleibt ... "
„ ... bleibt ... "
„ ... bleibt ... "
„ ... bleibt ... "
„ ... bleibt ... "

Varietät
„Das beste Persil
das es je gab"
„Neu mit Megaperls"
„Neu –Persil sensitiv"
„Persil Color Liquids"
„Persil flüssig
in neuer Form"
„ ... neu ..."
„ ... neu ..."
„ ... neu ..."

Kapitel 17 – Unterhaltung

17.1 Die „reale Realität" öffnet ein Fenster zu ‚Fenster im Hof'

In seinem Buch „Die Realität der Massenmedien" untersucht Luhmann im 8. Kapitel als dritten Programmbereich die Unterhaltung. Auch die Medienunterhaltung folgt dem Code Information/Nichtinformation. Anders als in der üblichen Bezeichnung von Programmressorts ist bei Luhmann **„Unterhaltung" also kein Gegenbegriff zu „Information"**. Auf den Unterhaltungsbereich richtet er die nämlichen Fragen wie auf die anderen Programme und wie auf Massenmedien generell.

> „Indem wir uns jetzt der ‚Unterhaltung' durch Massenmedien nähern, betreten wir erneut einen ganz andersartigen Programmbereich. Auch hier interessieren uns nur die theoretisch präparierten Fragen. [...] Im Kontext der Theorie der Massenmedien bleiben wir [...] **bei Problemen der Realitätskonstruktion und bei der Frage, wie in diesem Falle die Codierung Information/Nichtinformation sich auswirkt.**" (1996, 96; Hervorhebung durch M.B.)

Abb. 17.1 Übliches Verständnis: Programmsparte Information *versus* Programmsparte Unterhaltung. (Dagegen Luhmann: Informationscode auch *in* Unterhaltung)

Spartenverteilung im deutschen Fernsehen (2003)		
	ARD/ZDF	RTL/SAT1/Pro7
Information	46 %	22 %
Unterhaltung		
fiktionale	28 %	28 %
nonfiktionale	8 %	21 %
Sport	7 %	1 %
Musik	2 %	1 %
Kinder/Jugendsendungen	6 %	4 %
Werbung	1 %	18 %
Sonstige	2 %	4 %

(Nach IFEM Institut für empirische Medienforschung, in: Media Perspektiven 2004/5,195)

Luhmann befasst sich mit *fiktionaler* Unterhaltung, wie sie etwa in Romanen, Spielfilmen, Hörspielen und Fernsehstücken in vielen Varianten erfolgt; außerdem mit Formen *inszenierter* Unterhaltung, das sind „Wettbewerbe aller Art, etwa Quizsendungen oder Übertragung von Sportveranstaltungen" sowie die „höchstpersönlichen Erfahrungsberichte" im Fernsehen wie beispielsweise Talk-Shows (1996, 108 und 111).

Allgemeiner Ausgangspunkt ist das Modell des Spiels. Beim Spiel entsteht auf einem abgegrenzten Spielfeld neben der Alltagswelt eine eigene Spielwelt mit eigenen Regeln. Ähnlich findet bei der Medienunterhaltung „eine Art von Realitätsverdoppelung" statt: Einerseits gibt es die „reale Realität" (Realität erster Ordnung; vergl. Kap. 14.4), voll mit Dingen wie Bäumen, Gebäuden, Sesseln, Büchern, Comic-Heften, Radios, Filmleinwänden und Fernsehbildschirmen. Verglichen mit anderen Dingen sind Bücher, Comic-Hefte, Radios und Bildschirme „doppelseitige Objekte" mit zwei Seiten:

(1) Sie haben eine ‚Außenseite', das ist ihre der realen Realität zugehörige dingliche Seite.

(2) Zusätzlich öffnet sich darin ein „Rahmen", gleichsam ein Fenster, durch das man in eine spielerische zweite, fiktionale oder inszenierte Realität blicken kann. So öffnet beispielsweise die Kinoleinwand ein Fenster zur Kriminalgeschichte „Das Fenster zum Hof", eine Spiele-CD das Fenster zur Mohrhuhnjagd, ein Buch das Fenster zu Robinson Crusoe auf seiner einsamen Insel. Auf der zweiten Seite dieser Objekte, „auf der ‚Innenseite' findet sich dann, in der realen Realität unsichtbar, die Welt der Imagination" (1996, 99).

> „Der Realitätsausschnitt, in dem die zweite Welt konstituiert wird, [ist] optisch oder akustisch markiert: als Buch, als Bildschirm, als auffallende Sequenz eigens präparierter Geräusche, die in diesem Zusammenhang dann als ‚Töne' wahrgenommen werden. **Dieser äußere Rahmen setzt dann eine Welt frei, in der eine eigene fiktionale Realität gilt. Eine Welt!**" (1996, 98; Hervorhebung durch M.B.).

Abb. 17.2 Bücher, Radios, Bildschirme sind „doppelseitige Objekte": In ihrer ersten, realen Realität öffnet sich ein Rahmen zu einer zweiten, fiktionalen Realität

Die beiden Realitäten existieren parallel und gleichzeitig. Sie negieren sich nicht, im Gegenteil: verweisen ständig aufeinander. Das Erleben der imaginierten Realität verstärkt sogar den Realitätscharakter der realen Realität.

„Die Unterhaltung ist keineswegs irreal (im Sinne von: nicht vorhanden). Sie setzt durchaus selbsterzeugte Realobjekte, sozusagen doppelseitige Objekte voraus, die den Übergang von der realen Realität zur fiktionalen Realität, das Kreuzen der Grenze ermöglichen." (1996, 98 f)

„Es wird eine bestimmten Bedingungen gehorchende zweite Realität geschaffen, von der aus gesehen die übliche Weise der Lebensführung dann als die reale Realität erscheint. [... Dabei] existiert alles, was existiert, gleichzeitig. Das Spiel enthält in jeder seiner Operationen immer auch Verweisungen auf die gleichzeitig existierende reale Realität." (1996, 97)

17.2 Informationen für eine „zweite Realität"

17.2.1 Fiktionale Unterhaltung mit Happy Anfang und End – plausibel

Die Frage ist nun, wie diese zweite Realität geschaffen wird. Oder in Worten, die den Informations-Code noch einmal fixieren, „wie mit Hilfe von Informationen [...] eine Sonderrealität der Unterhaltung ausgegrenzt werden kann." (1996, 100)

17.2 Informationen für eine „zweite Realität" 225

Zunächst zur *fiktionalen* Unterhaltung. Ihre „Sonderrealität" ist *zeitlich* besonders: Romane, Filme, Fernsehstücke entwickeln ihre je eigene Zeit, losgelöst vom Zeitablauf der realen Welt. Leser, Hörer, Zuschauer können dabei – anders als in ihrem realen Leben – wirklich abgeschlossene Episoden mit „Anfang und Ende beobachten", was intensiv zu befriedigen vermag. Das Glückliche am „happy end" liegt offenbar nicht nur darin, dass ‚sie sich *kriegen*', sondern dass die ganze Geschichte überhaupt beobachtbar *endet*. Und weil sie endet, gibt es Bedarf für neue Geschichten: „Man will immer neu unterhalten werden". Die Zeit- und Neuorientierung der Massenmedien generell ist also auch diesem Programmbereich eigen (1996, 98 und 105).

Abb. 17.3 Happy End oder nicht – jedenfalls ist die ganze Geschichte von Anfang bis Ende beobachtbar

(Grace Kelly und James Stewart in dem Kinofilm „Das Fenster zum Hof")

Die fiktionale „Sonderrealität" ist ferner besonders, weil sie *erfunden* ist. Das heißt die Informationen, die hierfür seligiert werden, sind frei wählbar und nicht – wie im Programmbereich „Nachrichten und Berichte" – der Wahrheit verpflichtet. Allerdings reichen ausschließlich fiktionale Informationen nicht aus. Hinzukommen müssen Versatzstücke aus der bekannten und daher wiedererkennbaren realen Realität.

> Es „darf in der Unterhaltung, gerade wenn die Geschichte als fiktiv erzählt wird, nicht schlechthin alles fiktiv sein. Der Leser/Zuschauer muss in die Lage versetzt werden, sehr schnell ein zur Erzählung passendes, auf sie zugeschnittenes Gedächtnis zu bilden; und das kann er nur, wenn ihm in den Bildern oder Texten genügend ihm bekannte Details mitgeliefert werden." (1996, 99)

Am Anfang jeder Geschichte stehen freie Entscheidungen für Informationen fiktionaler und realer Natur. Wie wir bereits wissen, sind „Informationen [...] Unterschiede, die einen Unterschied machen" (1996, 100, nach Gregory Bateson; vergl. schon oben Kap. 4.3.4 und Kap. 6.3.1). Der Erfinder einer fiktionalen Geschichte – Romanschreiber, Dichter, Film- und Fernsehmacher – ist also zu Beginn völlig frei, Entscheidungen/Unterscheidungen *für* bestimmte Informationen und *gegen* andere zu treffen; beispielsweise im Liebesroman für bestimmte Mann-Frau-Begegnungen oder gerade verpasste Begegnungen, in der Abenteuergeschichte für die Strandung des Schiffbrüchigen auf einer menschenleeren Insel, im Krimi für ein Mordkomplott, in der Fernsehserie für eine bestimmte Intrige, im Science-Fiction-Film für eigenartige Naturgesetze, Mutationen oder Kontakte zwischen Bewohnern fremder Planeten; in allen Geschichten für bestimmte Charaktere, Verwicklungen, Schicksale sowie kulturelle, geografische und historische Konstellationen.

Diese anfangs frei getroffenen Unterscheidungen produzieren anschließend zwangsläufig Bedarf an weiteren Informationen, die dann nicht mehr frei erfunden werden können, sondern sich konsequent aus den bereits getroffenen Entscheidungen ergeben müssen. Sie schaffen Ungewissheit und „Spannung", die durch weitere, folgerichtig anschließende Informationen zu bedienen sind. **Die *anschließenden* Informationen müssen innerhalb der fiktionalen Realität selbst erzeugt werden und immanent plausibel sein.** Vorzugsweise die fiktiven Personen, „'Subjekte' [...] als fiktionale Identitäten", müssen durch ihre Aktivitäten den Anschluss erzeugen. Und dieser muss der besonderen, eigenartigen Logik genau dieser selbstgeschaffenen, fiktionalen Realität folgen. Nachdem eine Geschichte erst einmal in Gang gesetzt wurde, was von außen aus der realen Realität her geschieht, muss sie innerhalb ihrer Sonderrealität fast autopoietisch geschlossen ablaufen (ohne dass Luhmann diesen Begriff hier gebraucht).

> Es handelt sich um eine „Produktion von aus Informationen erzeugten Informationen (aus Unterscheidungen erzeugten Unterscheidungen) [...] Dies setzt als Weiteres voraus, daß die Sequenz der informationsverarbeitenden Operationen *ihre eigene Plausibilität selbst erzeugt.* Ähnlich wie bei Technologien kommt es zu einer Schließung des Prozesses gegenüber unkontrollierten Umwelteinflüssen. Was einen Unterschied gemacht hat, begründet dann hinreichend, welche weiteren Unterschiede möglich sind. Der Prozeß erzeugt und transportiert in diesem Sinne **eine durch ihn selbst erzeugte und immer wieder erneuerte Unsicherheit, die auf weitere Information angewiesen ist.**" (1996, 101; Hervorhebung durch M.B.)

17.2 Informationen für eine „zweite Realität"

Abb. 17.4 Fiktionale Unterhaltung: Informationen müssen plausible Informationen erzeugen – z.B. der Träger eines gefährlichen Ringes muss Gefahren bestehen

(Plakat des Kinofilms „Herr der Ringe" nach dem Roman von J. R. R. Tolkien)

Als Zwischenfazit lässt sich feststellen: Die fiktionale Realität ist eine zweite Realität im „Rahmen", nach außen begrenzt durch die reale Realität, nach innen durch Anfang und Ende und „fiktionale Geschlossenheit". Eine Unterhaltungswelt, in Gang gesetzt aus zunächst frei ausgewählten Informationen fiktiver und realer Natur, die dann geschlossen operiert, mit einem eigenen „Gedächtnis", einer eigenen Logik und Plausibilität, welche die „Erzeugung und Auflösung einer selbstgeschaffenen Ungewißheit" prozessiert (1996, 102 f).

17.2.2 Inszenierte Unterhaltung – glaubwürdig

Nach der *fiktionalen* Unterhaltung nun zu dem Typ, den man *inszenierte* Unterhaltung nennen könnte. Dabei setzt Luhmann sich besonders mit der „Gattung der höchstpersönlichen Erfahrungsberichte" im Fernsehen auseinander, wozu sicher Talk- und Beziehungsshows, ferner Reality TV wie „Big Brother" und „Dschungel-Camp" samt Nachfolgesendungen gehören. Es ist die Frage, worin der Unterhaltungswert solcher Angebote besteht, die auf den „Wegfall aller Peinlichkeit" setzen (1996, 111).

> „Anscheinend liegt das Interesse an solchen Sendungen darin, eine **glaubwürdige, aber nicht konsenspflichtige Realität** vorgeführt zu bekommen. Obwohl in derselben Welt lebend (es gibt keine andere), wird der Zuschauer keinen Konsenszumutungen ausgesetzt. Ihm steht es frei, zuzustimmen oder abzulehnen. Ihm wird kognitive und motivationale Freiheit angeboten – und dies ohne Realitätsverlust! Der Gegensatz von Freiheit und Zwang ist aufgehoben." (1996, 112; Hervorhebung durch M.B.)

Das Entscheidende ist offenbar die Beziehung zur Realität. Auch diese Form der Unterhaltung – wie die fiktionale – erzeugt eine zweite Realität, eine Sonderrealität neben der ersten, realen Realität. Die zwei Realitäten sind hier auf eine eigene Weise miteinander verbunden, die einen eigenen Genuss schafft. Im Vergleich sieht das so aus:

> *Nachrichten und Berichte* müssen dem Anspruch „wahr" verpflichtet sein. Das ist die höchste Verpflichtung in Beziehung zur realen Realität, ein Zwang.
> *Fiktionale Unterhaltungsangebote* müssen „plausibel" sein. Das Kriterium Plausibilität gilt nur *innerhalb* der zweiten Realität. Das ist also der geringste Anspruch in Beziehung zur realen Realität, die größte Freiheit.
> *Inszenierte Unterhaltungsangebote* müssen „glaubwürdig" sein. Darin liegt durchaus ein verpflichtender Anspruch in Bezug auf die reale Realität, liegt ein „Zwang": Man ist gezwungen, den Realitätscharakter anzuerkennen. Aber gleichzeitig wird die Freiheit eingeräumt, dem, was da in den Shows und Talks als „real" vorgeführt wird, zuzustimmen *oder es abzulehnen*. Das heißt in Bezug auf Konsens gibt es keinen Anspruch, es gibt keine „Konsenspflicht": **„Der Gegensatz von Freiheit und Zwang ist aufgehoben"** – **was anscheinend eine eigene Anziehungskraft entfalten kann** (vergl. auch unten Abb. 17.8).

Abb. 17.5   Inszenierte Unterhaltung: Vorgeführt wird „eine glaubwürdige, aber nicht konsenspflichtige Realität"

(Daniel Küblböck mit Kakerlaken in der Fernsehsendung „Dschungel-Camp: Ich bin ein Star – holt mich hier raus", RTL 2003)

17.3 So lernen Kulturen das Inszenieren und Beobachten

Dass neben der realen Realität eine derartige zweite, fiktionale oder inszenierte Realität (in unendlichen Variationen) erlebbar wird, **muss Auswirkungen auf Kultur und Gesellschaft im Ganzen haben**. Luhmann konstatiert mehrere Effekte:

Das Erleben von Fiktion macht mit Inszenierung und Täuschung vertraut. Denn das Publikum kann ja nun im Kontrast zu seiner realen Wirklichkeit auch vorgetäuschte Wirklichkeiten kennenlernen. Es weiß um die Täuschung, genießt sie sogar – ganz anders als im wirklichen Leben. Real fürchtet man sich, manipuliert zu werden; fiktional sucht man das. Laut Luhmann handelt es sich hier um ein historisch neues Phänomen: Erst mit dem Buchdruck werden fiktionale Entwürfe breit bekannt, und erst jetzt werden Kulturen vertraut damit, „Tatsachen und Fiktionen zu unterscheiden" (1996, 104). Er geht sogar noch einen Schritt weiter: Generell wird dadurch gelernt, dass Wirklichkeit inszeniert werden kann und es also auch im realen Leben permanent zwischen Schein und Wirklichkeit zu unterscheiden gilt.

> Eine Unterhaltungswelt ist „eine eigenständige Inszenierung, die als nur vorgetäuscht erlebt wird, und außerdem *in sich selbst* das Spiel von Täuschung und Durchschauen, von Unkenntnis und Kenntnis, von motivgesteuerter Präsentation und generalisiertem Motivverdacht nochmals wiederholt. Dem Einzelnen wird damit freigestellt, eigene Lebenssituationen entsprechend zu deuten. Vor allem aber **wird das Schema, in allen Beziehungen mit dem Unterschied von Anschein und Wirklichkeit zu rechnen, zum festen Bestand einer Kultur**, die dann ohne weitere Umstände davon ausgehen und darauf aufbauen kann, daß dies verstanden wird." (1996, 103; Hervorhebung durch M.B.)

Abb. 17.6 Inszenierung wird zum festen Bestand unserer Kultur

Ein weiterer Effekt ist die Einübung der Beobachterrolle. Die Unterhaltungsangebote leben ja davon, fiktive bzw. inszenierte Ereignisse, Subjekte, Schicksale zu beobachten und zu beschreiben. Leser und Zuschauer können ihrerseits diese Beobachtung beobachten. Vor allem Fernsehsendungen laden zum Beobachten ein; und innerhalb des Fernsehens etwa Sportübertragungen, Sport-, Spiel, Quiz- und Talk-Shows, inszenierte Diskussions-Duelle von Politikern, intime „Erfahrungsberichte" usw. Durch diese besonders realitätsorientierten Formate differenziert sich die Beobachterrolle noch weiter aus: Man beobachtet die Beobachtung sowie die Beobachter in der Sendung – und schließlich sich selbst beim Beobachten (vergl. Abb. 17.7 sowie oben Abb. 12.12).

> „Fast unbemerkt wird der Zuschauer dazu gebracht, sich selbst als Beobachter zu begreifen." (1996, 110)
> „Man lernt Beobachter beobachten – und zwar im Hinblick auf die Art, wie sie auf Situationen reagieren; also: wie sie selber beobachten. Dabei ist man [...] Beobachter zweiter Ordnung." (1996, 113)

Abb. 17.7 Man wird zum Beobachter und begreift sich selbst als Beobachter

17.4 Unterhaltung „re-imprägniert", was man ohnehin weiß und ist

Dass neben der realen Realität eine zweite, fiktionale oder inszenierte Realität erlebbar wird, **muss auch Auswirkungen auf die individuellen Nutzer haben.** In dieser Hinsicht stellt Luhmann ebenfalls verschiedene Funktionen und Effekte fest:

17.4 Unterhaltung „re-imprägniert", was man ohnehin weiß und ist

So werden vorhandene Wissensbestände – das, was man ohnehin *weiß* – verstärkt. Es wurde schon gesagt, dass die Unterhaltungsangebote wiedererkennbare Bruchstücke aus der realen Realität übernehmen. *Wie* diese Bezüge benutzt werden – das ist typisch Unterhaltung: Wenn etwa „The day after tomorrow" die Angst vor einer drohenden Klima-Katastrophe, „Jurassic Park" Wissen über Dinosaurier, „Tatort" über die Arbeit der Kriminalpolizei und „Asterix" über Gallien zur Zeit Caesars einbaut, so geschieht das einerseits bestätigend: Vorhandenes Wissen erfährt eine Auffrischung, Re-Imprägnierung. Gleichzeitig hebt sich die Unterhaltungswelt von dem vertrauten Wissen ab, indem sie es gezielt ignoriert, übertrumpft, überwindet oder verfremdet. Dieses Muster zieht sich durch: Einerseits nimmt die Unterhaltung Bekanntes, Vertrautes, „Weltkorrelate" in Anspruch und verstärkt genau dieses Wissen in der realen Realität. Andererseits geht sie mit diesem aus der realen Welt bezogenen Material völlig eigenmächtig um; nimmt sich heraus, es frei und beliebig umzugestalten und umzuwerten.

> „Offenbar muß in hohem Maße auf Wissen Bezug genommen werden, das bei den Zuschauern bereits vorhanden ist. Unterhaltung hat insofern einen Verstärkereffekt in bezug auf schon vorhandenes Wissen. Aber sie ist nicht, wie im Nachrichten- und Berichtsbereich, auf Belehrung ausgerichtet. Vielmehr benutzt sie vorhandenes Wissen, um sich davon abzuheben." (1996, 108)

Darüber hinaus werden auch eigene Meinungen, Einstellungen, Positionen – das, was man ohnehin *ist* – verstärkt. Unterhaltung „re-imprägniert" das Selbstbild. Denn man bekommt Ereignisse und Schicksale zu lesen, hören und sehen, die Gott-sei-Dank oder Gott-seis-geklagt nicht die eigenen sind. Das öffnet in jedem Fall die Augen für das Eigene.

> Die Abhebung von vorhandenem Wissen „kann geschehen, indem der immer zufällige Erfahrungsausschnitt des einzelnen Zuschauers überschritten wird – sei es in Richtung aufs Typische (anderen geht es auch nicht besser); sei es in Richtung aufs Ideale (das man sich selber nicht zumuten muß); sei es in Richtung auf höchst unwahrscheinliche Kombinationen (mit denen man im Alltag zum Glück nicht rechnen muß)." (1996, 108 f)
> „Formen der Unterhaltung unterscheiden sich wesentlich danach, wie sie Weltkorrelate in Anspruch nehmen: bestätigend oder ablehnend, mit bis zuletzt durchgehaltener Ungewißheit des Ausgangs oder beruhigend mit der Sicherheit: mir kann so etwas nicht passieren." (1996, 114)
> „Unterhaltung zielt, gerade indem sie von außen angeboten wird, auf Aktivierung von selbst Erlebtem, Erhofftem, Befürchtetem, Vergessenem – wie einst die erzählten Mythen. [...] Unterhaltung re-imprägniert, was man ohnehin ist". (1996, 109)

Abb. 17.8 Eigene Erfahrungen werden in Anspruch genommen/überschritten: „Mir kann so etwas nicht passieren – oder vielleicht doch?"

17.5 Der „Witz": Rückschlüsse auf sich selbst und „Selbstverortung"

Rezipienten schauen die fiktiven bzw. inszenierten Welten an und werden permanent angeregt, sie mit ihrer eigenen realen Wirklichkeit zu vergleichen. Es ist offenbar gerade die Kombination von einerseits Bekanntem, Vertrautem und andererseits der freien Abweichung davon, die diesen Vergleich provoziert. Dabei können sich die Nutzer aus dem Unterhaltungsangebot ziehen, was immer sie wollen: Vergewisserung und Bestätigung gewinnen, „re-imprägnieren", was ihnen schon bekannt ist und was sie schon sind. Oder versuchsweise ganz andere, neue, abweichende Positionen imaginieren.

„Es ist vor allem diese Richtung der Unterscheidung von realer und fiktionaler Realität, die den Unterhaltungswert der Unterhaltungskommunikation produziert. Der ‚Witz' der Unterhaltung ist der ständig mitlaufende Vergleich". (1996, 114)

„**Unterhaltungsvorführungen haben somit immer einen Subtext, der die Teilnehmer einlädt, das Gesehene oder Gehörte auf sich selber zu beziehen.**" (1996, 112; Hervorhebung durch M.B.)

17.5 Der „Witz": Rückschlüsse auf sich selbst und „Selbstverortung"   233

„Auf diesem Instrumentarium können die Massenmedien auf allen Niveaus der Trivialität und der Raffinesse ‚freibleibende' Angebote unterbreiten, aus denen das Individuum […] das auswählen kann, was es psychisch benötigt und verkraften kann." (1996, 133)

Abb. 17.9   Unterhaltung lädt ein, „das Gesagte oder Gehörte auf sich selbst zu beziehen"

(Karikatur von Freimut Wössner in:Hörzu 50/2001)

Dieses Muster aus einerseits Rückbindung und andererseits Freiraum bringt Luhmann für die inszenierte Unterhaltung auf die Formel: „glaubwürdige, aber nicht konsenspflichtige Realität". Für fiktionale Unterhaltung gilt Entsprechendes: „Rückschlüsse auf die ihm bekannte Welt und sein eigenes Leben [sind möglich, aber] freigestellt" (1996, 112 und 104).

Die Medienunterhaltung balanciert offenbar auf ihre spezifische Weise das Verhältnis von Zwang und Freiheit, konkret: Plausibilitäts*verpflichtung* bzw. Glaubwürdigkeits*verpflichtung* und Konsens*freiheit* (analog wie zwischen Zwang und Freiheit bei der Werbung, vergl. oben Kap. 16.5; und wie zwischen Thema und Meinung bei Massenmedien generell und bei der öffentlichen Meinung speziell, vergl. unten Kap. 18.6 und Kap. 19.3):

(1) Plausibilitäts- bzw. Glaubwürdigkeits*verpflichtung*: Unterhaltungsangebote enthalten Bezüge auf die reale Realität. Wenn fiktional, *müssen* sie plausibel in der Logik ihrer Unterhaltungsrealität sein, der sich der Nutzer unterwerfen *muss*. Wenn inszeniert, *müssen* sie reale Realität vorführen, die der Nutzer *nicht* leugnen *kann*.

(2) Konsens*freiheit*: Die Bewertung des Angebots bzw. einzelner Elemente ist dagegen völlig beliebig. In dieser Hinsicht ist jeder, der die Angebote liest, hört oder anschaut, gänzlich *frei*. Nutzer können versuchsweise für oder gegen etwas Stellung beziehen, sich mal auf die eine, mal auf die andere Seite schlagen, sich von Personen, Handlungsweisen, Themen distanzieren oder damit identifizieren – und zwar „im Modus der Selbstbeobachtung" (1996, 115).

Dieses ist für Luhmann der eigentliche Beitrag des Unterhaltungssektors auf die Realitätskonstruktion. Man ist frei, probeweise mit der eigenen Identität zu spielen, seine eigene Position herauszufinden. Das alles ist unverbindlich. Ausdrücklich sagt er: nicht durch „Nachahmung" der Inhalte, sondern durch Beobachtung und Selbstbeobachtung kann man sich selbst „verorten".

> „Wenn die Option Imitation/Authentizität gegeben ist, kann man für beide Seiten oder mal für die eine und mal für die andere optieren, *sofern man sich selber beobachtet und darin seine Identität zu finden sucht.* [...]
> Mit diesen Überlegungen ist auch der Sonderbeitrag des Segments ‚Unterhaltung' zur allgemeinen Erzeugung von Realität sichtbar geworden. Unterhaltung ermöglicht eine Selbstverortung in der dargestellten Welt." (1996, 115)

„Selbstverortung in der dargestellten Welt" hilft, eine Selbstverortung in der realen Welt zu finden. Das ist eine freiwillige „Arbeit an der eigenen Identität". Diese wird üblicherweise in der direkten Interaktion mit anderen Menschen geleistet, untersteht dort jedoch beträchtlichen Zwängen und Risiken. Sie kann ersatz- oder ergänzungsweise mithilfe von Unterhaltungsangeboten erfolgen und dabei die nur hier möglichen Freiheiten nach *eigenem* Bedarf und Wunsch ausnutzen (1996, 116).

17.5 Der „Witz": Rückschlüsse auf sich selbst und „Selbstverortung"

Abb. 17.10 Unterhaltungsangebote helfen bei der „Selbstverortung"

(Leserbrief in Rennsportmagazin Formel 1, September 2002)

Kapitel 18 – Massenmedien, Fortsetzung

18.1 Medien, Menschen, Gesellschaft – „strukturell gekoppelt"

Trotz der Unterschiedlichkeit der drei diskutierten Programmbereiche: die Massenmedien bilden *ein* System mit *einem* gemeinsamen Code Information/Nichtinformation. Für Luhmann ist es wichtig, „die These der Einheit eines Systems der Massenmedien zu akzeptieren, das auf drei so verschiedenen Säulen beruht, wie es Nachrichten/Berichte, Werbung und Unterhaltung sind." (1997, 119)

Die Medien sind also nach innen ein operativ geschlossenes System. Nach außen unterscheiden sie sich selber in Selbstreferenz/Fremdreferenz von ihrer Umwelt; das heißt von allem, *was* sie beobachten und *worüber* sie informieren, berichten, schreiben, Filme drehen, senden. Es sei noch einmal daran erinnert, dass „die These operativer Schließung autopoietischer Systeme [...] nicht [besagt], daß diese Systeme ohne Umwelt existieren könnten" (1996, 190; vergl. auch oben Kap. 4.2.3 und Kap. 4.3.4). Das System unterhält selbstverständlich und notwendig vielerlei Verbindungen zu seiner Umwelt, sogar ziemliche stabile „strukturelle Kopplungen". Da die Umwelt der Massenmedien sehr differenziert ist, erweist sich die Ausdifferenzierung in Programmbereiche als nützlich, um Kopplungen zu unterschiedlichen Umweltbereichen herzustellen.

Das gilt für Beziehungen auf der Makro-Ebene: **Zur Umwelt des Massenmedien-Systems gehören andere Funktionssysteme in der Gesellschaft. Und mit denen passen die Medien zusammen** (vergl. 1996, Kap. 9 „Einheit und strukturelle Kopplungen", besonders S. 122 ff; s. auch unten Kap. 19 über „Öffentliche Meinung").

➢ Nachrichten und Berichte sind strukturell vor allem an das politische System gekoppelt.
➢ Die Werbung ist strukturell an das Wirtschaftssystem gekoppelt.
➢ Die Unterhaltung ist an das Kunstsystem angelehnt.

Das gilt auch auf der Mikro-Ebene: **Zur Umwelt des Massenmedien-Systems gehören die ‚Menschen' als Leser, Hörer, Zuschauer, Mediennutzer – genau genommen ihre „psychischen Systeme". Und mit denen passen die Medien ebenfalls zusammen**, weil nämlich die „Differenzierung [in die drei Programmbereiche] Formen nachzeichnet, in denen die moderne Gesell-

18.2 Medien, Menschen, Gesellschaft – „strukturell gekoppelt"

schaft individuelle Motivlagen für Kommunikation verfügbar macht" (vergl. 1996, Kap. 10 „Individuen", S. 130 ff).
➤ „Nachrichten und Berichte setzen Individuen als kognitiv interessierte Beobachter voraus" (1996, 131).
➤ „Die Werbung setzt das Individuum als ein seinen Nutzen kalkulierendes Wesen voraus" (1996, 132).
➤ Die Unterhaltung schließlich macht freibleibende Angebote zur Individualisierung, Identifizierung, Bedürfnisbefriedigung und zeitlichen Orientierung, aus denen das Individuum „das auswählen kann, was es psychisch benötigt und verkraften kann" (1996, 133).

Abb. 18.1 Massenmedien – *ein* Funktionssystem auf *drei* Säulen mit strukturellen Kopplungen zur Umwelt: einerseits zu anderen gesellschaftlichen Funktionssystemen, andererseits zum Publikum

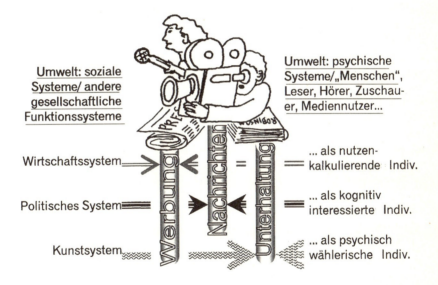

Wir sprechen von den ‚Menschen', und die Massenmedien orientieren sich an den ‚Menschen' – jeder Programmbereich, wie skizziert, an einer bestimmten, individuellen Motivlage des Menschen. Diese Vorstellung vom Menschen ist aber ein Konstrukt, eine hergestellte Standardisierung, parallel zur danach entwickelten Standardisierung in den Medienprogrammen.

„In allen Programmbereichen der Massenmedien ist mithin ‚der Mensch' impliziert – aber natürlich nicht als reale Reproduktion seiner biochemischen, immunologischen, neurobiologischen und bewußtseinsmäßigen Prozesse, sondern nur als soziales Konstrukt. Das Konstrukt des ‚kognitiv mehr oder weniger informierten, entscheidungskompetenten, moralisch verantwortlichen Menschen' dient dem Funktionssystem der Massenmedien dazu, sich selbst im Blick auf seine biologische und psychische Medienumwelt ständig zu irritieren. [...] Das milliardenfache Feuern psychischer Ereignisse wird so in eine Form gebracht, die systemintern weiterverwendet werden kann und in der Sequenz von Unterschieden, die sich daraus ergeben, dann wiederum psychisch lesbar ist." (1996, 135 f)

Die Kopplung zwischen Massenmedien und Mediennutzern funktioniert so in gegenseitiger Anpassung mit Vereinfachungen auf beiden Seiten. Sie ist ein Beispiel für strukturelle Kopplungen zwischen sozialen Systemen einerseits und psychischen Systemen andererseits, die ja bei unendlich vielen Gelegenheiten und Prozessen unseren gesamten Alltag, unsere gesamte Existenz durchziehen. Wie schon ausgeführt operieren die beiden Systemarten jeweils autopoietisch auf völlig eigene Weise und haben sich in der Evolution jeweils autopoietisch ausdifferenziert, jedoch „wechselseitig koevolutiv", so dass sie voneinander abhängig sind (vergl. oben Kap. 5.4). Bei jedem System haben wir also erstens die Autopoiesis, zweitens die Evolution der autopoietischen Ausdifferenzierung und drittens strukturelle Kopplungen zur Umwelt. Diese Kopplungen gibt es nur da, wo ein System sie zulässt und soweit ‚etwas' aus der Umwelt für das System kompatibel ist; darum beruhen sie immer auf großen Vereinfachungen. Das gilt auch für die Beziehung zwischen Massenmedien und Mediennutzern. Davon unberührt können die äußerst komplexen Differenzierungen *innerhalb* jedes Systems – also innerhalb der Medien mit ihren komplizierten Organisationen einerseits und innerhalb der äußerst komplexen psychischen und biologischen Systeme der Mediennutzer andererseits – je für sich weiter bestehen.

„Man sieht, dass Strukturen immer aus diesen Mischerfordernissen von Spezifikation und Generalisierung, Kontextfreiheit, Herausziehen von Identitäten einerseits und Kontextfitting, Kontextabhängigkeit, Kontextbewährung in der Wiederverwendung andererseits zusammengesetzt sind." (2002b, 333)
„Die Co-evolution sozialer und psychischer Systeme hat Formen gefunden, die auf beiden Seiten hochkomplexe, eigendynamische Systeme reproduzieren und sich für weitere Evolution offen halten." (1996, 136)

18.2 Das klappt mit Schema und Thema

Die Vereinfachungen sowohl bei den Massenmedien als auch in den psychischen Systemen der Leser, Hörer, Zuschauer verlaufen über „Schemabildung". Den Begriff „Schema" – bzw. „Skript", „wenn Handlungen involviert sind" –

bezieht Luhmann aus der Psychologie. Schemata regeln, „was bewahrt bleibt und wieder verwendet werden kann"; es sind Standardisierungen, „kognitive Routinen [...], Abkürzungen für etwas", die beispielsweise den Gebrauchssinn von Dingen und Rollenerwartungen an Personen betreffen. Auch sich selbst sehen Menschen schematisiert. Die Schemata legen einen Rahmen fest, räumen aber gleichzeitig viel Freiheit im Umgang damit und Spielraum für Veränderungen ein; verbinden also Einschränkung mit Freiheit (vergl. 1996, Kap. 15: „Schemabildung", speziell S. 192 ff, 199 und 203).

> „Solche Schemata lassen mehr oder weniger offen, wie man sich zu den Informationen einstellt, was man erinnert bzw. vergißt und ob man Reaktionen für angebracht hält oder nicht; und ‚man' heißt in diesem Falle: Individuen und soziale Systeme jeder Art." (1997, 1106)

Immer waren Schematisierungen unvermeidlich. Luhmann vermutet aber, dass heute darin, *welche* Schemata benutzt werden, „Effekte der Massenmedien sichtbar werden". Massenmedien prägen „sowohl den Bedarf für Schemata als auch deren Angebote". Sie haben speziell bestimmte „Motivschemata (Liebe, Kriminalität, Aufrichtigkeit/Unaufrichtigkeit etc.) einmal eingeübt", die dann weiter verwendet werden können (1996, 205 und 200 f; vergl. Abb. 18.2). **Die Schemata der Massenmedien, der Individuen und der Gesellschaft sind in gegenseitiger Anpassung entstanden**.

> Schemata „sind im Zeitalter der Massenmedien ohne Mitwirkung der Medien kaum denkbar." (1996, 204)
> „Wir vermuten nun, daß die strukturelle Kopplung massenmedialer Kommunikation und psychisch bewährter Simplifikationen solche Schemata benutzt, ja erzeugt. Der Prozeß verläuft zirkulär. Die Massenmedien legen wert auf Verständlichkeit. Aber Verständlichkeit ist am besten durch die Schemata garantiert, die die Medien selbst erzeugt haben. Sie benutzen für ihren Eigenbetrieb eine psychische Verankerung, die als Ergebnis des Konsums massenmedialer Darstellungen vorausgesetzt werden kann". (1996, 195 f)
> „Die strukturellen Kopplungen zwischen den Individuen und der Gesellschaft betreffen die gesamte Realität. [... Sie sind] in besonderer Weise auf Schemata und damit auf strukturelle Kopplungen zum System der Massenmedien angewiesen". (1996, 205)

Abb.18.2 Medien üben „Motivschemata wie Liebe, Kriminalität, Aufrichtigkeit /Unaufrichtigkeit" ein – auch für die individuelle Selbstschematisierung

Der Begriff „Schema" beschreibt, wie die psychischen und sozialen Systeme operieren. Nimmt man den Gegenstandsbereich, der schematisch beobachtet wird, in den Blick, sind wir beim Begriff „Thema". **Die Referenz der Massenmedien, der Individuen und der Gesellschaft jeweils auf ihre Umwelt erfolgt – ebenfalls in gegenseitiger Anpassung – nach „Themen".** Themen sind beispielsweise Aids, Treibhauseffekt, 11. September, Afghanistan-Krieg, Wahlen, die Dokumenta, die PISA-Studie, das Wetter und Nessie von Loch Ness. Ihre Leistung: „Sie bündeln Beiträge zu Komplexen des Zusammengehörigen" (1996, 28).

> „Themen dienen [...] der strukturellen Kopplung der Massenmedien mit anderen Gesellschaftsbereichen [...] Der gesellschaftsweite Erfolg der Massenmedien beruht auf der Durchsetzung der Akzeptanz von Themen". (1996, 29)
> „Von Sachdimension soll die Rede sein im Hinblick auf alle *Gegenstände sinnhafter Intention* (in psychischen Systemen) oder *Themen sinnhafter Kommunikation* (in sozialen Systemen). Gegenstände oder Themen in diesem Sinne können auch Personen oder Personengruppen sein." (1996, 114)
> „Themen [sind] Reduktionen der durch Sprache eröffneten Komplexität [....] gleichsam die Handlungsprogramme der Sprache." (1984, 216)
> „Zu einem Thema gerinnt nur, was eine Sequenz von Beiträgen organisieren kann und für künftige Ja- bzw. Nein-Optionen offen ist." (1996, 181, vergl. auch 179)

18.2 Das klappt mit Schema und Thema

Auch die Themen sind *gemacht*; sie liegen nicht in der Außenwelt vor (analog wie zu „Sinn" und „Medium/Form" dargestellt – vergl. oben Abb. 8.7 und Abb. 9.4). Die Massenmedien beobachten die Welt mithilfe der schon beschriebenen Unterscheidungen, seligieren und bearbeiten dabei das potentiell unendlich reichhaltige Realitätsmaterial durch „*Kondensierung, Konfirmierung, Generalisierung und Schematisierung*", dabei erzeugen bzw. benutzen sie Themen, an die dann immer wieder neue Beiträge – seien es Nachrichten, Berichte, Kommentare, Karikaturen, Unterhaltungsprogramme, Werbeanzeigen und -spots, neue Meldungen und Meinungen der Massenmedien oder seien es Gespräche im Alltag – wieder neu andocken können (1996, 74 und 178; vergl. auch oben Kap. 15.5).

> „Daß es solche Objekte ‚gibt', verdankt die moderne Gesellschaft dem System der Massenmedien". (1996, 178)
> Es sind **Objekte, Themen** „*ohne Verbot des Gegenteils*". (1996, 178; fett durch M.B.)
> „Unter modernen Bedingungen wird dies Riskieren von Dissens, dies Testen von Kommunikation durch Kommunikation geradezu enthemmt. Eben deshalb muß Kommunikation an durch sie selbst konstituierten Objekten, die als Themen behandelt werden können, entlanggeführt werden. Den Massenmedien obliegt es dann auch in erster Linie, Bekanntsein zu erzeugen und von Moment zu Moment zu variieren, so daß man in der anschließenden Kommunikation es riskieren kann, Akzeptanz oder Ablehnung zu provozieren." (1996, 179)

Wenn man an der Kommunikation teilhaben will, *muss* man die Themen *kennen*. Aber was man dazu *meint*, ist *freigestellt*; „Ja- bzw. Nein-Optionen" sind beliebig. Wir haben also eine „Doppelstruktur" von Thema und Meinung. Für Massenmedien gilt: „**Die Themen, nicht die Meinungen sind entscheidend". Die kognitive Seite ist verbindlich, die Einstellungsseite frei**. Diese Doppelstruktur wird später noch ausführlicher diskutiert (1996, 126; vergl. unten Kap. 18.6 und Kap. 19.3).

Abb. 18.3 Schema und Thema – beispielsweise Schema dumme Schüler, schlechte Schulen und Thema PISA-Studie

(Karikatur „Klassenfahrt nach PISA" von Andreas Rulle, in: Die Welt am Sonntag, 16.2.2002)

18.3 Massenmedien erzeugen Gewissheit, „soziales Gedächtnis"

Welche Funktion nun genau erfüllt dieses Funktionssystem der Massenmedien für die Gesellschaft und für die ‚Menschen', zu denen es offenbar so gut passt? Was ist „die gesellschaftliche *Funktion* der Massenmedien" (1996, 120)? Die Kernaussage wurde schon zitiert:

> „Was wir über unsere Gesellschaft, ja über die Welt, in der wir leben, wissen, wissen wir durch die Massenmedien." (1996, 9; vergl. oben Kap. 14.1)

Nach diesem ersten Satz wie nach dem Titel „Die Realität der Massenmedien" obliegt es den Medien, uns mit Wissen über die Gesellschaft und die Welt zu versorgen. Dazu **stellen sie thematisch strukturierte Aussagen über die Realität her, die dann in der Gesellschaft als bekannt vorausgesetzt werden können. So schaffen sie ein gemeinsames „Hintergrundwissen", ein „soziales Gedächtnis", auf das sich die Gesellschaft in ihrer gesamten Kommunikation stützen kann.** Luhmann bezeichnet seinen Ansatz auch als „Theorie des Gedächtnisses der Gesellschaft" und den Themenvorrat als „Kultur" (1996, 120 f und 179; vergl auch 1984, 224). Das Hintergrundwissen läuft im Alltag immer mit und ist Voraussetzung fast jedes sinnvollen Gesprächs, jedes sinnvollen Umgangs miteinander. Alle gesellschaftliche Kommunikation, sei sie persönlich oder öffentlich, muss von einem Repertoire von allgemein Bekann-

18.3 Massenmedien erzeugen Gewissheit, „soziales Gedächtnis"

tem ausgehen: wer gerade an der Regierung oder ein Tennisstar oder eine Skandalnudel, was eine Klimakatastrophe, eine Goldmedaille oder ein Auffahrunfall, wo auf der Welt ein Wirtschaftszentrum und wo ein Krisenherd und dass Homosexualität zu akzeptieren und Rechtsextremismus zu verdammen ist. Auf dieser Basis (unterstellten) gemeinsamen Wissens, das *verbindlich* ist, kann dann jeder *unverbindlich* und *frei* beliebig weiter operieren: Aufmerksamkeit schenken oder verweigern, reden oder schweigen, zustimmen oder ablehnen.

„Insgesamt aber dürfte der Beitrag aller drei Formen massenmedialer Kommunikation [in Nachrichten/Berichten, Unterhaltung, Werbung] eher darin liegen, *und darin kommen sie dann überein*, **Voraussetzungen für weitere Kommunikation zu schaffen**, *die nicht eigens mitkommuniziert werden müssen*. Das gilt für aktuelles Informiertsein ebenso wie für aktuelles Kultiviertsein, was Urteile über Werte, Lebensformen, Mode und Nicht-mehr-Mode angeht." (1996, 120; fett durch M.B.)

„Die gesellschaftliche *Funktion* der Massenmedien findet man deshalb nicht in der Gesamtheit der jeweils aktualisierten Informationen [...], sondern in dem dadurch erzeugten Gedächtnis. Für das Gesellschaftssystem besteht das Gedächtnis darin, daß man bei jeder Kommunikation bestimmte Realitätsannahmen als bekannt voraussetzen kann, ohne sie eigens in die Kommunikation einführen und begründen zu müssen." (1996, 120 f; vergl. auch 1997, 516 ff)

Abb. 18.4 Massenmedien erzeugen ein gemeinsames Hintergrundwissen…

„Gedächtnis" – da sind zwei Missverständnisse abzuwehren:
(1) Das soziale Gedächtnis besteht keineswegs aus der Summe aller individuellen Gedächtnisinhalte – so wenig, wie gesellschaftliche Kommunikation aus der Summe individueller Handlungen besteht. Psychisch gibt es viel zu viel, gibt es das „milliardenfache Feuern psychischer Ereignisse" in Millionen psychischer Systeme, die in keiner direkten Weise mit anderen Psychen und deren Gedächtnis verbunden sind (1996, 135; vergl. oben Kap. 5.4.1). Das soziale Gedächtnis ist allein dem sozialen System zuzuzählen.

„Überhaupt ist ja schwer zu sehen, wie Lebewesen, einschließlich Menschen, in der finsteren Innerlichkeit ihres Bewußtseins irgend etwas gemeinsam haben können. [... Es geht nur über] die Autopoiesis des Kommunikationssystems Gesellschaft." (1997, 202)

(2) Beim Gedächtnis kommt es keineswegs allein auf das Behalten, sondern auch auf das Vergessen an. Genau genommen „geht es um ein laufendes Diskriminieren zwischen Vergessen und Erinnern" (1996, 76). Die Massenmedien seligieren bestimmte Themen und Aspekte, und diese werden – mehr oder weniger dauerhaft – behalten, während andere getrost vergessen werden dürfen. Vergessen ist wichtig, „vergessen macht frei" (1996, 193). Die Schrift hatte das Vergessen zum Problem gemacht, und seither hat sich durch digitale Speichermedien die Problematik weiter verschärft. Insofern kann es gesellschaftlich hilfreich sein, wenn die Massenmedien seligieren, was (im Moment) behaltenswert ist und was vergessen werden darf.

„Die Hauptleistung liegt dabei im Vergessen, und nur ausnahmsweise wird etwas erinnert. Denn ohne Vergessen, ohne Freimachen von Kapazitäten für neue Operationen hätte das System keine Zukunft". (1996, 180)
„Schrift ist eine Art Limitierung der Vergessenschancen des Systems [...] Noch dramatischer wird es mit dem Computer, der alles abspeichert und das Problem hat, nicht vergessen zu können." (2002b, 330)

Es ist charakteristisch für Massenmedien, eine besondere Beziehung zur Zeit zu haben und zu schaffen: Informationen müssen immer neu sein und veralten sich selbst (vergl. Kap. 14.7). Seit dem Buchdruck hat sich das Zeitschema überhaupt fundamental geändert (vergl. Kap. 12.5 und 12.6). Wir sehen die Gegenwart heute ohne Dauer; sie ist nur noch ein Punkt, ein „Umbruchpunkt" zwischen Vergangenheit und Zukunft. In diesem kurzen Jetzt sortieren die Massenmedien das gesellschaftliche Hintergrundwissen ständig neu; zeigen, wie Vergangenheit zu beschreiben und zu erinnern bzw. zu vergessen und Zukunftserwartung zu entwerfen ist.

„Die Gegenwart, das Differential der beiden Zeithorizonte, das selbst weder Zukunft noch Vergangenheit ist, wird der Ort, an dem Informationen sich festlegen und Entscheidungen zu treffen sind. Aber die Gegenwart ist in sich selbst nur dieser Umbruchpunkt oder nur die Position des Beobachters, der Zukunft und Vergangenheit unterscheidet. Sie kommt in der Zeit gar nicht vor." (1996, 151)
Das System benötigt „**eine zeitliche Doppelorientierung, nämlich einerseits ein Gedächtnis und andererseits eine offene Zukunft**, die die Möglichkeit des Oszillierens zwischen den beiden Seiten jeder Unterscheidung bereithält." (1996, 179; Hervorhebung durch M.B.)

Als eine solche „Doppelorientierung" formuliert Luhmann auch: „Transparenz des Wissens" – „Intransparenz der Effekte"; das heißt: Informationen, Themen, Wissen durch die Medien sind durchschaubar; aber was sich daran an Meinungen, Gegenpositionen, neuen Orientierungen usw. anlagern wird, ist undurchschaubar. Auf der Wissensseite entsteht Gewissheit. **Massenmedien haben also offenbar eine Gewissheit herstellende und dadurch entlastende Funktion. Gewissheit stellen sie her, indem sie informieren, Wissen über die Welt präsentieren und vorführen, was man behalten muss und was man vergessen darf.** Dass man sich in der Kommunikation auf dieses gemeinsame Hintergrundwissen beziehen kann, vermittelt Sicherheit: Man hat Zeitung gelesen, Radio gehört, die Tagesschau und die Sportschau angesehen, durch die Fernsehkanäle gezappt oder einzelne Sendungen verfolgt; so fühlt man sich einigermaßen darüber informiert, was in der Gesellschaft läuft und in der Welt passiert; fühlt sich den Erwartungen anderer, dass man es weiß, einigermaßen gewachsen.

Abb. 18.5 Hintergrundwissen, von dem man in der Kommunikation ausgehen kann

18.4 Massenmedien erzeugen Ungewissheit, „Irritation"

Massenmedien produzieren aber gleichzeitig auch „Ungewissheit", „Unsicherheit", „Irritation" – und zwar einerseits durch das, *was* sie *wie* seligieren, und andererseits durch die *Selektivität überhaupt* (1996, 46 und 101 und 149 f.).

18.4.1 Sie halten der Gesellschaft Mängel vor – irritierend

Die Medien erzeugen Irritationen zunächst einmal durch das, was sie bringen. Ihr Code Information/Nichtinformation zwingt bestimmte Präferenzen auf, denn da eine Information sich nicht mehrfach verwenden lässt, muss immer wieder Anderes, Besonderes her. So kommt eine Beschreibung der Welt zustande mit der Haupt-Aussage: ‚Alles sollte viel besser sein!' Das gilt vorzugsweise für Nachrichten und Berichte, aber auch für Werbung und Unterhaltung.

➢ Massenmedien fokussieren „Brüche"
  - „zeitlich": sie achten nur auf Neues (Wechsel, Unruhe, Aktivitäten)
  - „sozial": sie betonen Abweichungen (Aufregungen, Konflikte, Probleme, Skandale, Pathologien, Katastrophen).

➢ Dabei bevorzugen sie moralische Bewertungen.
  „In der Darstellung der Gesellschaft erscheinen dann vor allem die Brüche – sei es auf der Zeitachse, sei es im Sozialen. [...]
  Diese Einseitigkeit kann *noch durch die Massenmedien selbst kompensiert werden, und zwar über die Präferenz für moralische Wertungen*." (1996, 141 f)
  „Sie müssen dabei eine hinreichende moralische Uniformität unterstellen, um täglich über Normverstöße, Skandale und sonstige Abartigkeiten berichten zu können". (1997, 1101 f)

➢ Sie berichten mit Vorliebe über Quantitäten, vor allem in Hinblick auf Mängel.
  „In der Sachdimension gewinnen *quantitative* Angaben eine hervorragende Bedeutung [...] Massenkarambolage, tausende von toten Robben, Millionenschäden etc." (1997, 1099)

Naive Betrachter können vielleicht der Auffassung sein, dass die Welt so *ist* – die Robben sind schließlich „wirklich" tot, die Schäden „wirklich" enorm groß und die Täter „wirklich" böse. Das ist jedoch keineswegs der Fall. Lebend/tot, groß/klein und gut/böse sind Unterscheidungskriterien durch einen Beobachter, hier: durch die Massenmedien (vergl. oben Kap. 3.2 einschließlich Abb. 3.4: Ohne Wasser macht die Qualle schlapp). Die Medien berichten in der angegebenen Weise hochselektiv, indem sie jeweils mögliche andere Wahrheiten und Wirklichkeiten – das Normale, Konstante, Unaufgeregte, Einvernehmliche und Selbstverständliche – nicht auswählen. **Die Medien zeigen offenbar der Gesellschaft, „wie die Welt gelesen wird": Was in der Welt von Bedeutung ist – nämliche alles Neue, Abweichende, mengenmäßig Auffallende und Defizitäre – und welche Moral gilt – also wer „die Guten und wer die Bösen" sind** (1996, 142 f).

18.4 Massenmedien erzeugen Ungewissheit, „Irritation"

Abb. 18.6 Moralische Bewertungen – ständiger Stachel für die Gesellschaft

(BILD, 21. 7. 2002)

So wird die Gesellschaft ständig mahnend darauf hingewiesen bzw. weist sich durch die Massenmedien selbst permanent mahnend darauf hin, dass die Welt anders ist, als sie sein sollte. Alle Programmbereiche mahnen Defizite an: In den Nachrichten/Berichten erscheint die Politik unfähig, der Stand der Politiker streitsüchtig bis korrupt und ein Großteil der Menschen kriminell – was alles nicht sein sollte (vergl. auch unten Abb. 19.6). In der Werbung wird der Eindruck erzeugt, „dass es Schöneres und Besseres gibt", was man sich wegen mangelnder Kaufkraft nicht leisten kann – aber eigentlich besitzen sollte (1996, 145). Und in der Unterhaltung werden künstliche Erfahrungen in fiktiver oder inszenierter Realität vermittelt – was latent fordert, dass man eigentlich mehr unternehmen, mehr erleben und mehr eigene, authentische Erfahrungen machen sollte.

> „Mit dieser Selbstbeschreibung reizt die Gesellschaft sich selbst zu ständiger Innovation. Sie erzeugt ‚Probleme', die ‚Lösungen' erfordern, die ‚Probleme' erzeugen, die ‚Lösungen' erfordern." (1996, 141)
> „Die Moral bedarf des deutlich Skandalösen, um sich am Fall zu verjüngen; sie bedarf der Massenmedien und speziell des Fernsehens. [... Hier] liegt ein hochselektives Schema zugrunde. Die Realität wird in einer Weise beschrieben, und dies durchaus im Modus recherchierter Wahrheit, die als ausgleichsbedürftig empfunden wird. **Der kontinuierlichen Reproduktion des ‚ist' wird entgegengesetzt, wie es ‚eigentlich sein sollte'.**" (1996, 144; Hervorhebung durch M.B.)

Abb. 18.7 Die Realität wird permanent als ausgleichsbedürftig beschrieben

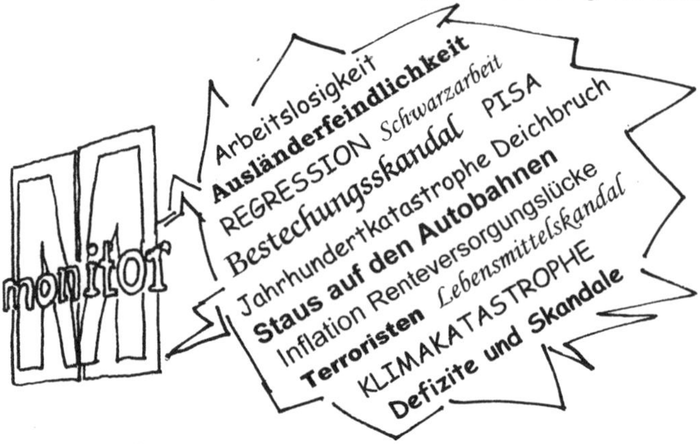

monitor — Arbeitslosigkeit · Ausländerfeindlichkeit · Schwarzarbeit · PISA · REGRESSION · Bestechungsskandal · Jahrhundertkatastrophe · Deichbruch · Staus auf den Autobahnen · Inflation · Renteversorgungslücke · Terroristen · Lebensmittelskandal · KLIMAKATASTROPHE · Defizite und Skandale

18.4.2 Ihr Wissen ist „doppelbödig" – irritierend

Massenmedien irritieren nicht nur durch ihre spezifische Auswahl. Sie irritieren noch fundamentaler durch die *unvermeidbare Selektivität überhaupt*. Information wird ja ständig in Nichtinformation umgewandelt. Damit produzieren Informationen Informations*defizite* – paradox und irritierend (vergl. schon Kap. 14.7).

> Massenmedien erzeugen eine „immer wieder erneuerte Unsicherheit, die auf weitere Informationen angewiesen ist". (1996, 101).
> „Als Folge dieser auf Information abstellenden Codierung entsteht in der Gesellschaft eine spezifische Unruhe und Irritierbarkeit, die dann mit der Täglichkeit der Wirksamkeit von Massenmedien und mit ihren unterschiedlichen Programmformen wiederaufgefangen werden kann. Wenn man ständig auf Überraschungen gefaßt sein muß, mag es ein Trost sein, daß man morgen mehr wissen wird. Insofern **dienen die Massenmedien der Erzeugung und Verarbeitung von Irritation.**" (1996, 46; Hervorhebung durch M.B.; vergl. ähnlich auch 1996, 174)

Demnach lässt sich nie auf den Gewissheiten verweilen, die gerade geschaffen und im Moment verfügbar sind. Es ist verrückt: Informationsdefizite entstehen mit demselben Akt, mit dem sie beseitigt werden; neue Irritationen mit demselben Akt, mit dem vorhandene Irritationen bearbeitet werden. Die so produzierte Unruhe teilt sich der gesamten Gesellschaft mit. Permanent muss man sich auf Irritationen, Störungen und Abweichungen gefasst machen.

Dieses verweist auf das grundsätzliche Merkmal von Kommunikation überhaupt: Kommunikation ist Differenz. Auf der positiven Seite wird etwas mitge-

18.4 Massenmedien erzeugen Ungewissheit, „Irritation"

teilt, aber zugleich versteht man, dass auch mehr oder anderes hätte mitgeteilt werden können. Das ist immer Anlass für Zweifel und Verdacht (vergl. oben Kap. 6.4.4 und Kap. 6.4.5). Im Zusammenhang mit Massenmedien hat dieses ein besonders starkes Gewicht: Es erwächst prinzipiell Irritation. **Die Selektionsgewissheit ist hier identisch mit Manipulationsverdacht**: „Man dechiffriert alles, was mitgeteilt wird, in Richtung auf den, der es mitteilt" (1996, 152; vergl. auch Kap. 15.3 und Abb. 15.4, Selektion b). Also beobachtet man die Massenmedien bei ihrem Beobachten der Gesellschaft – das ist „Beobachtung zweiter Ordnung" – und reflektiert, warum ein Medium dieses oder jenes schreibt und zeigt bzw. nicht schreibt und nicht zeigt. Auf diese Weise erhält jede Information ein Fragezeichen, jedes Wissen einen Hauch von Ungewissheit, „Doppelbödigkeit".

> „Natürlich soll nicht behauptet werden, daß jeder Teilnehmer an der Kommunikation durch Massenmedien reflektiert, daß er es so erlebt. Aber es handelt sich auch nicht um ein Reservat für die ‚gebildeten Schichten'. Jede empirische Untersuchung wird Grade dieser Doppelbödigkeit des Wissens feststellen, und die am einfachsten zugängliche Irritation mag die Form des Mißtrauens annehmen." (1996, 152)

Abb. 18.8 Doppelbödigkeit des Wissens aus den Massenmedien: Man fühlt sich zwar informiert, aber traut den Informationen nicht. 1964-1995: Je mehr die Berichterstattung zunimmt, desto mehr *nimmt das Misstrauen zu.*

Repräsentativbefragung der deutschen Bevölkerung, Zustimmung zu: „… berichtet wahrheitsgetreu und gibt die Dinge immer so wieder, wie sie wirklich sind" (in %)			
	Fernsehen	Hörfunk	Zeitung
1964	47	45	32
1970	56	47	23
1974	43	38	22
1980	41	32	21
1985	27	25	18
1990	28	24	19
1995	20	19	20

(Klaus Berg, Marie-Luise Kiefer: Massenkommunikation V. Baden-Baden 1996, S. 252)

Es gibt mehrere Effekte dieser ständigen Erzeugung von Irritation:

- ➤ **Die Beobachtung zweiter Ordnung wird eingeübt** (vergl. auch oben Abb. 12.12 und Abb. 17.7).
  Massenmedien versetzen in „die Position des unbeteiligt-beteiligten Zuschauers." (1997, 1100)
  „Man kann vielleicht von einer generellen Eingewöhnung des Modus der Beobachtung zweiter Ordnung sprechen." (1996, 152)

- ➤ **Die Gesellschaft bleibt immer in Unruhe** – was funktional ist einer Zeit, die ständig Wandel produziert:
  „Massenmedien halten, könnte man deshalb auch sagen, die Gesellschaft wach. Sie erzeugen eine ständig erneuerte Bereitschaft, mit Überraschungen, ja mit Störungen zu rechnen. Insofern ‚passen' die Massenmedien zu der beschleunigten Eigendynamik anderer Funktionssysteme wie Wirtschaft, Wissenschaft und Politik, die die Gesellschaft ständig mit neuen Problemen konfrontieren." (1996, 48)
  „So ist es möglich, die moderne Gesellschaft in ihrem Kommunikationsvollzug endogen unruhig einzurichten wie ein Gehirn und sie damit an einer allzu starken Bindung an etablierte Strukturen zu hindern." (1996, 175)

- ➤ **Gesellschaft und Individuen sind zugleich unzufrieden und hilflos, haben immer etwas auszusetzen und sind mit ihrer eigenen Misere befasst**
  Von einer unnormalen Gegenwart aus werden Normalitätserwartungen an die Zukunft gerichtet, was „auf die Kommunikation selbst zurückwirkt, vor allem in der doppelgleisigen Form von Ängsten und Ansprüchen." (1996, 151)
  Die moderne Gesellschaft hält „sich selbst für mangelhaft, für kritikbedürftig, für verbesserungsfähig und dann wieder: an Aufklärung leidend. [... Sie] ist vor allem mit ihrer eigenen Misere beschäftigt. Sie kann sich nur selber zu Hilfe kommen. Aber sie kommt im Beobachten ihres Beobachtens immer nur an den Punkt, an dem etwas auszusetzen ist". (1997, 1127, vergl. auch 1015)
  „Im Ergebnis verfällt die Gesellschaft in eine Art statistische Normaldepression." (1997, 1099; vergl. auch den Artikel „Statistische Depression" in 2001a, 107 ff)

Abb. 18.9 Durch Massenmedien verfällt die Gesellschaft in eine Art Normal-depression

(Karikatur „Frühlingsbotschaft" von Til Mette in: Stern 14/2002)

18.5 Realität konstruiert – Konstruktion real

Im vorigen Abschnitt ging es um die „Konstruktion der Realität"; so betitelt Luhmann das entsprechende Kapitel 11 in „Die Realität der Massenmedien". Jetzt zur „Realität der Konstruktion", wie er sein Kapitel 12 überschreibt. Die „Doppelbödigkeit" des Wissens *aus den Massenmedien* – dass die Medien kein Realitätsabbild, sondern nur ein Realitätskonstrukt liefern, aber welches warum? – ist laut Luhmann jedem mehr oder weniger bewusst. Wie ist es jedoch mit Realitätsannahmen *generell*? Wir müssen hier die *allgemeine* erkenntnistheoretische Situation – man könnte sagen: bevor die Massenmedien ins Spiel kommen – von der besonderen Situation *durch die Massenmedien* unterscheiden.

Nach Luhmann setzt man üblicherweise schlicht voraus, dass es *die* Realität gibt und dass sie so ist, wie man sie sieht, erlebt, erfährt und zu erkennen glaubt. „Man" bedeutet wieder: jedes psychische und soziale System. Es kann niemand im Alltag und auch keine „konstruktivistische Kognitionstheorie", überhaupt „kein kognitives System auf Realitätsannahmen verzichten" (1996,

158, 165). Man glaubt an die Realität; seit Descartes und Freud weiß man allerdings auch, dass manche Erkenntnis auf „Projektion" beruht und daher unsicher ist – ohne dass man sich üblicherweise davon irritieren ließe. Nur ausnahmsweise macht man von dieser Grundkenntnis Gebrauch.

> „Selbst die Beobachtung zweiter Ordnung muß dem Beobachter, den sie beobachtet, Realität unterstellen." (1996, 162)
> Ein System ist „nur ausnahmsweise genötigt [...], zwischen der Umwelt, wie sie wirklich ist, und der Umwelt, wie es sie sieht, zu unterscheiden." (1996, 165)

Die Realitätsannahmen werden immer wieder durch Konsistenzprüfungen getestet, gegebenenfalls verändert (vergl. 1996, 158 ff sowie 1997, 1126 f; vergl. auch oben schon Kap. 3.2 und Kap. 14.5). Man kann sich das so vorstellen: Einer bestimmten geltenden Realitätsannahme – z.B. die Welt ist eine Scheibe – wird eine inkonsistente Behauptung gegenübergestellt. Die Gesellschaft – also das soziale System selbst – ficht aus, ob die neue Aussage durchgeht oder ob der Widerstand zu groß ist. Das ist die probate Methode zur „Verleihung des Qualitätssiegels ‚Realität'". Außerdem führt so „das System sich selbst frisches Blut zu", denn es versucht ja auf diese Weise, etwas gegen die eigenen Gewohnheiten und eingefahrenen Gleise neu einzuschmuggeln (1996, 160 f).

> „Bei sprachlicher und bildlicher Realitätserzeugung wird die Realität letztlich durch Widerstand der Operationen gegen die Operationen desselben Systems getestet – und nicht durch eine Repräsentation der Welt, wie sie ist." (1996, 79)
> „Auch hier kann die Verleihung des Qualitätssiegels ‚Realität' also nur in dem System erfolgen, das zunächst Inkonsistenzen erzeugt, um sodann das zu konstruieren, was als Realität anzunehmen ist." (1996, 161)

Jetzt kommen die Massenmedien ins Spiel. Laut Luhmann ist durch diese eine neue Beziehung zur Realität entstanden: Einerseits bleibt zwar der Glaube an eine Realität erhalten, aber andererseits **glaubt man jetzt nicht mehr, dass alle Menschen und Kulturen die Realität gleich erfahren. Jeder hat ein *Recht* auf seine eigene Realitätsauffassung, kann aber niemanden in die *Pflicht* nehmen, diese zu teilen.** Die Formel dafür: Die Realität ist „nicht mehr konsenspflichtig" (1996, 168).

Diese Offenheit hat Auswirkungen: Man kann darauf mit Unsicherheit reagieren (vergl. Kap. 18.4.2 und Kap. 21.4.1). Es ist aber auch möglich, dass „sich unter diesen kommunikativen Bedingungen Fundamentalismen aller Art entwickeln" (1996, 168).

> „Die Unterscheidung einer nicht konsenspflichtigen, individuell anschneidbaren Welt könnte nun eine [...Lösung sein,] die die Massenmedien anbieten und verbreiten. Man muß nur die eigene Art der Einstellung auf Realität akzeptieren – und unterscheiden können. Man muß sich nur davor bewahren, sie für allgemeingültig, für die Realität schlechthin zu halten." (1996, 167)

18.6 Konsens oder nicht Konsens, das ist die Frage

„Man kann hervortreten mit der Aussage: Dies ist meine Welt, dies halten wir für richtig. [...] Es genügt, die eigene Realitätssicht mit der eigenen Identität zu verschweißen und sie als Projektion zu behaupten." (1996, 168)

Abb. 18.10 Realitätsverständnis durch Massenmedien: Jeder hat das Recht auf seinen eigenen Zugang zur Wirklichkeit

(Astrologie, Kartenlegen und Kaffeesatzlesen live im Fensehsender BTV 4)

18.6 Konsens oder nicht Konsens, das ist die Frage

Traditionell wird die Auffassung vertreten, die Stabilität der Gesellschaft beruhe auf „Konsens". Auf einer Art Sozialvertrag oder gemeinsamer Religion oder auf „konsensuell akzeptierten Hintergrundüberzeugungen", die Jürgen Habermas „Lebenswelt" nennt (1996, 177 und 2002b, 301 f; vergl. auch oben Kap. 2.3). Luhmann stimmt dem nicht zu. Sein schlagendes Argument: die Massenmedien verpflichten ja keineswegs zu Konsens in den Überzeugungen – im Gegenteil! Wenn die Gesellschaft nun auf Konsens in den Überzeugungen beruhte, würden die Medien gesellschaftliche Stabilität stören, was nicht zutreffen kann.

„Das vielleicht wichtigste Ergebnis dieser Überlegungen ist, daß die Massenmedien zwar die Realität, aber eine nicht konsenspflichtige Realität erzeugen." (1996, 164) Massenmedien erzeugen „Momente, in denen **ein bestimmter Wissensstand unterstellt werden kann; statt des Meinungswissens ein Informationswissens, das nicht angibt, wie man richtig und konsensfähig handeln könne**". (1997, 1104; Hervorhebung durch M.B.)

Man erinnere sich: Auch im Zusammenhang mit Luhmanns Auffassung von Kommunikation wurde schon dargestellt, dass er sich gegen Konsenszumutung als Definitionskriterium verwahrt. Kommunikation ist nicht Konsens, sondern Differenz (vergl. oben Kap. 6.4.4 und Abb. 6.13).

Die Massenmedien schaffen ein gemeinsames Hintergrund*wissen*, aber keine einheitlichen Hintergrund*überzeugungen*. Das Hintergrundwissen ist verbindlich. Man *muss* Bescheid wissen (oder wenigstens so tun als ob), um teilzuhaben an einer gemeinsam unterstellten Realität bzw. einem sozialen Gedächtnis, die bei allen gesellschaftlichen Kommunikationen mitlaufen (vergl. oben Kap. 18.5). Andernfalls wäre man gesellschaftlich ausgegrenzt – ähnlich wie jemand, der sein individuelles Gedächtnis verloren hat, auch an der Kommunikation zwischen seinen Freunden und Verwandten kaum teilnehmen könnte. In der Gesellschaft ist es so, „daß es mit Ansehensverlust verbunden wäre und daher nicht zugegeben wird, wenn sie [die Hintergrundrealität] nicht bekannt war" (1996, 43). Es gibt einen *Zwang*, die angesagten Inhalte aus den Massenmedien, aktuelle Themen, Personen, Modeströmungen, vorgeführte Lebensformen usw. zu kennen; und gleichzeitig die *Freiheit*, dazu eigene Einstellungen, Meinungen und Bewertungen zu entfalten.

„Weil die Massenmedien eine Hintergrundrealität erzeugt haben, von der man ausgehen kann, kann man davon abheben und sich mit persönlichen Meinungen, Zukunftseinschätzungen, Vorlieben usw. profilieren." (1996, 120)
„Die jeweils behandelten Realitätsausschnitte (Themen) werden so durch eine zweite, nicht konsenspflichtige Realität überlagert." (1996, 121)

In dieser Doppelorientierung von einerseits Verpflichtung, Begrenzung, Verbindlichkeit, Ordnung und andererseits Spielraum, Öffnung, Unverbindlichkeit, Freiheit liegt eine Grundstruktur vor, die bei Luhmann in verschiedenen Kontexten immer wieder begegnet: Als „Medium und Form" (vergl. Kap. 8), „Redundanz und Varietät" bei der Werbung (vergl. Kap. 16), Glaubwürdigkeitsverpflichtung und Konsensfreiheit bei der Unterhaltung (vergl. Kap. 17) und als „Thema und Meinung" bei der öffentlichen Meinung (vergl. unten Kap. 19.3). **In Bezug auf die Realität der Massenmedien bzw. Realität aus den Massenmedien hat man gleichsam eine Wissenspflicht, aber keine Konsenspflicht. Der erste Satz in „Die Realität der Massenmedien" sagt: Was wir über unsere Welt *wissen*, *wissen* wir durch die Massenmedien. Diese**

Aussage ist also nicht so total, wie sie auf den ersten Blick scheint. Man kann sie ergänzen durch: Was wir darüber *meinen*, ist unsere Sache.

Dieses ist Anlass, sich im folgenden Kapitel 19 mit der öffentlichen Meinung auseinanderzusetzen, bevor dann in Kapitel 20 Luhmanns konstruktivistischer Blick auf Massenmedien noch einmal zusammengefasst wird.

Abb. 18.11 Man muss Bescheid *wissen*, aber darf *meinen*, was man will

Kapitel 19 – Öffentliche Meinung

Massenmedien haben eine besondere Beziehung zur Öffentlichkeit. Üblicherweise meint man, dass Medien Öffentlichkeit *herstellen*. Luhmann meint das nicht. Seiner Auffassung nach geben die Massenmedien der Öffentlichkeit lediglich eine bestimmte *Form*; sie sind Repräsentanten der Öffentlichkeit. Dieses diskutiert er kurz in Kapitel 14 von „Die Realität der Massenmedien". Auch auf „öffentliche Meinung" geht er dort ganz knapp ein. Die Kürze in dem Buch über Massenmedien verwundert nicht, wenn man seine Definitionen ansieht: Bei der Öffentlichkeit und der öffentlichen Meinung bilden nämlich nicht die Massenmedien, sondern andere Funktionssysteme den eigentlichen Bezugspunkt; bei der öffentlichen Meinung speziell das politische System. Breitere Auseinandersetzungen mit dem Thema öffentliche Meinung sind an anderen Stellen in seinem Werk zu finden, so in „Die Gesellschaft der Gesellschaft" (1997) und in mehreren Aufsätzen:

- „Öffentliche Meinung" (1970b)
- „Gesellschaftliche Komplexität und öffentliche Meinung" (in: 1990b)
- „Die Beobachtung der Beobachter im politischen System: Zur Theorie der Öffentlichen Meinung" (1992c)
- „Öffentliche Meinung und Demokratie" (1999).

Obwohl die Analysen über einen Zeitraum von fast 30 Jahren entstanden sind, enthalten sie im Wesentlichen keine Brüche. Zentrale Aussagen aus allen Quellen werden hier zusammengefasst skizziert.

19.1 Öffentlichkeit heißt: von außen beobachtet werden

In „Die Realität der Massenmedien" definiert Luhmann „Öffentlichkeit" als „Reflexion jeder gesellschaftsinternen Grenze" (1996, 184). Das heißt konkret: Ein System wie etwa das politische System oder das Wirtschaftssystem kann ja nur *innerhalb* seiner Systemgrenzen operieren; aber es kann dabei durchaus reflektieren, dass es *von außen aus seiner Umwelt* beobachtet wird – aus der Öffentlichkeit.

> „Wenn das System dagegen reflektiert, daß es von außen beobachtet wird, ohne daß schon feststünde, wie und durch wen, begreift es sich selbst als beobachtbar im Medium der Öffentlichkeit." (1996, 185)

19.1 Öffentlichkeit heißt: von außen beobachtet werden

„Öffentlichkeit ist mithin ein allgemeines gesellschaftliches Reflexionsmedium, das die Unüberschreitbarkeit von Grenzen und, dadurch inspiriert, das Beobachten von Beobachtungen registriert." (1996, 187)

Abb. 19.1 Funktionssysteme reflektieren, dass sie von außen beobachtet werden – im „Medium der Öffentlichkeit"

Da von einem „Medium" Öffentlichkeit die Rede ist, muss es „Formen" geben. Die Formen des Beobachtens kommen vor allem von Presse, Hörfunk, Fernsehen. **Die Massenmedien repräsentieren die Öffentlichkeit. Politik, Wirtschaft, Medizin, Kunst usw. werden von den Massenmedien gleichsam von außen für die Gesellschaft beobachtet –** *und wissen das*. Die Medien beobachten, was in diesen Funktionssystemen passiert, und machen ihre Beobachtungen zu Mitteilungen – in Berichten, Reportagen, Nachrichten, Fotos, Features, Fernsehübertragungen, Kommentaren, Karikaturen, Kabarettsendungen, Werbe- und Unterhaltungsformaten in allen möglichen Varianten, wobei sie Themen, Positionen, Gegenpositionen und Meinungen formieren. Diese können dann von da aus, das heißt *von außen*, doch *in* die Systeme Eingang finden, beispielsweise „in der Politik politisch benutzt und ins System hineincopiert" werden (1996, 188).

„Die Funktion der Massenmedien wäre demnach nicht in der Produktion, sondern in der Repräsentation von Öffentlichkeit zu sehen. [...] Weil Öffentlichkeit für alle Systeme, die Massenmedien selbst eingeschlossen, immer die andere, unzugängliche Seite ihrer Grenzen beschreibt und nicht in Richtung auf bestimmte Partnersysteme spezifiziert werden kann, ist es notwendig, sie zu repräsentieren in der Form von

Realitätskonstruktionen, an denen alle Teilsysteme, ja alle Menschen teilhaben können". (1996, 188)

Leitend ist dabei die bereits angesprochene Doppelstruktur von verbindlichen Themen und unverbindlichen Meinungen, hier „Transparenz und Intransparenz" genannt (vergl. oben Kap. 18.6).

„Die Repräsentation der Öffentlichkeit durch die Massenmedien garantiert mithin im laufenden Geschehen Transparenz und Intransparenz zugleich, nämlich bestimmtes thematisches Wissen in der Form von jeweils konkretisierten Objekten und Ungewissheit in der Frage, wer wie auf sie reagiert." (1996, 188)

Wenn alle Funktionssysteme öffentlich von außen beobachtet werden, dann selbstverständlich auch das Massenmediensystem. Allerdings führt ein solches „'autologisches' Konzept" – ein Konzept, das auf sich selbst angewendet wird – zu einer Paradoxie. Jede gesellschaftliche Selbstbeobachtung, ob sie nun durch die Massenmedien oder durch die Soziologie erfolgt, ist auf diese Weise paradox (1996, 188; vergl. schon oben Abb. 3.11 sowie ausführlich unten Kapitel 20).

19.2 Peep auf Politik

„Öffentlichkeit" kann sich also auf sämtliche Funktionssysteme der Gesellschaft beziehen: Politik, Wirtschaft, Kunst, Wissenschaft, das Erziehungssystem usw. reflektieren, dass sie von außen aus ihrer Umwelt, das heißt aus der ‚übrigen' Gesellschaft, „im Medium der Öffentlichkeit" beobachtet werden (1996, 184 f). „Öffentliche Meinung" ist nun – wie der Name schon vermuten lässt – ein Spezialfall: Laut Luhmann wird der Begriff speziell dann gebraucht, wenn es um politische Zusammenhänge geht. **Öffentliche Meinung ist Öffentlichkeit aus Sicht des politischen Systems**.

„Die ‚öffentliche Meinung' wäre die politiksysteminterne Umwelt politischer Organisationen und Interaktionen." (1996, 185)
„In der Politik inszeniert man alle Aktivitäten vor dem Spiegel der öffentlichen Meinung im Hinblick auf Resultate der politischen Wahlen." (1997, 766 f)
Sowohl Regierung als auch Opposition „muß die Selbstbeobachtung darauf einstellen, daß und wie man beobachtet wird." (1992c, 85)

19.2 Peep auf Politik

Abb. 19.2 Das politische System reflektiert, dass es von außen beobachtet wird – im „Medium der öffentlichen Meinung"

Entsprechend wie für „Öffentlichkeit" lässt sich formulieren: Das politische System ist sich ‚bewusst' und stellt sich darauf ein, dass es im „Medium" der öffentlichen Meinung beobachtet wird; „Formgeber dieses Mediums" sind die Massenmedien (1990b, 176; vergl. auch 1997, 1129 und 1089).

Bei der öffentlichen Meinung haben wir es also mit einem Dreiecksverhältnis zwischen Öffentlichkeit, Politik und Massenmedien zu tun. Die Beziehung zwischen öffentlicher Meinung und Massenmedien ist untrennbar eng, aber nicht symmetrisch. Das lässt sich mithilfe des Begriffspaars Medium/Form erläutern. Öffentliche Meinung ist ein „Medium", aber kein „Massenmedium"; die Massenmedien geben diesem Medium „Form". Früher wurde bereits die Bedeutung von Medium/Form als Differenz zwischen loser und strikter Kopplung dargestellt (vergl. oben Kap. 8.4).

> „Im Verhältnis zur üblichen Rede von den sogenannten ‚Massenmedien' wird über den Begriff des Mediums hier anders disponiert. Das Medium ist die öffentliche Meinung selbst. Presse und Funk sind die Formgeber dieses Mediums. Sie ‚übertragen' nichts, sie prägen das auf sie zugeschnittene, mit ihnen zugleich entstehende Medium. Sie verdanken ihre Effektivität einem langen Lernprozeß im Umgang mit diesem Medium". (1990b, 176; vergl. ebenfalls 1997, 1098)

Auch das Begriffspaar System/Umwelt kann zur Klärung beitragen. Massenmedien sind ein eigenes gesellschaftliches Funktionssystem. Die Politik bildet ebenfalls ein eigenes Funktionssystem. Die öffentliche Meinung dagegen ist kein derartiges System; Luhmann bezeichnet sie als „Kommunikationsnetzwerk" (1990b, 172). Sie lässt sich der politischen Sphäre zurechnen, und zwar als Umwelt des politischen Systems. Dabei geht es nicht um eine „Kompletterfassung" der Politik-Umwelt, sondern nur speziell um das Beobachten von außen und die Reflexion des Beobachtet-Werdens; der Aufsatztitel „Die Beobachtung der Beobachter im politischen System: Zur Theorie der Öffentlichen Meinung" akzentuiert das.

Zu den Asymmetrien zwischen öffentlicher Meinung und Massenmedien gehört, dass die öffentliche Meinung ‚mehr' ist, als die Massenmedien-Seite abdeckt. Denn es gibt mehrere „Faktoren, die bestimmen, was jeweils als öffentliche Meinung gilt": neben den Massenmedien auch Protestbewegungen; diese haben allerdings wieder „ein heimliches Bündnis [...] mit den Massenmedien" (1997, 1128 und 855). Auf der anderen Seite sind auch die Massenmedien ‚mehr', als für öffentliche Meinung relevant: Relevant ist vor allem der Programmbereich „Nachrichten und Berichte", während „Werbung" und „Unterhaltung" hierfür nachrangiger sind.

Abb. 19.3 Neben Massenmedien geben auch Protestbewegungen der öffentlichen Meinung Form

19.3 Eben nicht *Meinungen*, sondern *Themen*

Nach Luhmann gewinnt die öffentliche Meinung zu Beginn der Neuzeit an Bedeutung, als den traditionellen, festen, unverrückbaren Wahrheiten der Boden entzogen wird (vergl. 1970b, 4). Die Druckpresse trägt maßgeblich dazu bei (vergl. 1999, 22). Ab diesem Zeitpunkt wachsen die Möglichkeiten, wie politisch und rechtlich entschieden werden kann, ins Beliebige, „Kontingente". Die „Wahrheit" fällt als begrenzender Orientierungsrahmen weg; nötig ist eine neue Begrenzung, und die liegt in durch Kommunikation gebildeten „Meinungen". Ab dem 18. Jahrhundert wird die „Integration der Gesellschaft der ‚öffentlichen Meinung' überlassen" (1997, 314).

> „Die hohe Beliebigkeit des politisch und rechtlich Möglichen soll, wenn nicht durch Wahrheiten, so doch durch diskussionsgestählte Meinungen reduziert werden."
> (1970b, 6)

Kommunikation hat aber Voraussetzungen: Zunächst fundamental und dauerhaft die Sprache. Darüber hinaus braucht Kommunikation im steten Wandel gemeinsame *Themen*. Solche Themen werden sozial erzeugt, wie schon im Zusammenhang von Massenmedien dargestellt (vergl. Kap. 18.2 und 18.3). *Themen* können dann wieder Auslöser für vielfältige, auch ganz individuelle *Meinungen* sein. Es ist unmöglich, die öffentliche Meinung und die gesellschaftliche Integration an einem Konsens in den individuellen *Meinungen* festzumachen. Die öffentliche Meinung „formuliert keinen Konsens darüber, was die Gesellschaft ist oder sein soll" (1997, 1098 f). Denn bei einer Orientierung an den Meinungen „könnte nur von einem unbeschreiblichen Chaos gleichzeitiger Verschiedenheit und von Unmöglichkeit jeglicher Koordination die Rede sein" (1990b, 172). Dies zwingt dazu, „die psychische Referenz des Begriffs der öffentlichen Meinung aufzugeben" (1992c, 78). Die Begrenzung von Kontingenz liegt also primär bei den (sozialen) *Themen*, nicht bei den (individuellen, psychischen) *Meinungen* zu den Themen. Man könnte sagen, ohne dass Luhmann es so formuliert: **„Öffentliche Meinung" (Singular) müsste eigentlich ‚öffentliche Themen mit vielen möglichen, auch ganz privaten Meinungen' (Plural) heißen.**

> „Was öffentliche Meinung genannt wird, scheint im Bereich solcher *Themen der Kommunikation* zu liegen, deren Vorausgesetztheit die Beliebigkeit des politisch Möglichen einschränkt." (1970b, 7)
> **„Der Reduktionsmechanismus der politischen Kommunikation, der mit dem Begriff der öffentlichen Meinung erfaßt war, besteht daher gar nicht aus den Meinungen selbst, sondern aus den Themen politischer Kommunikation."**
> (1970b, 9; Hervorhebung durch M.B.)

Öffentliche Meinung ist „die Themenstruktur des politischen Kommunikationsprozesses". (1970b, 16)
„Die öffentliche Meinung scheint das Resultat einer Art von Selbstorganisation zu sein, die die Mikrodiversität persönlicher Meinungen zu Themen voraussetzt, aber mit ihr nicht identisch ist." (1999, 22)
„Last, but not least: die Massenmedien scheinen in allen Programmbereichen nicht auf die Erzeugung einer *konsensuellen* Realitätskonstruktion abzuzielen – oder wenn dies, dann ohne Erfolg. Ihre Welt enthält und reproduziert Meinungsverschiedenheiten in Hülle und Fülle. [...] **Die Themen, nicht die Meinungen sind entscheidend."** (1996, 126; fett durch M.B.)

Abb. 19.4 „Öffentliche Meinung" heißt: ‚Öffentliche Themen mit vielen persönlichen Meinungen'

Wir haben hier also wieder eine „Doppelstruktur von Thema und Meinung" – so wie oben für Massenmedien generell festgestellt. Der erste Begriff steht für Begrenzung/Verbindlichkeit, der zweite für Offenheit/Unverbindlichkeit. Das Wort „öffentliche *Meinung*" leitet allerdings in die Irre, denn es suggeriert, dass eine gleiche *Meinung* vorliegen soll; „das Wort ‚öffentliche Meinung' suggeriert zuviel Einheit". In Wirklichkeit aber umfasst die Funktion der öffentlichen Meinung den „Doppelaspekt", „offen und instruktiv zu sein", also einerseits (Meinungs-)Freiräume zu öffnen, die andererseits an ein begrenzendes (Themen-)Repertoire angebunden sind. Ein kognitives ‚Muss' ist mit einem überzeugungsmäßigen ‚Muss-Überhaupt-Nicht' gepaart (1970b, 8 und 28; vergl. ausführlich Kap. 18.6 inklusive Abb. 18.11).

19.3 Eben nicht *Meinungen*, sondern *Themen*

So „kann sich öffentliche Meinung als **Struktur eines begrenzt offenen Kommunikationsprozesses** konstituieren." (1970b, 9; Hervorhebung durch M.B.)
Es ist so, „daß die politisch relevanten Meinungen kontrovers sind und kontrovers bleiben und durch die öffentliche Meinung nicht in Konsens aufgelöst werden [...] Die öffentliche Meinung ist auf der Ebene konkreter Meinungen zu bestimmten Themen kein einheitliches Phänomen." (1999, 27)

Die Doppelstruktur von Thema und Meinung, Begrenzung und Offenheit charakterisiert öffentliche Meinung. Wo sie aufgelöst wird – z.B. durch moralischen Druck, zu einem Thema nur noch eine einzige, bestimmte Meinung zuzulassen – liegt Manipulation vor (1970b, 8 f). Es sei daran erinnert, dass Luhmann bei den Massenmedien gerade die Tendenz zu moralischen Wertungen feststellt; solche Versuche sind also aus dieser Sicht Manipulationsversuche (vergl. Kap. 18.4.1).

Zeit und Aufmerksamkeit sind knapp, darum ist die Zahl der Themen begrenzt. Mithin müssen Themen „je nach Bedarf gewechselt werden können" (1970b, 13). Themen werden immer wieder neu formiert, formuliert, umgeformt, aktualisiert, vergessen und durch neue ersetzt, manchmal alte auch wieder aus der Versenkung geholt, wenn sie sich durch neue Ereignisse und Beiträge aktualisieren lassen. Beispiele sind Jahrtausende alt: die verdorbene Jugend; oder Jahrhunderte alt: die verderbliche Wirkung der Massenmedien vom Roman bis zur Gewalt im Fernsehen; oder Jahrzehnte alt: Umweltdiskussionen, Öko und Klima. Wie „Themenkarrieren" ablaufen, stellt Luhmann in seinem frühen Aufsatz über öffentliche Meinung dar (1970b); in späteren nimmt er den Begriff „Schema" hinzu. Schemata sind Vereinfachungen, Verkürzungen, die bei der öffentlichen Meinung sowohl auf Seiten der Individuen als auch bei den Massenmedien wirksam sind. „Schema" und „Thema" fokussieren unterschiedlich: Bei Schema steht die psychische bzw. soziale Operationsweise, bei Thema die Objektseite im Blick. Auf jeden Fall wird die Welt durch Thema und Schema griffig gemacht (vergl. oben Kap. 18.2).

„Man kann der öffentlichen Meinung eine Funktion zuschreiben, nämlich die der Einrichtung und Fortschreibung kognitiver Schemata." (1999, 27)

Abb. 19.5 Bei Massenmedien und in der öffentlichen Meinung: Schema und Thema machen die Welt griffig – Beispiel Öko und Bio

(Horst Busse: Heidelberger Spitzen – gesammelt in Reimen und Skizzen. Heidelberg 2002, S. 38)

Mithilfe von Schemata bzw. Themen organisiert sich das „soziale Gedächtnis" (vergl. Kap. 18.3). Öffentliche Meinung kann man „auch als öffentliches Gedächtnis" definieren, das regelt, was im politischen Bereich behalten und was vergessen werden kann (1999, 28). Die Massenmedien integrieren individuelles und soziales Gedächtnis. Immer wird ein gemeinsames *Wissen* hergestellt, ohne Konsens in den *Überzeugungen* zu fordern. Der Freiraum lässt sich beliebig nutzen für alle möglichen Positionen zwischen Gleichgültigkeit und Engagement, ebenso für individuelle oder gruppenspezifische Positionen.

> „Die als öffentliche Meinung etablierten Schemata ermöglichen es, sich *retrospektiv* auf dasselbe zu beziehen, ohne damit festzulegen, welche Schlüsse die Teilnehmer daraus ziehen. Man wird das Resultat deshalb kaum als ‚gemeinsame' Überzeugung, ‚shared' meanings usw. beschreiben können. Erreicht wird aber, daß man jeweils weiß, wovon die Rede ist, und daß jeder hinreichend Informierte an privater oder öffentlicher Kommunikation teilnehmen kann, ohne befürchten zu müssen, daß die anderen ihn nicht verstehen." (1999, 28 f)
>
> „Wenn und nur wenn ein Schema gegen die unbekannt bleibende Welt ins Profil gesetzt wird, können Engagements und Gefühle sich ankristallisieren, können sich Gruppen für das eine oder andere Skript ereifern, können Werte gesucht und gefunden und so gruppiert werden, daß sie die eigene Position stützen." (1999, 30)

19.4 Jede Menge Mängel, Konflikte und Moral

Massenmedien geben also der öffentlichen Meinung „Form". Dabei greifen sie auf bewährte Selektionsweisen, die sie herausgebildet haben, zurück; und es haben sich „bestimmte Formen der Formgebung eingespielt" (1990b, 176). Wonach sie seligieren, wurde schon in den vorigen Kapiteln behandelt. Hier noch einmal eine Zusammenfassung speziell in Hinblick auf öffentliche Meinung und geordnet nach den drei Sinn- und Weltdimensionen (vergl. Kap. 9.3):

> „Die Selektivität dessen, was auf Grund der Wirksamkeit dieser Massenmedien als ‚öffentliche Meinung' reflektiert wird, kann man pointiert in den drei Sinndimensionen beschreiben.
> [1.] In der Sachdimension gewinnen *quantitative Angaben* eine hervorragende Bedeutung." Zusätzlich und „wie zum Ausgleich" für die ‚Sach'lichkeit wird gerne ‚Mensch'lichkeit in Form von personalen oder lokalen Bezügen hergestellt.
> [2.] Seligiert wird immer das Neue: „In zeitlicher Hinsicht muß das Berichtenswerte *neu* sein, also Ereignis mit einem gewissen Überraschungswert".
> [3.] „Die Sozialdimension wird als *Konflikt* präsentiert [... Das] geht Hand in Hand mit *moralischen Beurteilungen*". (1997, 1099 f)

Vor allem also jede Menge Defizite, Katastrophen, Konflikte, Kriminalität und ständig Neues, dazu reichlich moralische Bewertungen füllen die massenmediale Selbstbeschreibung der Gesellschaft und bewegen die öffentliche Meinung. Das wirkt sich entsprechend aus (vergl. oben Abb. 18.6, Abb. 18.7 und Abb. 18.9).

- „Im Ergebnis verfällt die Gesellschaft in eine Art statistische Normaldepression."
- Außerdem in Unruhe: Die Gesellschaft erscheint „als eine sich über sich selbst aufregende, sich selbst alarmierende Gesellschaft."
- Dem Individuum bleibt „ein Gefühl der Hilflosigkeit", vielleicht gepaart mit Protest und der Forderung, „dass die anderen es anders machen" (1997, 1099 ff).
- Speziell für das politische System „wird ein politischer Handlungsdruck erzeugt" (1996, 63).

Abb. 19.6 Die Realitätsbeschreibung der Massenmedien führt zur „Überschätzung der moralischen Korruptheit der Gesellschaft" in der öffentlichen Meinung – mit politischem Handlungsdruck (1996,61)

> **Repräsentativbefragung von 2000 Deutschen i.A. des Kriminologischen Forschungsinstituts Niedersachsen über die vermutete Kriminalitätsentwicklung 1993-2003:**
> „Die Bürger unterstellen im Durchschnitt der Antworten eine Zunahme aller Straftaten um 34,5 %. Tatsächlich hatten wir weitgehende Stabilität. 2002 lag die Zahl aller Straftaten sogar geringfügig unter der des Jahres 1993. Beim Wohnungseinbruch wird ein Anstieg um das Doppelte vermutet. Laut der Polizeilichen Kriminalstatistik sind die Zahlen jedoch um 40 Prozent zurückgegangen. Die Daten der Versicherungsgesellschaften bestätigen das. Auch beim Bankraub oder dem Autodiebstahl unterstellen die Bürger eine starke Zunahme. Die Polizei hat aber seit 1993 eine Abnahme um die Hälfte bzw. zwei Drittel registriert. [...]
> Die extremste Fehleinschätzung ergibt sich zum vollendeten Sexualmord. Die Bürger unterstellen eine explosionsartige Vermehrung [...]Die Polizei dokumentiert jedoch seit 1993 eine stetige Abnahme."

(Christian Pfeiffer: Dämonisierung des Bösen, in: Frankfurter Allgemeine Zeitung, 5.3. 2004)

19.5 Konstruktion gegen Komplexität

Man muss noch einmal ganz naiv fragen, warum denn die Politiker und die politischen Parteien die Gesellschaft und die Menschen nicht unmittelbar und unschematisiert – kulturkritisch formuliert: ‚unverzerrt' und weniger ‚einseitig' – beobachten, um sich so möglicherweise ‚zutreffendere' Kenntnisse über die Realität zu verschaffen. Auch hier fällt die Antwort so aus, wie oben in den Anfangskapiteln generell dargestellt und danach am Beispiel Massenmedien veranschaulicht (vergl. Kap. 3.2 und Kap. 3.3): Es ist nicht möglich! Die Komplexität der Welt steht dem entgegen; dazu gehört auch die Paradoxie des Eingeschlossenseins des Beobachters in das, was er beobachtet. Beobachten heißt immer, dass „eine Unterscheidung benutzt wird, um etwas als dies, und nicht das, zu bezeichnen" (1992b, 138). So lässt sich weder die Gesellschaft noch die Politik komplett, unterscheidungslos und unmittelbar wahrnehmen. Eine „Direktwahrnehmung" ist „Illusion", selbst wenn ein Medium wie das Fernsehen durch ‚Direktübertragung' diese Illusion aufrecht erhält und selbst wenn Politiker glauben, sich ‚vor Ort' objektiv informieren zu können (1992c, 85). Wir haben es mit „einer überkomplexen, intransparenten Welt" zu tun, das ist eine letztlich „unbekannt bleibende Welt" (1992c, 86; 1999, 30).

19.5 Konstruktion gegen Komplexität

Wie lässt sich dann aber in ihr handeln, kommunizieren; wie lassen sich sinnvolle politische Entscheidungen fällen und damit andere unterlassen, bestimmte Selektionen/Unterscheidungen treffen und damit andere vermeiden; wie die Selektionen anderer Beteiligter einschätzen? Eine unreduzierte Komplexität ist Chaos; Komplexität muss reduziert, Unsicherheit absorbiert werden, und zwar *sozial* verbindlich. **Über die hochkomplexe, undurchschaubare Realität wird eine einfachere, nach bestimmten sozialen Selektionsweisen entworfene und sich ständig den aktuellen Erfordernissen anpassende „zweite Realität" gelegt** – wie eine Landkarte über ein Land (vergl. auch Kap. 20.1 einschließlich Abb. 20.1). Die Selektionsregeln entscheiden, was von der Komplexität der Welt sichtbar gemacht wird und „was unsichtbar bleibt" (1997, 1101). Dadurch wird die Realität überschaubar genug, um darin sinnvoll handeln zu können; auch, um Meinungen zu bilden, zu protestieren, Bestimmtes von der Politik zu fordern, anderes oder sogar alles für nichtig zu erklären oder sich gleichgültig abzuwenden. Die öffentliche Meinung ist ein Beitrag zu diesen komplexitätsreduzierenden, komplexitätsreduzierten Konstruktionen.

„Unsicherheitsabsorption findet statt, wenn eine Kommunikation Informationen verarbeitet und Schlüsse zieht und der weitere Kommunikationsprozeß sich dann nicht mehr an die ursprünglichen Informationen hält [...], sondern an die Schlußfolgerung, also an das, was als Tatsache kommuniziert wird. **Auf diese Weise wird in einer überkomplexen, intransparenten Welt eine Zweitwelt der Tatsachen geschaffen.** Von dieser Welt, die durchaus revisionsbereit, durchaus korrekturfähig angeboten wird, geht man aus, weil es gar nicht anders geht und weil man **folglich davon ausgehen kann, daß jeder davon ausgehen muß.**" (1992c, 86; Hervorhebung durch M.B.)
„Gegen Komplexität kann man nicht protestieren. Um protestieren zu können, muß man deshalb die Verhältnisse plattschlagen. Dazu dienen die Schemata und vor allem die Skripts, die sich in der öffentlichen Meinung mit Hilfe der Massenmedien durchsetzen lassen." (1997, 861)

Politiker können die öffentliche Meinung in den Massenmedien beobachten und so erfahren, wonach sie in der Öffentlichkeit beobachtet werden; können ihre Selbstbeobachtung und Inszenierungen darauf abstellen, so dass der Außenblick in die Politik „hineincopiert" wird: **Die öffentliche Meinung ist ein Spiegel, in dem das politische System sich selber sieht**.

„Obwohl, ja weil die Öffentlichkeit politisch nicht entscheiden kann, sondern gewissermaßen außerhalb der Grenzen des Systems der Politik liegt, wird sie in der Politik politisch benutzt und ins System hineincopiert." (1996, 187 f)
„Die Politiker sehen gerade nicht durch diesen Spiegel hindurch auf das, was wirkliche Menschen zu einem bestimmten Zeitpunkt wirklich denken. Sie sehen nur sich selbst und andere Politiker sich vor dem Spiegel für den Spiegel bewegen." (1992c, 84)

Die Konstrukte funktionieren. Das Dreiecksverhältnis von Öffentlichkeit, politischem System und Massenmedien funktioniert. Die öffentliche Meinung erfüllt ihre Funktion für das politische System. Ob allerdings „gut" im Sinne eines qualitativen Gütemaßstabes, steht nicht zur Debatte. Das ist nicht Luhmanns Ansatz. Denn woher einen objektiven, unkonstruierten Gütemaßstab nehmen, da wir nicht mehr an eine Letztinstanz glauben: „'Gott ist tot'" (1996, 210). Immerhin stellt er fest, dass **in diesen Prozessen „Vernunft" kein Selektionskriterium** ist.

> Die öffentliche Meinung „wählt nicht das aus, was der Vernunft entspricht." (1997, 1098)
> „Nach alldem ist nicht zu erwarten, daß im Destillationsprozeß der öffentlichen Kommunikation Vernunft als Kondensat übrig bleibt. Eher könnte man mit Salancik und Porac von destillierten Ideologien sprechen." (1999, 30)

Abb. 19.7 Herausdestilliert wird nicht Vernunft

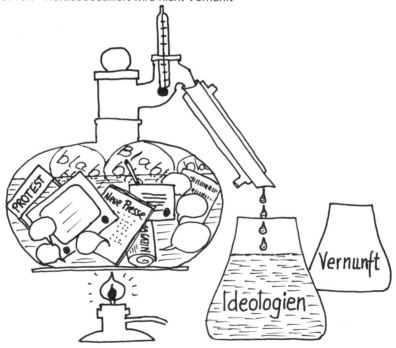

Kapitel 20 – Gesellschaftliche Selbstbeschreibung als Konstruktion – Fazit I

20.1 Realität erster und zweiter Ordnung, Kybernetik erster und zweiter Ordnung

Luhmanns gesamtes Lebenswerk dreht sich um seine Theorie der Gesellschaft (vergl. oben Kap. 2.2). Wir haben uns ausführlich mit den Massenmedien als einem Funktionsbereich der Gesellschaft befasst. Das Massenmedien-System ist nur *ein* Funktionssystem neben anderen und kann nur ein mögliches Anwendungsbeispiel sein – allerdings eines mit besonders wichtiger gesellschaftlicher Funktion: Die Funktion des Mediensystems liegt im „Dirigieren der Selbstbeobachtung des Gesellschaftssystems" (1996, 173). Thema des Buchs „Die Realität der Massenmedien" ist, wie Presse, Buchverlage, Filmunternehmen, Hörfunk und Fernsehen in allen Ressorts die Welt beobachten und was sie uns – dem Publikum oder genauer: der gesamten Gesellschaft – in Folge dieser Beobachtung als Realität präsentieren.

Die Medien dienen hier zusätzlich auch noch als Demonstrationsbeispiel, an dem Luhmann zeigt, wie Systeme operieren und der Konstruktivismus darüber Erkenntnisse erarbeitet:

Das letzte, 16. Kapitel von „Die Realität der Massenmedien" trägt die Überschrift „Kybernetik zweiter Ordnung als Paradoxie". Man vergleiche diesen Titel mit dem des 1. Kapitels „Ausdifferenzierung als Verdoppelung der Realität". „Doppelt" bzw. „zwei" steht also am Anfang und am Ende. Den Rahmen der gesamten Darstellung bildet sein konstruktivistischer Ansatz, ganz allgemein ausgedrückt: dass sich über etwas Erstes etwas Zweites lagert. Zunächst haben wir es mit zwei Realitäten zu tun: Die *erste* oder *reale Realität* bzw. *Realität erster Ordnung* ist die, von der wir im Alltag einfach glauben, dass sie *‚wirklich so ist'*. Auch die Massenmedien sind Teil dieser primären Realität; ihre Aktivitäten bestehen darin, diese primäre Realität zu beobachten und zu beschreiben, über sie zu berichten. Damit stellen sie eine *zweite Realität* oder *Realität zweiter Ordnung* her; das ist die Realität, wie sie in den Beschreibungen durch die Medien erscheint und daher auch für uns als Realität erscheint; eine *konstruierte Realität*. **Zweite und erste Realität verhalten sich zueinander etwa wie Landkarte zu Territorium: Man muss sich davor „hüten, die Landkarte mit dem Territorium zu verwechseln"** (1997, 885).

Die Operationen der Medien, mit denen sie diese Landkarte erstellen, sind: Beobachtung und Beschreibung. Auch darüber lagert sich eine zweite Ebene, eine „Kybernetik zweiter Ordnung": das ist die Beobachtung und Beschreibung der Beobachtung und Beschreibung. Luhmann bezieht sich dabei auf Heinz von Foerster, dessen Ausarbeitung einer „Kybernetik der Kybernetik" in „Observing Systems" als „Manifest des operativen Konstruktivismus" gilt (1996, 206; vergl. auch 1997, 878, Anmerkung 26, sowie 2002b, 64). Die Beobachtung der Beobachtung ist in unserem konkreten Fall Luhmanns Untersuchung, wie die Massenmedien ihre Landkarte von der Gesellschaft und der Welt konstruieren und warum sie gerade ein solches Bild von der Realität und kein anderes produzieren. „Die Selbstbeschreibung wird zum Thema der Selbstbeschreibung" (1997, 1132).

Abb. 20.1 Die zweite, konstruierte Realität verhält sich zur ersten, realen Realität wie Landkarte zu Territorium

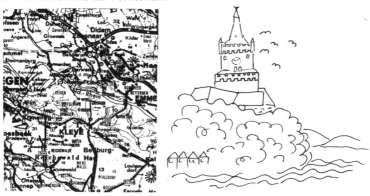

Die Medien stellen der Gesellschaft ihr konstruiertes Realitätsbild als Wissen über die Welt zur Verfügung und schaffen damit Gewissheit, wie Gesellschaft und Welt ‚sind'. Dieses ist für Luhmann so fundamental, dass er sein Buch damit beginnen und enden lässt. Die ersten und die letzten Sätze von „Die Realität der Massenmedien" lauten:

> „Was wir über unsere Gesellschaft, ja über die Welt, in der wir leben, wissen, wissen wir durch die Massenmedien." (1996, 9)
> „Wir wiederholen deshalb unsere Eingangsfrage. Sie lautet nicht: *was* ist der Fall, was umgibt uns als Welt und als Gesellschaft. Sie lautet vielmehr: *wie* ist es möglich, Informationen über die Welt und über die Gesellschaft als Informationen über die Realität zu akzeptieren, wenn man weiß, *wie* sie produziert werden?" (1996, 215)

20.1 Realität erster und zweiter Ordnung, Kybernetik erster und zweiter Ordnung

Das Buch beginnt demnach mit der Aussage über eine Gewissheit. Und es endet mit einer Infragestellung der Berechtigung dieser Gewissheit, einer totalen Verwunderung: ‚Wie ist das bloß möglich? Wie ist es möglich, dass wir unsere Gewissheit ausgerechnet auf die Massenmedien gründen?' Damit ist der Aufbau – typisch Luhmann – genau umgekehrt wie sonst üblich, wo man erwartet, dass eine Untersuchung mit Frage/Ungewissheit beginnt und mit Antwort/Gewissheit abschließt.

Zwischen diesem Eingangssatz und der verwunderten Abschlussfrage analysiert Luhmann die Konstruktion der Realität durch die Massenmedien. Zusammengefasst stellt er etwa folgendes dar: Massenmedien beobachten die Welt und die Gesellschaft – ihre Umwelt – nach Kriterien/Unterscheidungen, die von den Medien kommen, also nicht von der beobachteten Welt vorgegeben sind. So seligieren sie Informationen und machen darüber Mitteilung. Informationen haben die Eigenschaft, sofort zu veralten – was die Medien antreibt, immer wieder Neues zu berichten. Damit sind sie zwangsläufig auf Tempo und Aktualität verpflichtet. In der gesamten Gesellschaft werden dadurch Zeit und Schnelligkeit zu einer dominierenden Sinndimension. Und weil Massenmedien immer Neues bringen müssen, können sie nicht anders, als bevorzugt Überraschungen, Diskontinuitäten, zeitliche und moralische Brüche, Skandale, Konflikte, Katastrophen, Defizite und abnorme Quantitäten, überhaupt alles Abweichende für die Berichterstattung auszuwählen. Das zieht in der Gesellschaft permanent Irritation nach sich, die wieder durch neue, mehr Information bedient werden muss. Wissen aus den Massenmedien läuft als Hintergrundwissen üblicherweise in allen Kommunikationen mit; es bildet das „soziale Gedächtnis" der Gesellschaft. Die Medien erzeugen also ein gemeinsames (bzw. vorausgesetztes gemeinsames) *Wissen* – mit Ausrichtung auf Irritation, Unruhe, Verunsicherung –, allerdings eine gemeinsame Hintergrund*überzeugung* können sie nicht einfordern.

Was ist nun der besondere Grund, sich darüber zu verwundern, wie in dem zitierten Abschlusssatz zum Ausdruck gebracht? Worin besteht die Problematik, sich auf das zu verlassen, was das Mediensystem uns als Wirklichkeit präsentiert? Dieses diskutiert Luhmann am Ende seiner Analyse über die „Realität der Massenmedien" strikt aus Sicht des „operativen Konstruktivismus", wobei schon der Titel des letzten Kapitels „Kybernetik zweiter Ordnung *als Paradoxie*" das Argument nennt. Was er an der gesellschaftlichen (Selbst-) Beschreibung der Massenmedien entwickelt, gilt allgemein für die Selbstbeschreibung der Gesellschaft überhaupt, die ja laufend überall – auch durch die Soziologie, die Kunst und gesellschaftliche Diskussionen aller Art – stattfindet. **Gesellschaftliche Selbstbeschreibungen sind *paradox*** aus folgenden Gründen (vorweg zusammengefasst):

- Beschreibungen beruhen auf Unterscheidungen, die aber nicht von der Sache, sondern vom Beobachter kommen – also nur *Konstruktionen* sein können.
- *Unterscheidungen* machen Einschnitte und grenzen aus – aber trotzdem werden Aussagen über die Einheit, über ‚die (ganze) Welt' und ‚die (ganze) Gesellschaft' gemacht und akzeptiert.
- Der Beobachter kann sich selbst nicht von außen sehen, daher hat die Selbstbeobachtung untilgbar einen *blinden Fleck*.

20.2 Konstruktion unvermeidbar

Traditionell wird geglaubt, Informationen würden „übertragen". Nach Luhmann ist das falsch. Der Begriff „Übertragung" spiegelt vor, Informationen seien ontologisch in der Welt vorhanden, würden von den Medien lediglich aufgespürt, mehr oder weniger unverzerrt in Mitteilungen verpackt und dann zum Publikum transportiert, das damit von Unwissen zu Wissen gebracht würde (vergl. oben Kap. 6.3.1 und Kap. 6.4.2 sowie Kap. 14.5).

Abb. 20.2 Traditionell wird fälschlich geglaubt, Massenmedien übertrügen Wissen auf Unwissende

Luhmann verwendet zwar auch den Begriff „Information", aber immer zusammen mit dem Gegenwert „Nichtinformation". Denn Massenmedien *unterscheiden* ständig, was Information ist und was nicht. Sie machen damit einen Einschnitt in die Welt: **„Eine Kommunikation teilt die Welt nicht mit, sie teilt sie ein"** (Luhmann/Fuchs 1989, 7; Hervorhebung durch M.B.). Diese Einteilung *entsteht* durch die Kommunikation, die Beobachter, die Massenmedien;

die Unterscheidung existiert nicht in der Außenwelt. Das Ergebnis der Beobachtung – die Beschreibung der Realität – kann daher nie ein Abbild, kann nur eine Konstruktion sein. Anders zu verfahren ist nicht im Belieben der Medien, ist weder eine Frage ihrer Kompetenz noch ihrer Manipulationsabsicht – es geht schlichtweg nicht anders!

Dass sie seligieren, ist unvermeidbar. Aber auch, *wie* sie seligieren bzw. *warum* sie so und nicht anders auswählen, „warum überhaupt im Schema skandalös/nichtskandalös beobachtet wird", liegt in der Logik des Systems (1996, 207). Wie gesagt: Der Zwang, immer wieder Neues zu berichten, zwingt die Orientierung an Abweichendem auf. In einem Fernsehinterview danach gefragt, ob Massenmedien nicht anders verfahren könnten, antwortet Luhmann sinngemäß: „Nein, ich glaube nicht. Das wäre so, als ob man von der Wirtschaft verlangen würde, bei ihren Transaktionen auf Geld zu verzichten" (Fernseh-Interview in „Aspekte", 1996).

20.3 Selbstbeschreibungen der Gesellschaft – paradox

Massenmedien beobachten also die Gesellschaft und die Welt nach der Logik ihres Systems und fertigen danach Beschreibungen an. Sie machen das selbstverständlich nicht (nur) für sich – sie machen das für die Gesellschaft. Genau das ist ja die Funktion dieses eigenen gesellschaftlichen Funktionssystems: Wissen über die Gesellschaft und die Welt zur Verfügung zu stellen, das heißt, die Gesellschaft und die Welt zu beobachten und öffentlich zu beschreiben. **Die moderne Gesellschaft überlässt ihre „Selbstbeobachtung" und „Selbstbeschreibung" weitgehend dem Massenmedien-System**. Da die Medien Teil der Gesellschaft sind, handelt es sich nicht um Fremdbeobachtung und -beschreibung, sondern tatsächlich um Selbstbeobachtung und -beschreibung der Gesellschaft.

> Es ist so, „daß die Massenmedien als Funktionssystem eigener Art die Beschreibung der Welt und der Gesellschaft übernommen haben." (1997, 1014)
> Die Massenmedien „leisten einen Beitrag zur Realitätskonstruktion der Gesellschaft. Dazu gehört eine laufende Reaktualisierung der Selbstbeschreibung der Gesellschaft und ihrer kognitiven Welthorizonte". (1996, 183)
> „Selbstbeschreibungen" des Gesellschaftssystems sind „imaginäre Konstruktionen der Einheit des Systems, die es ermöglichen, in der Gesellschaft zwar nicht *mit* der Gesellschaft, aber *über* die Gesellschaft zu kommunizieren." (1997, 866 f)

Auch andere Instanzen sind an der Selbstbeschreibung der Gesellschaft beteiligt, speziell die Soziologie. Soziologie und Massenmedien sind hierin „Konkurrenten". Und für beide gilt, dass sie Teil dessen sind, was sie beschreiben.

Die gesellschaftliche Selbstbeobachtung und -beschreibung durch die Massenmedien ebenso wie jede gesellschaftliche Selbstbeobachtung und -beschreibung durch die Soziologie ist daher paradox: Es handelt sich um **Konstruktionen durch Beobachter, die *über* einen Beobachtungsgegenstand schreiben, *in* dem sie selbst enthalten sind.** Sie beobachten die Gesellschaft mit ihren *eigenen, zugefügten* Unterscheidungen und präsentieren ihre Ergebnisse doch als Aussagen über ‚die' Realität. Das nicht ausreichend zu reflektieren wirft Luhmann der Soziologie des 20. Jahrhunderts vor (vergl. grundsätzlich den Aufsatz „Die Selbstbeschreibung der Gesellschaft und die Soziologie" in: 1992b; außerdem das Kapitel „Selbstbeschreibungen" in „Die Gesellschaft der Gesellschaft; vergl. auch schon oben Kap. 4.2.5).

> Der Soziologie ist „keine Gesellschaftstheorie gelungen, denn dazu hätte sie ihre Logik, ihren Kausalbegriff, ihre Methodologie auf Autologie, also auf Selbstimplikation einstellen müssen. Sie konnte zwar zahlreiche Themen aufgreifen und erfolgreiche Forschungsresultate vorlegen, doch die Ausarbeitung einer gegenstandsadäquaten Gesellschaftstheorie hätte von ihr verlangt, sich selbst in ihren Gegenstand einzubringen. Das hätte aber erfordert, alle Festpunkte, Geschichte und Werte eingeschlossen, aufzugeben." (1997, 1132)

Der „gegenstandsadäquate" Denkansatz für Gesellschaftsbeschreibung – wobei das immer „Selbstbeschreibung" ist, denn niemand steht außerhalb der Gesellschaft – ist für Luhmann die Systemtheorie als „operativer Konstruktivismus". Denn er hat nicht „den geringsten Zweifel daran, daß es sich um Konstruktionen real operierender Systeme handelt" (1990b, 9; vergl. auch oben Kap. 3.1 und Kap. 3.2).

20.4 ... mit blindem Fleck

Die Massenmedien können beobachten, dass sie beobachten. Aber wie und warum gerade so – das entzieht sich ihrer Beobachtung. Der Grund: jede Beobachtung, auch die der Massenmedien, enthält einen „blinden Fleck" oder – in der Terminologie von George Spencer Brown, die Luhmann übernimmt – „unmarked space". Das heißt sie kann nie vollständig sein. Und sie ist nie komplett überschau- und überprüfbar. Trotzdem wird sie als Selbstbeschreibung der Gesellschaft akzeptiert.

> „Die Medien bezeichnen das, worüber sie kommunizieren, und müssen es deshalb unterscheiden. [...] Sie operieren weltzugewandt und reflektieren nicht, daß schon diese Zuwendung einen unmarkierten Raum erzeugt, in dem sie sich selbst befinden." (1996, 207)

20.4 ... mit blindem Fleck

„Mit dem Begriff der Beobachtung wird registriert, daß nie die Welt beobachtet, geschweige denn: erkannt werden kann, weil jede Beobachtung durch ein ‚unwritten cross' einen ‚unmarked space' erzeugt, den sie nicht beobachtet." (1996, 170)

Es ist so, „daß ein Beobachter (und auch: ein Selbstbeobachter) nicht sehen kann, was er nicht sehen kann, und zwar vor allem sich selber nicht. Die Einheit der Gesellschaft wird in der Selbstbeobachtung zur Paradoxie des Beobachters." (1997, 1061, vergl. auch 1127)

Man kann nicht sehen, daß man nicht sieht, was man nicht sieht." (1991b, 66; Hervorhebung durch M.B.)

Abb. 20.3 Die Beobachtung durch Massenmedien – wie jede Beobachtung der Gesellschaft – hat einen blinden Fleck

(Vitali Klitschko in der Werbung des ZDF „Mit dem Zweiten sieht man besser")

Der blinde Fleck der Beobachtung entsteht dadurch, dass der Beobachter sich nicht selbst sehen und seine Unterscheidung nicht reflektieren kann. Oder präziser: Er kann zwar reflektieren, *dass* er beobachtet, aber nicht, *wie* und *warum* gerade so. Aus seinem Unterscheidungscode kommt er nicht hinaus. Der Beobachter kann sich nie außerhalb stellen und *alles* überblicken.

„Jedenfalls hat jede Unterscheidung zwei Seiten, kommt aber selbst weder auf der einen noch auf der anderen Seite vor. Wenn Beobachten unterscheiden ist, bleibt die Unterscheidung selbst dabei unbeobachtbar [...] Dann ist also die Unterscheidung der blinde Fleck, der in jeder Beobachtung als Bedingung ihrer Möglichkeit vorausgesetzt ist. [...] **Der Beobachter ist das Nicht-Beobachtbare.**" (1991b, 64 f; Hervorhebung durch M.B.)
Man kann auch sagen, „die Unterscheidung sei der blinde Fleck der Beobachtung." (2002b, 145)

Die Unterscheidung mit überblicken kann nur jemand von einer höheren Warte aus, also ein Beobachter des Beobachters. Damit sind wir bei der „Kybernetik zweiter Ordnung" oder „Kybernetik der Beobachtung von Beobachtern" (1991b, 62 sowie 1996, 206). Luhmann in der Beobachtung der Massenmedien ist ein Beispiel dafür. Aber auch dieser Beobachter aus einer „Metaperspektive" – ein Beobachter zweiter Ordnung – hat wieder einen eigenen blinden Fleck, der wieder auf derselben Ebene nicht zu durchschauen ist, nur von erhöhter Warte. So kommen wir zu einem „infiniten Regreß" ohne Endpunkt (vergl. schon oben Kap. 4.2.3 und Kap. 4.2.4).

„Das führt nur in den infiniten Regreß der Frage, welcher Beobachter nun dies wieder beobachtet. Es kommt im System selbst nicht zu der Abschlußfigur". (1996, 208 f)
„Nur Gott ist ausgenommen". (1991b, 65)
„Gott weiß alles und kann alles." (2002b, 184)
„'Gott ist tot', hat man behauptet – und gemeint: der letzte Beobachter ist nicht zu identifizieren." (1996, 210)
„Um eine Metaperspektive handelt es sich insofern, als man nicht nur das jeweils Unterschiedene – also System auf der einen Seite und Umwelt auf der anderen Seite – thematisiert, sondern die Unterscheidung selbst. Die Unterscheidung selbst kommt aber in der Unterscheidung gar nicht vor. Sie findet sich weder auf der einen noch auf der anderen Seite. [...] Sie ist das durch sie selbst ausgeschlossene Dritte. Nur mit einer weiteren Unterscheidung – aber für diese gilt dann dasselbe – könnte man eine Unterscheidung bezeichnen, indem man sie von einer anderen Unterscheidung unterscheidet. Der Beobachter, der eine Unterscheidung benutzt, um etwas zu bezeichnen, kann nicht im gleichen Moment auch diese Unterscheidung bezeichnen, denn damit würde er der ersten Bezeichnung die Grundlage entziehen. Aber ein Beobachter kann einen anderen Beobachter beobachten, wenn er darauf achtet, welche Unterscheidungen der beobachtete Beobachter benutzt. Auf der Ebene der Beobachtung zweiter Ordnung kann man also Unterscheidungen unterscheiden; aber man entkommt nicht der Notwendigkeit, auch diesem Beobachten eine Unterscheidung zugrunde zu legen." (1990b, 7 f)

Wenn die Massenmedien – oder die Sozialwissenschaften – ,*die* Gesellschaft' oder ,*die* Welt' beschreiben, stellen sie damit ein Paradox her. Denn Beobachter beschreiben ja immer nur einen Ausschnitt, während ein anderer, unbenannter Teil draußen bleibt. Als Metapher: sie entscheiden sich für „entweder" und damit gegen „oder"; sie könnten auch „oder" wählen, dann wäre „entweder" draußen. Ein „entweder" *und* „oder" ist unmöglich, paradox. Auch die Grenzlinie zwischen „entweder" und „oder" zu überblicken ist unmöglich, paradox; denn das ginge nur, wenn man beides zugleich im Blick haben könnte. Damit ist die Beschreibung ‚*der* Gesellschaft' oder ‚*der* Welt' unmöglich, paradox. Die Einheit des Gesamten – selbst in reduzierter Form – bleibt das „ausgeschlossene Dritte".

> „Die Welt kann [...] nur als Paradox in die Welt kommen. [... Es ist so,] daß die Welt nicht mitgeteilt werden kann und daß sie, wenn sie in die Kommunikation einbezogen wird, als Paradox der Einheit des Differenten erscheint". (Luhmann/Fuchs 1989, 8 f)
> „Das in jeder benutzten Unterscheidung ausgeschlossene Dritte (die Welt, die Einheit der Gesellschaft, der Beobachter selbst) wird möglicher Gegenstand einer anderen Unterscheidung [...] Keiner der gewählten Anschnitte kann Letztgültigkeit [...] beanspruchen." (1997, 1132)
> „Unterscheidungen sind wie Schalter, die auf ‚an' oder ‚aus' geschaltet werden können (aber nie auf ‚an-aus')." (1990b, 8)

Manche versuchen, in der Ethik einen festen Ankerpunkt zu finden. „So kann man zum Beispiel einen ethischen Code für Journalisten entwerfen". Aber das ist kein wirklicher Ausweg, denn „auch die Ethik ist ja [...] eine Unterscheidungspraxis". Das heißt, auch in Bezug auf die Ethik „kann die Kybernetik zweiter Ordnung immer noch fragen: warum unterscheidet ihr gerade so und nicht anders; oder wieder: wer ist der Beobachter, der gerade diese Schemata zu oktroyieren versucht." Wenn aber die ethischen Unterscheidungen hinterfragt, grundsätzlich in Frage gestellt werden können, so ist damit jede Ethik sabotiert; so werden „alle ethischen Codes unterlaufen". (1996, 210 ff)

Die konstruktivistische Erkenntnis führt also in die Paradoxie: Paradox ist, dass eine Beobachtung Unterscheidungen trifft, also einen Schnitt vollzieht, aber gleichzeitig die andere, ausgeblendete Seite sehen und die Einheit der Unterscheidung bewahren soll. Paradox ist, dass ein beobachtendes System wie die Massenmedien Aussagen *über* die Gesellschaft und die Welt macht, wobei es selbst *in* der Gesellschaft ist, die es beschreibt. Und paradox ist, dass jede Beobachtung, jede Unterscheidung und damit jede Beschreibung der Gesellschaft und der Welt durch die Massenmedien eine Konstruktion des beobachtenden Systems selbst ist und wir doch die Ergebnisse der Beobachtung als Beschreibung der Sache – der Gesellschaft und der Welt – akzeptieren (vergl. Abb. 20.4 sowie Abb. 3.11).

Abb. 20.4 Paradox: Die Massenmedien machen Beobachtungen und Beschreibungen *über* die Gesellschaft und Welt und sind gleichzeitig *in* der Gesellschaft und Welt

Die Paradoxie ist unausweichlich. Sie hat jedoch auch ihr Gutes. Denn nach Luhmann fördert sie Innovation und Kreativität, führt zur „Erschütterung des fest gefügten Glaubens" und „vermeidet es dadurch, dogmatisch aufzutreten oder Rezepte zu verschreiben". Die Form des Paradoxes ist „eine Durchgangsstation" zu neuen Denkansätzen, wie er auch mit dem operativen Konstruktivismus gewonnen ist (1996, 213 f).

Kapitel 21 – Evolution von Kommunikation und Gesellschaft – Fazit II

21.1 Drei Steine im Brunnen: System, Kommunikation, Evolution

Im Laufe unseres Buches wurde – nach Darstellung der Grundzüge der allgemeinen Systemtheorie – die *Evolution der Kommunikation* von mündlicher Sprache über Schrift, Druck, elektronische Medien bis hin zum Massenmediensystem nachvollzogen; und parallel dazu jeweils auf Aspekte des gesellschaftlichen Wandels, die *Evolution der Gesellschaft* verwiesen. Drei Gegenstandsbereiche waren also Thema: Kommunikation, Gesellschaft und Evolution. Und genau aus dieser Trias bzw. aus den drei darauf bezogenen Theoriesträngen speist sich Luhmanns gesamtes Theoriegebäude; er entwickelt es aus

(1) Gesellschaftstheorie als Systemtheorie
(2) Kommunikationstheorie
(3) Evolutionstheorie.

Die drei Stränge lassen sich durch sein ganzes Werk verfolgen. So trägt ein Aufsatz von 1975 den bezeichnenden Titel „Systemtheorie, Evolutionstheorie und Kommunikationstheorie" (1975b, 193 ff). Und sein großes Abschlusswerk von 1997 „Die Gesellschaft der Gesellschaft" ist exakt danach konstruiert: Der erste Teilband besteht aus drei entsprechenden Kapiteln „1. Gesellschaft als soziales System", „2. Kommunikationsmedien" und „3. Evolution", während der zweite Teilband die Konzepte zusammenführt. Eine Parallele liegt zu den von ihm unterschiedenen drei „Sinndimensionen" – der „Sachdimension", „Sozialdimension" und Zeitdimension" – vor, die gleichzeitig „Weltdimensionen" sind (siehe oben Kap. 9.3; vergl. auch 2002b, 239 f). Die drei Dimensionen sind also gleichermaßen auf der Objekt-/„Welt"-/„Gesellschafts"-Seite und auf der Untersuchungs-/„Beobachtungs"-/„Beschreibungs"-Seite vorhanden. Luhmann skizziert das so in einer seiner wenigen Grafiken.

> Es „läßt sich beschreiben, wie wir die Sinndimensionen besetzt haben, nämlich: die **Sozialdimension durch das Konzept der Kommunikation und ihrer Medien; die Zeitdimension durch das Konzept der Evolution; und die Sachdimension durch das Konzept der Systemdifferenzierung,** das heißt der Ausdifferenzierung und der Wiederholung von Ausdifferenzierungen in bereits ausdifferenzierten Systemen. Wir fassen das Resultat in einer Skizze zusammen:

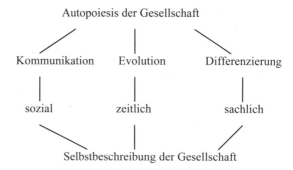

". (1997, 1137 f, Hervorhebung durch M.B.)

Jede dieser drei grundlegenden Theorierichtungen ist für Luhmann unverzichtbar. Auch durch diese komplexe Fundierung erklärt sich die Komplexität seiner Theorie.

„Die entscheidende Frage lautet: Wie hängen diese verschiedenen Theorie-Stücke eigentlich zusammen? Was verbindet sie miteinander? Und wie müßte eine Theorie aussehen, die sie integriert?
Wirft man drei Steine gleichzeitig in den Brunnen, entstehen sehr rasch, sobald nämlich die Wellen sich kreuzen, unübersichtliche Verhältnisse." (1975b, 196)

Abb. 21.1 Luhmanns Theorie aus Gesellschaftstheorie als Systemtheorie, Kommunikationstheorie und Evolutionstheorie – drei Steine im Brunnen mit sich kreuzenden Wellen

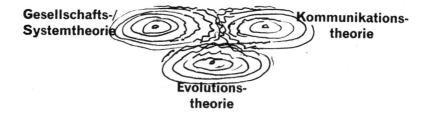

21.2 Kommunikation und Gesellschaft – *eine* Evolution

Wenn einerseits die Gesellschaft, andererseits die Kommunikation sich durch Evolution wandelt, liegt die Frage auf der Hand, ob eines die Ursache und das andere die Folge ist: Gibt es vielleicht *zuerst* alle möglichen gesellschaftlichen

21.2 Kommunikation und Gesellschaft – *eine* Evolution

Veränderungen – z.B. bei der Demografie der Bevölkerung, der Sozialstruktur, der Organisation von Arbeit und der wirtschaftlichen Produktion, bei Verwaltung und Politik – und *in Folge davon* veränderte Kommunikationsweisen? Oder führen vielleicht *umgekehrt* evolutionäre Neuerungen in der Kommunikation – die Erfindung von Schreiben und Lesen, Einsatz des Buchdrucks, Kommunikation durch elektronische Medien – zum gesellschaftlichen Wandel? Luhmanns Antwort: Weder noch! Kausale Zuschreibungen in eine Richtung sind falsch; „**das Verhältnis [zwischen Gesellschaft und Kommunikation] ist zirkulär zu denken**" – **auch in den evolutionären Veränderungen**. Nicht: das eine „verursacht" das andere, sondern: das eine „markiert" das andere (1997, 13; Hervorhebung durch M.B.).

> „Aus sehr weitem Abstand und mit Hilfe scharfer begrifflicher Abstraktion kann man erkennen, wie gesellschaftliche Evolution zusammenhängt mit Veränderungen in den Kommunikationsweisen." (1975c, 13)
> „Die Hauptphasen der gesellschaftlichen Evolution […] sind markiert durch Veränderungen in den jeweils dominierenden Kommunikationsweisen. Ich hatte ‚markiert' gesagt, weil ich mich nicht auf eine Diskussion kompliziert liegender historischer Kausalitäten einlassen kann. Aber ein Zusammenhang der Veränderungen von Gesellschafts- und Kommunikationsweise ist deutlich, und man kann sagen, daß komplexere Gesellschaftssysteme, wie immer sie entwicklungsmäßig erreicht wurden, nicht ohne neuartige Formen der Kommunikation integriert und erhalten werden konnten." (1975c, 16)

Dass die Evolution der Gesellschaft und die Evolution von Kommunikation nicht zu trennen sind, ist in Luhmanns Verständnis von Gesellschaft als Kommunikationssystem impliziert. Kommunikation macht ja Gesellschaft aus.

> Es „sind *Änderungen in Medien und Kommunikationstechniken keine marginalen Verbesserungen. Das System der Gesellschaft besteht aus Kommunikationen. Es gibt keine anderen Elemente, keine weitere Substanz als eben Kommunikation.* Die Gesellschaft besteht nicht aus menschlichen Körpern und Gehirnen. Sie ist schlicht ein Netzwerk von Kommunikationen. Wenn sich daher *Medien und Kommunikationstechniken* ändern, wenn sich das *Geschick und das Feingefühl für Ausdrucksmöglichkeiten* ändern, wenn sich *Codes* von mündlicher zu schriftlicher Kommunikation ändern und vor allem, wenn die Kapazitäten für Reproduktion und Speicherung wachsen, dann werden neue Strukturen möglich und vielleicht notwendig, um die neuen Komplexitäten zu bewältigen.
> Allerdings müssen diese Änderungen *in* der Kommunikation *durch* Kommunikation eingeführt werden. Es gibt niemanden außerhalb des Systems, der es planen und steuern könnte. Das System evoluiert durch Selbstreferenz." (1989b, 12)

Abb. 21.2 Kommunikation und Gesellschaft – ein zirkuläres Verhältnis in laufender Evolution

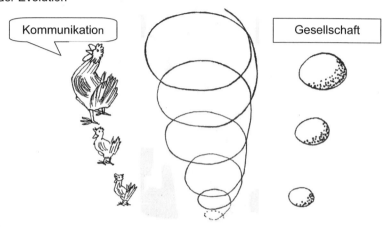

21.3 Von Archaisch über Hochkulturen zur Weltgesellschaft

Welche Änderungen auf der einen und auf der anderen Seite vorliegen, die *gemeinsam* die Komplexität unserer heutigen Gesellschaft hervorgebracht haben, fasst Luhmann in einem Zwischenfazit in „Die Gesellschaft der Gesellschaft" zusammen:

> Es zeigt sich, „daß es in der Tat Strukturen gibt, deren Änderung sehr weitgehende, ‚katastrophale' Auswirkungen auf die Komplexität des Gesellschaftssystems hat. Es sind dies [1.] die Verbreitungsmedien der Kommunikation (erweitert durch Schrift, dann die Druckpresse und heute Telekommunikation und elektronische Datenverarbeitung) und [2.] die Formen der Systemdifferenzierung (Segmentierung, Zentrum-/Peripherie-Differenzierung, Stratifikation, funktionale Differenzierung)." (1997, 515)

Er unterscheidet drei „Hauptphasen" der gesellschaftlichen bzw. kommunikativen Evolution. „Phasen": das bedeutet, dass die Evolution sprunghaft, diskontinuierlich mit erkennbaren Zäsuren verläuft – im Gegensatz zum historischen „Prozeß", der „Kontinuität betont und nicht Diskontinuität" (1997, 1139). **Jede der drei typischen Gesellschaftsformationen ist charakterisiert durch typische Kommunikationsformen. Und jeder Übergang zwischen den Phasen ist markiert durch Änderungen in der Kommunikation.**

0. → 1.: „Sprache [ermöglicht] die Ausdifferenzierung von Kommunikationsprozessen aus einem [...] Wahrnehmungskontext". (1984, 210)

1. „Primitive, archaische Gesellschaftssysteme"
Archaische (segmentäre oder tribale) Gesellschaften sind Gesellschaften oraler Kommunikation. Sie sind klein und „beruhen auf der Gemeinsamkeit der Lebensführung und des Wohnens oder auf Verwandtschaft [...] Ihre Grenzen liegen dort, wo konkrete Interaktion im direkten Kontakt unwahrscheinlich wird" (1975c, 13). „Die gesellschaftliche Evolution hat unzählige tribale Gesellschaften hervorgebracht" (1997, 497).

1. → 2.: „Entwicklung schriftlicher Kommunikation" (1975c, 17)

2. „Städtisch zentrierte Hochkulturen"
Mit der Schrift und mit der Stadtbildung entstehen Hochkulturen, in denen sich „Interaktion verdichtet und zugleich ausdifferenziert", und zwar „horizontal differenziert nach Funktionsbereichen" und „vertikal differenziert nach sozialer Schichtung" (1975c, 13 f). Solche Gesellschaften verstehen die Welt als Entität aller Dinge bzw. der göttlichen Schöpfung. Daher ist die Welt „für alle Beobachter dieselbe Welt", und sie ist „durch Beobachtung bestimmbar" (1997, 145 ff und 155). Die Weltordnung ist räumlich und hierarchisch: Im Zentrum stehen Stadt, Herrscher, Ort der Herrschaft, Adel, Priesterschaft; liegen „ausgezeichnete Beobachtungsplätze" (1996, 153). Im Umkreis das Land und weniger wichtige gesellschaftliche Positionen. Anrainend an die räumlichen und kommunikativen Grenzen dieser Gesellschaft wohnen andere, fremde Völker, die aber immerhin noch als Menschen angesehen werden; in der Ferne schließlich Heiden und Unmenschen. Entsprechend die Kommunikation: Die Kommunikation unter räumlicher und zeitlicher Anwesenheit der Beteiligten kann nicht mehr die gesamte Gesellschaft integrieren. Schriftlich jedoch erreicht Kommunikation das ganze Land. Die Gesellschaft erstreckt sich einerseits bis zu ihren territorialen Grenzen und andererseits so weit die eigene Sprache sowie schriftliche Mitteilungen gelten (1975c, 13 f). Es ist allerdings so, „dass mit räumlicher Entfernung Kommunikationsmöglichkeiten rasch abnehmen und unsicher werden" (1997, 146). So entstehen „Kontroll-Lücken"; diese müssen „durch neu entwickelte Kommunikations-Codes und Kriterien der Richtigkeit gefüllt" werden (1975c, 17). Daher werden generalisierte Prinzipien im Recht, in der Religion, in der Wissenschaft, in der Verwaltung usw. ausgearbeitet, wie wir sie heute für selbstverständlich halten. „Hochkulturen findet man, je nach Zählung, noch in zwanzig bis dreißig Exemplaren." (1997, 497)

2. → 3.: „Neuzeitliche Druck- und Funktechnik" sowie „die Vollentdeckung des Erdballs als einer abgeschlossenen Sphäre der Kommunikation" (1975c, 17; vergl. auch 1997, 148)

3. Die „Weltgesellschaft"

Die Weltgesellschaft schließlich gibt es nur einmal, sie ist *eine* Gesellschaft. Territoriale Grenzen spielen keine entscheidende Rolle mehr, weil die Kommunikation weltumfassend ist: „Weltgesellschaft ist das Sich-ereignen von Welt in der Kommunikation" (1997, 150). Bereits mit Beginn des Buchdrucks und in neuem Schub mit den elektronischen Medien sind „weltweite Kommunikationsmöglichkeiten" realisiert, politische, wirtschaftliche, wissenschaftliche und technische Einflüsse „universell", und ein „weltweites Bewußtsein" davon hat sich eingestellt: „Tatsache ist, daß sich eine Weltgesellschaft als ein einheitliches System längst konstituiert hat [...], das eines Weltstaates nicht bedarf" (1975c, 14 f). Der Raum wird unwichtig. Orte und räumliche Abgrenzungen ganz konkret, aber auch Standpunkte und Positionen im übertragenen Sinn verfallen einer „Bagatellisierung" (1997, 152). Zentren verlieren ihre Bedeutung – in räumlicher und sozialer Hinsicht: Es zeigt sich „der Trend von hierarchischer zu heterarchischer Ordnung und der Verzicht auf räumliche Integration gesellschaftlicher Operationen" (1997, 312). An die Stelle der hierarchischen tritt die funktionale Differenzierung. Die Gesellschaft hat sich in mehr oder weniger autonome Funktionssysteme – Politik, Wirtschaft, Recht, Wissenschaft, Kunst, Massenmedien usw. –, ausdifferenziert, die nebeneinander, nicht über- und untergeordnet bestehen. Das löst „sowohl den Essenzkosmos als auch die Moralcodierung des Mittelalters" ab (1997, 963). So können feste „ausgezeichnete Beobachtungsplätze" keine Wahrheit, kein sicheres Wissen mehr liefern. Ihre Stelle nehmen Beobachter der Beobachter ein; die Beobachtung zweiter Ordnung nimmt zu (vergl. 2002b, 140). Wird der Raum unwichtig, so statt dessen die Zeit um so wichtiger: „Weltzeit" ist realisiert. Dank Fernsehen, Computer und Telekommunikationstechnologien kann man „an jedem Ort des Erdballs [Erd*balls*!] unabhängig von der lokalen Uhrzeit Gleichzeitigkeit mit allen anderen Orten herstellen und weltweit ohne Zeitverlust kommunizieren" (1997, 148). Die Statik der früheren räumlichen, dinghaften und hierarchischen Weltordnung wird in Bewegung aufgelöst. Die Massenmedien mit ihrer ständigen Erzeugung, Vernichtung und neuen Erzeugung von Information/Neuheit heizen Tempo und Bewegung an. Die Gegenwart ist ein bloßer Umschlagplatz zwischen Vergangenheit und Zukunft; sie selbst hat keine Dauer – und die moderne Gesellschaft ‚keine Zeit'. Die Unterscheidung Vergangenheit/Zukunft wird ein zentrales Schema. Das gesamte Denken, Fühlen, Handeln und Kommunizieren stellt sich „auf einen Primat der Zeitdimension [um... Das heißt] daß die Gesellschaft sich in Richtung auf einen Weltzustand bewegt, *den es noch gar nicht gibt*. Man bewegt sich ins Bodenlose" (1997, 998).

21.3 Von Archaisch über Hochkulturen zur Weltgesellschaft

Abb. 21.3 Die drei Hauptphasen der Evolution in Gesellschaft und Kommunikation

Bei der Kommunikation besteht noch eine Besonderheit: Durch die Perfektionierung der technischen Mittel vom Buchdruck bis heute wird eine immer bessere Realitäts-Simulation erzielt. In der Rekonstruktion der Welt scheint also die Kette der Evolution zurückgespult zu werden.

„Wir können noch anfügen, daß diese Reproduktionstechnik der sogenannten Massenmedien bei der am spätesten entwickelten Kommunikationsweise, der Schrift, angesetzt hatte, dann aber gleichsam die Kette der Evolution zurückgelaufen ist und

mit Hilfe des Funks auch das gesprochene Wort, dann sogar die sprachlose Kommunikation, das volle Bild, einbezogen hat." (1975c, 17)
Es liegen „neue Arten von, wenn ich so sagen darf: ‚elektronischer Oralität'" vor. (1989b, 14)

In dieser Phase befinden wir uns *jetzt*. Luhmann verneint explizit, dass etwa seit Mitte des zwanzigsten Jahrhunderts eine neue Phase nach der Moderne, die sog. „Postmoderne" angebrochen sei. Er sieht keine entsprechende „Epochenzäsur". Zwar sind Änderungen „zuhauf" zu beobachten, aber diese liegen innerhalb der konstatierten Trends der Weltgesellschaft.

Änderungen sind „Folge von Globalisierungstendenzen und wechselseitiger Belastungen der einzelnen Funktionssysteme. Aber nach wie vor werden all die Errungenschaften der Moderne (Altersklassen in den Schulsystemen, Parteiendemokratie als Staatsform, unregulierte Heiratspraxis, positives Recht, an Kapital und Kredit orientiertes Wirtschaften, um nur einiges zu nennen) beibehalten; nur ihre Konsequenzen findet man schärfer ausgeprägt." (1997, 1143)

21.4 Wohin geht es? Ausblicke

Der Anfang liegt im Dunkeln, wir müssen ihn „dem ‚big bang' oder ähnlichen Mythen überlassen" (1997, 500). Aber einmal in Gang gekommen, läuft die Evolution aus sich selber fort. Sie kennt weder Ziel noch Plan; „es geschieht, was geschieht" (1997, 200). Sie geht also auch jetzt weiter; wohin, lässt sich nicht sagen. Eins weiß man allerdings sicher: „Die Evolution hat immer schon in hohem Maße selbstdestruktiv gewirkt"; was sie schafft, verändert oder zerstört sie wieder (1992a, 149). Dieses stellt Luhmann analytisch, keineswegs moralisch oder kulturpessimistisch oder überhaupt pessimistisch fest. So ist es durchaus „wahrscheinlich, daß die Menschen als Lebewesen wieder verschwinden [... Vielleicht sogar] durch selbsterzeugte Katastrophen" (1992a, 149). „Evolutionstheoretisch wahrscheinlich" ist auch „die Möglichkeit der Evolution von Seuchen infolge von Entwicklungen in der Medizin" durch resistente Viren – sogar „wahrscheinlicher, als daß eine Riesenexplosion geschieht, die die Menschheit vernichtet". Er erwähnt ferner „die Möglichkeit des Zusammenbruchs eines monetär aufgeblähten Wirtschaftssystems" mit dem Dollar als Leitwährung und setzt sich mit ökologischen Risiken auseinander (2001a, 38; vergl. auch „Ökologische Kommunikation", 1986). Aber insgesamt sind konkrete Vorhersagen nicht sein Thema. Heinz von Foerster legt im Erinnerungsband nach Luhmanns Tod ihm die Worte in den Mund:

„'Ja, ja,' wirst Du sagen, ,das hätte Euch so gepaßt von mir ein ABC-Buch für die Zukunft zu bekommen. Ihr wißt doch, ich habe immer für die Gegenwart geschrieben, und die ist immer gegenwärtig. Lest doch endlich einmal, was ich geschrieben habe!'" (von Foerster 1999, 13)

Was sich bei ihm nicht lesen lässt, ist also, wie die Zukunft wahrscheinlich *sein* wird. Was sich bei ihm lesen lässt, ist, wie die moderne Gesellschaft ihre Zukunft *beschreibt*.

21.4.1 Die Gesellschaft beobachtet ihre Zukunft – Risiko

Wie nie zuvor zieht die Gesellschaft heute einen scharfen Schnitt zwischen Vergangenheit und Zukunft. Die Vergangenheit steht für Gewissheit, die Zukunft für Ungewissheit. Die Gesellschaft spricht „über die Zukunft nur im Modus der Unsicherheit" (2001a, 96; vergl. Kapitel „Zeit" in: 2002b, 195 ff; siehe auch oben Kap. 12.6). Die Zukunft der Gesellschaft wird verstanden als abhängig davon, welche Entscheidungen *jetzt* getroffen werden. Und das Jetzt ist kurz wie nie, der Gegenwart wird keine Dauer zugebilligt. *Wie* zu entscheiden ist, liegt im Bereich der Unsicherheit – trotz bemühter Experten, Prognosen, Konzepte und Verhandlungen. Die Entscheidung für etwas Bestimmtes und gegen Anderes wird also als Risiko empfunden. Aber ebenso die Unterlassung einer Entscheidung. **Alles läuft auf Verunsicherung, Risiko hinaus; die Gesellschaft beschreibt sich als „Risikogesellschaft"** (vergl. auch: „Soziologie des Risikos", 1991a).

> „Entscheidungen sind die einzigen uns noch verbliebenen Zukunftsbeschreibungen. Das mag erklären, weshalb wir Zukunft heute vor allem unter dem Gesichtspunkt eines Entscheidungs- oder Unterlassungsrisikos wahrnehmen: eines Risikos auf alle Fälle." (2001a, 98)
> „Die moderne Gesellschaft erlebt ihre Zukunft in der Form des Risikos von Entscheidungen." (1992a, 141 f)
> „Risiko ist gewissermaßen alles, was schiefgehen kann." (1997, 1092)

Zusätzlich verunsichert das Fehlen der *einen*, *letzten* Instanz, die man um letzten Rat fragen könnte. Gesellschaftliche Evolution passiert ja an vielen Stellen und keineswegs koordiniert; die Gesellschaft „scheint das Resultat der Co-evolution von gesellschaftlicher Evolution und Teilsystemevolutionen zu sein" (1997, 585). So entwickeln die verschiedenen Funktionssysteme *unterschiedliche Moralen*, die nicht mehr zu *einer* gesellschaftlichen Moral integrierbar sind. Es gibt keine übergeordnete „Gesamtformel des Guten und Richtigen", keine „Zentralinstanz", „kein Steuerungszentrum", „keine Zentralagentur" für Gesellschaft, die vorgibt, wie die Welt ‚ist' und was ganz gewiss gut und richtig ist (1997, 134 und 802 f, vergl. auch 1095).

„Es gibt in der Gesellschaft keine ‚gute Gesellschaft', keinen Adel, keine ausgezeichnete Form städtischer (ziviler) Lebensführung, an die man sich wenden könnte." (1997, 802)

„Es fehlt der Konsens über die Kriterien, die es ermöglichen könnten, bestimmtes Verhalten als gut oder schlecht zu bezeichnen." (2001a, 117)

„**Es fehlt ein Zentralcode** [...] Alle Werte anderer Medien wie Wahrheit oder Reichtum, Liebe, Schönheit oder Macht sind im Wertmedium nur Werte unter Werten [...] Die spezifische Modernität der Werte liegt letztlich darin, daß sie als Form wie auch bei allen Anwendungen nicht auf Einheit hinführen, sondern auf Differenz." (1997, 408 f; Hervorhebung durch M.B.)

Es gibt: „keine Autorität auf Grund von Natur oder Wissen oder Vernunft, sondern nur Autorisierungen" (2001a, 98).

„Überhaupt gibt es für ein ‚Besserwissen' und damit auch für ‚Autorität' keine ontologisch oder auch nur gesellschaftlich ausgezeichneten Positionen mehr." (1991b, 71)

Was existiert, sind Realitätsentwürfe – durch die Massenmedien, durch intellektuelle und künstlerische Beobachter, durch die Wissenschaften – , aber immer wird nur eine mögliche, das heißt auch bezweifelbare, „nicht konsenspflichtige Realität" erzeugt (1996, 164). „Keiner der gewählten Anschnitte kann Letztgültigkeit oder richterliche Funktion über alle anderen beanspruchen." Die Entwürfe lassen sich in Beobachtung zweiter oder dritter Ordnung miteinander vergleichen, auf die *eine* „Weltgewißheit" jedoch muss man verzichten (1997, 1132 und 494). Die Funktionssysteme können im Widerspruch stehen. So kann beispielsweise das Wirtschaftssystem den Bau einer Autobahn fordern, die Ökologie dieses jedoch als dysfunktional erklären, das politische System je nach Konstellation mal dafür, mal dagegen sein und das Rechtssystem den gesamten Vorgang auf längere Zeit lahmlegen. Dabei zeichnen sich „Diskrepanzen im Verhältnis der Funktionssysteme zueinander" ab; sie blockieren und negieren sich gegenseitig (1997, 1088; vergl. Abb. 21.4).

„Jedes System wurstelt aufgrund eigener Informationserzeugung vor sich hin, setzt seine eigene Autopoiesis auf Grund von strukturellen Kopplungen, Irritationen, darauf bezogenen Reaktionen und Umstrukturierungen fort, ohne von innen oder von außen als Einheit zugänglich zu sein." (1997, 1093)

21.4 Wohin geht es? Ausblicke

Abb. 21.4 Funktionssysteme operieren auf je eigene Weise vor sich hin und blockieren sich gegenseitig

2003: Die Bürger wünschen sich eine schlichte, bürgerfreundliche Anlage

Die Verwaltung greift die Anregung auf und macht einen Plan

Die politische Ratsmehrheit erarbeitet einen Gegenvorschlag

Die Rechtsabteilung verändert ihn gemäß allen gesetzlichen Bestimmungen

Aus wirtschaftlichen Gründen verlangt die Baubehörde eine geringe Änderung

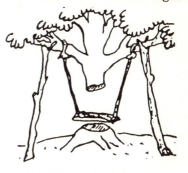

2005: Erfahrene Praktiker setzen das Vorhaben in die Tat um

(Bild: Quelle unbekannt, vermutlich Hamburger Alternative Bewegung 1977, Text: M.B.)

Außerdem kommen unterschiedliche Geschwindigkeiten im Wandel von Teilsystemen vor, was zu Synchronisierungsproblemen bzw. zu unterschiedlich verteilten „Selektionsvorteilen" führen kann (1984, 168). Der Effekt dürfte ebenfalls Irritation sein, die aber paradoxerweise nicht zum Herunterfahren, sondern im Gegenteil zur Beschleunigung derartiger Prozesse führt.

> „Die Gesellschaft kann sich gegen das Tempo nicht wehren [...], das ihr durch die Funktionssysteme diktiert wird." (1997, 565)
>
> „Die Frage kann daher nur sein, wie die Gesellschaft den Zustand des vorausgesetzten Angepaßtseins halten kann, den sie benötigt, um ihre eigene Autopoiesis unter Bedingungen hoher Komplexität und Unwahrscheinlichkeit fortzusetzen. Die Teilsystemevolutionen können auf diese Fragen keine Antwort geben. Sie machen es eher wahrscheinlich, daß die Wissenschaft immer mehr Wissen erzeugt, das zu noch mehr Unsicherheit führt; daß die Wirtschaft immer mehr anlagebereites Kapital erzeugt, das aber nicht investiert wird; daß in der Politik im Zuge von Demokratisierung und thematisch bedingter Universalisierung der Anteil der Entscheidungen, nicht zu entscheiden, zunimmt; daß das Recht in eine Einrahmung eingebettet wird, in der nochmals verhandelt und ‚abgewogen' wird, wie es bestimmt und ob es überhaupt angewandt werden soll oder nicht. In all diesen Fällen nehmen Beschleunigungen und Verzögerungen gleichzeitig zu und reiben sich aneinander, so daß **Synchronisationen immer schwieriger werden. Für eine junge Generation mit langen Lebenserwartungen verschwimmen die Perspektiven.**" (1997, 568; Hervorhebung durch M.B.)

Trotzdem endet die Analyse nicht in hilflosem Achselzucken. Bei Luhmann hat alles eine Doppelperspektive. **Die paradoxe Situation bedeutet einerseits Verunsicherung, andererseits Kreativität,** wie schon oben am Ende von Kapitel 20 festgestellt.

> „Unsere Analysen legen die Annahme nahe, daß die moderne Gesellschaft mit dieser Technik des Beobachtens des Nichtbeobachtenkönnens das Paradox des Beobachters als des ausgeschlossenen Dritten nachvollzieht. [...] Der Beobachter ist das Unbeobachtbare. Das führt jedoch nicht in die Verzweiflung. Im autopoietischen System gibt es keinen Abschluß, weder Anfang noch Ende. Jedes Ende ist ein Anfang. [...] Und wenn dies geschieht und wenn solche Beobachtungsoperationen immer wieder auf ihre eigenen Resultate angewandt werden, könnte es sein, daß das im Ergebnis zu stabilen ‚Eigenwerten' führt, das heißt zu einer Semantik, die dies aushält und deshalb bevorzugt wird." (1997, 1081 f)

21.4.2 Die Kommunikation evoluiert – grenzenlos

Und wohin geht es mit der Kommunikation? Die Antwort in Anlehnung an Luhmann kann nur lauten: Zu *mehr* Kommunikation in *mehr* Kommunikationsweisen. Die Formel „Informationsgesellschaft", mit der die moderne Gesellschaft sich selbst beschreibt, stellt das in den Mittelpunkt. Populäre Schlagworte wie ‚Informationsflut' oder gar ‚Informationsüberflutung' drücken aus, dass nach verbreiteter Auffassung die derzeitigen Quantitäten an der Obergrenze liegen und eine Art Endstadium erreicht ist.

In der Vergangenheit haben sich die Kommunikationsweisen ausdifferenziert – und zwar immer schneller. Der Schritt von der mündlichen Sprache zur Schrift hatte noch 100.000ende von Jahren in Anspruch genommen. Der nächste bis zum Buchdruck brauchte 2000 Jahre. In 200 Jahren setzten sich die Massenmedien durch. Und die letzten 20 Jahre brachten regelrecht eine Explosion durch die elektronischen Medien, die Telekommunikation, die neuen Technologien, Speichermedien und Netzwerke. Dabei werden jeweils die älteren Formen nicht verdrängt, sondern bleiben erhalten.

Dass in der Zukunft sich diese Ausdifferenzierung, Vermehrung und Beschleunigung fortsetzen wird, folgt aus der Kommunikation selbst: Kommunikation ist das Verstehen der Differenz zwischen Information und Mitteilung, und diese Differenz stellt den systematischen Anreiz zu mehr Kommunikation, Anschlusskommunikation und Kommunikation über Kommunikation dar. Etwas als Mitteilung verstehen heißt zu verstehen, dass es sich stets nur um eine Auswahl aus Möglichkeiten handelt, die grundsätzlich nie alle potentiellen Informationen und nie die Sicherheit der optimal gewählten Information einschließt. Eine Mitteilung verweist damit ständig auf eine Lücke – mit der latenten Aufforderung, aber auch Unmöglichkeit, sie zu schließen. Mit einem Lächeln, einem Satz, einer Nachricht, einem Brief, einem Buchartikel, einem Fernsehbericht, einer Web-Site, einer Firmenbilanz, einem Parteiprogramm, usw. wird also einerseits auf der positiven Seite Gewissheit geschaffen, aber gleichzeitig auf Nicht-Mitgeteiltes, Anderes, Mögliches, möglicherweise bewusst Verschwiegenes oder möglicherweise Besseres verwiesen, also Ungewissheit hergestellt. Auch die Massenmedien erzeugen „Unbestimmtheitsstellen, die als laufend auffüllungsbedürftig reproduziert werden" (1996, 149 f; vergl. oben Kap. 6.3.3 und Kap. 18.4). Die gesamte gesellschaftliche Kommunikation unterliegt dieser Gesetzmäßigkeit. Kommunikation ist wie Salzwasser: Je mehr man davon trinkt, desto durstiger wird man. **Quantitativ ist eine Obergrenze in der Kommunikation nicht erreicht; es gibt keine Obergrenze. Der ‚Informationsüberflutung' folgt die ‚Überflutung der Überflutung'.** Und das, ohne den Durst zu stillen, also ohne definitive Informations*gewissheit* zu schaffen. Im Gegenteil: Je mehr Gewissheit, desto mehr Ungewissheit – zwangsläufig.

> „Information ist also ein zutiefst ambivalenter Sachverhalt. Sie enthält gewissermaßen ihren eigenen Gegenbegriff. Sie reproduziert, und dies von Moment

zu **Moment immer neu, Wissen und Nichtwissen.**" (1997, 1092; Hervorhebung durch M.B.)
„Die Informationsgesellschaft zeichnet sich durch ihre strukturelle und chronische Uninformiertheit aus." (1997, 1093)

Abb. 21.5 Hilfe, Informationsüberflutung! Ist die Obergrenze erreicht? Keineswegs!

Den größten Teil aller Informationen und allen Wissens beziehen wir aus den Medien. Früher wurde die Selbstbeschreibung der Gesellschaft durch zentrale Autoritäten – Weise, Priester, Herrscher, Adel – geleistet, die einen sicheren Konsens herstellen konnten über das, was richtig und wahr ist. **Die Selbstbeschreibungsfunktion für die Gesellschaft haben nun vor allem die Massenmedien übernommen – aber ohne die Autorität für Konsens. Die Auswirkungen jetzt und künftig noch zunehmend sind Irritation.** Die entsteht auf zweierlei Weise:
(1) Prinzipiell durch die Selektivität der Berichterstattung und die Instabilität des Wissens aus den Medien, um die jeder weiß. Selektive Berichterstattung weckt Manipulationsverdacht; Information schlägt ständig in Nichtinformation um, so dass man sich zwar informiert fühlt – aber nie endgültig.
(2) Inhaltlich durch das, worüber die Medien berichten. Sie seligieren vorzugsweise nach Brüchen; berichten immer wieder Neues und Abweichendes. Und sie berichten über Zahlen, genauer: Zahlenverhältnisse, vorzugsweise „mehr" Schlechtes und „weniger" Gutes. Dadurch wird die Gesellschaft ständig auf Defizite gestoßen, auf Probleme hingewiesen, in Dauerunruhe versetzt; beschreibt sich selbst als unzulänglich. Das kann zu „pessimistischen Zukunftseinstellungen", „zunehmend dunklen Zukunftsperspektiven" und „Zukunftsunsicherheiten" führen, die sich als allgemeine Stimmung behaupten, selbst wenn jeder für sich selber im Alltag durchaus Positives wahrnimmt. Die Gesellschaft verfällt „in eine Art statistische Normaldepression" und der einzelne in „ein Gefühl der Hilflosigkeit" (2001a, 107; 1996, 72; 1997, 1099 und 1101; vergl. auch oben Kap. 18.4 und die Abbildungen 18.7, 18.8 und 18.9).

Nach dem Fernsehen hat das Internet ein neues Stadium der Ausdifferenzierung, Vermehrung und Beschleunigung von Kommunikation gebracht. Und

21.4 Wohin geht es? Ausblicke

durch die digitale Datentechnik kommen immer noch neue Formen hinzu. Auch die nun möglichen Kombinationen der verschiedenen Modi erweitern das Spektrum der Kommunikationsmöglichkeiten um neue Dimensionen. Das Ergebnis: (Nahezu) „alles" lässt sich kommunizieren. Es gibt keine Begrenzungen mehr, weder inhaltlicher noch technischer Art. So existiert – wie skizziert – keine übergeordnete Wahrheit, die einen verbindlichen Maßstab für Selektionen festlegen könnte. Und die Technik ermöglicht, „alles" zu zeigen, zu übertragen und zu speichern.

Abb. 21.6 Durch Übertragungs- und Speichertechniken ist nun ‚alles' kommunizierbar – wo bleiben Selektion, Kritik- und Verneinungsmöglichkeit? Beispiel: Webcam-Dauerübertragungen von unzähligen Orten weltweit

Nach Luhmann hat auch das einschneidende Folgen für die Gesellschaft: **Wenn nichts dem Vergessen anheim fällt, weil alles gespeichert und jederzeit wieder aufrufbar ist, drängt sich jeder Realität der Vergleich mit unerreichten Möglichkeiten auf – was zu Enttäuschung und negativen Einstellungen führen kann.**

> „Wachsende Speicherkapazität muß bedeuten, daß wir mehr und mehr der toten Hand der Vergangenheit verfallen – vergangenen Tatsachen und vergangenen Phantasien. [...]
> *Wir könnten unfähig werden zu vergessen.*" (1989b, 14)
> „Probleme [entstehen durch] *die wachsende Lücke zwischen Kontrollkapazitäten und Zielerreichung*, die unter anderem zu *wachsenden Enttäuschungen* und *negativen Einstellungen gegenüber der Gesellschaft* führt". (1989b, 18)

Die zunehmende Bilderkommunikation fordert eine neue, bisher kulturell noch nicht ausgearbeitete Semantik, welche die alte, allein sprachbasierte Semantik ablösen muss. Bisher beobachtete und beschrieb sich die Gesellschaft durch *sprachliche Kommunikation* – schon immer mündlich und seit Jahrtausenden auch schriftlich. Alles, was die Sprache auszeichnet – Selektionen, Realitätsverdoppelung, die Differenz zwischen realer und semiotischer Realität sowie Verneinungsmöglichkeit – prägt diese sprachlichen Beschreibungen. So verweist jeder sprachliche Entwurf auf mögliche Gegenentwürfe, erlaubt Widerspruch und regt zu Kritik an (vgl. auch oben Kapitel 10, „Sprache" und Kap. 11, „Schrift"). Ganz anders die neue *Kommunikation durch bewegte Bilder*. Diese Bilder scheinen selbst schon „alles" zu enthalten, also Unterscheidung, Selektion, Verneinung, Kritik – was eigentlich Kommunikation ausmacht – auszuschließen (vergl. oben Kapitel 13, „Elektronische Medien"). Anscheinend ist **im derzeitigen Stadium durch Medien mit bewegten Bildern und nahezu unbegrenzter Speicherkapazität „alles" kommunizierbar – außer Aufrichtigkeit** (vergl. dazu auch oben Kap. 6.4.5).

„Wenn jetzt *alles*, jenseits aller Umständlichkeiten der Sprache, ein möglicher Gegenstand der Kommunikation wird, und wenn *nichts* ausgenommen bleibt, dann kann es sein, daß die Kommunikation ihre spezifische Funktion, etwas der Welt hinzuzufügen, verliert. [...] Wie können wir angemessene Kriterien für Selektion und Verantwortung finden, wenn der ganze Prozeß eine totalisierende Zirkularität besitzt?" (1989b, 15)

„Wir wissen nicht, welche Art von Semantik, welche Art von Kultur dem angemessen ist und unsere alte Kultur ersetzen kann, die sich in Reaktion auf Schrift entwickelt hat." (1989b, 18)

„Die moderne Gesellschaft scheint damit eine Grenze erreicht zu haben, an der nichts mehr nicht kommunizierbar ist – mit der einen alten Ausnahme: der Kommunikation von Aufrichtigkeit." (1997, 311)

Abb. 21.7 Jetzt ist ‚alles' kommunizierbar, aber....

(Vergl.: Maurice Sendak, Higgelti Piggelti Pop! oder Es muß im Leben mehr als alles geben. Zürich 1969)

21.5 Luhmann – weitergeführt

Wie lässt sich dieses neue ‚alles kommunikabel' kulturell bewältigen? Laut Luhmann ist das unklar. Hier am Schluss dieses Buches möchte ich über Luhmann hinausgehen und einige eigene Überlegungen in Weiterführung der dargestellten Theorie in Verbindung mit Befunden aus den Kommunikations- und Medienwissenschaften andeuten.

Mir scheint, dass in der Gesellschaft bereits Selektionsmuster praktiziert werden, deren Gesetzmäßigkeit man beobachten und erklären kann. Die allgemeine These lautet: **Immer dann, wenn sich in der Evolution von Kommunikation das Kommunikationsangebot vermehrt, verändert und kompliziert, wird die Komplexität durch Hierarchiebildung reduziert; dabei dient jeweils die ältere, archaischere Kommunikationsform – da evolutionär bewährt – als Selektions-, Steuerungs- und Orientierungsinstanz über die jüngeren Angebote** (vergl. Berghaus 1999).

Das heißt konkret auf die heutige Situation bezogen: Wenn nun „alles" kommunikabel ist und gesellschaftlich vorgeschriebene Selektionskriterien fehlen – weil es die eine zentrale Instanz zur Konsensstiftung nicht mehr gibt und auch die Technik keine Grenzen setzt –, werden die Selektionsmaßstäbe aus dem primären sozialen Umfeld in der Familie und unter Freunden genommen, also aus der Kommunikation in der Interaktion unter Anwesenden. Wenn man nicht weiß, was man einschalten, lesen, ernst nehmen soll und was nicht, was die Aufmerksamkeit wert ist und was nicht, welche Massenmedien man für sinnvoll und glaubwürdig, welche Firmen, Organisationen, Experten, Politiker, Ärzte, Lehrer man für vertrauensvoll und welche Entscheidungen/Unterscheidungen man für richtig halten soll, redet man mit der Familie, mit Freunden, mit nah Vertrauten darüber – wie seit Urzeiten üblich. Die ursprüngliche, primäre Kommunikation verschafft Selektionssicherheit.

Die Erklärung: Die direkte Kommunikation von Angesicht zu Angesicht analog der Kommunikation in archaischen, oralen Gesellschaften ist bewährt in doppelter Hinsicht: Erstens steht sie in der gesellschaftlichen Evolution am Anfang und ist seither durch hunderttausende von Jahren überprüft (vergl. Kap. 21.3, Phase 1); und zweitens steht sie in der individuellen biografischen Entwicklung jedes Einzelnen, in der das Kommunizieren gelernt wird, ebenfalls am Anfang, denn man wird in der frühen Mutter-Kind-Beziehung, in der Familie und in Primärgruppen primär damit vertraut.

Die Regel ist, dass immer wenn eine neue Kommunikationsform entsteht, die jeweils ältere nicht ab-, sondern zur Aufsichtsinstanz aufgewertet wird. Das lässt sich an den verschiedenen Übergangsstellen zwischen Kommunikationsformationen – wie oben an den Übergängen 0 → 1, 1 → 2 und 2 → 3 dargestellt (vergl. Kap. 21.3 und Abb. 21.3) – überprüfen. So stellt bis heute im Zweifelsfall die älteste, primitivste Kommunikationsweise, die nonverbale, die oberste Instanz dar, wenn man beurteilt, welches Gegenüber mit welcher sprachlichen mündlichen Aussage wohl glaubwürdig oder kompetent ist. Wenn – wie Luhmann sagt – Aufrichtigkeit in Worten nicht kommunikabel ist, weil jede sprachliche Beteuerung Zweifel verstärkt, dann ist praktisch das evolutionär ältere, nonverbale Ausdrucksverhalten die Rettung. Viele Befunde aus der Forschung über nonverbale Kommunikation belegen, dass beispielsweise bei Widerspruch zwischen nonverbalen Signalen und verbaler Aussage das Nonverbale stärker und glaubwürdiger wirkt. Analog: Wenn man dem ‚Alles'-Angebot aus den Medien hilflos gegenübersteht, ist die evolutionär ältere, direkt-zwischenmenschliche Kommunikation in primären Interaktionssystemen die Rettung. Im unmittelbaren Miteinander in der Familie, unter Freunden, Kollegen und Kommilitonen wird besprochen und seligiert, welcher Film gut, Schauspieler schön, Fernsehtalk frech, Werbespot witzig, Musiker cool, Presseartikel interessant, Roman spannend, Web-Link nützlich, Reiseveranstalter günstig, Politiker glaubwürdig, Theoretiker lohnend und welches Luhmann-Einführungsbuch das beste ist, kurz: was man getrost wählen kann versus was verzichtbar ist.

Die These von der je älteren Kommunikationsweise als Selektions-, Steuerungs- und Orientierungsinstanz über jüngere Formen kann viele Ergebnisse aus der empirischen Kommunikations- und Massenmedienforschung erklären (vergl. dazu Berghaus 1999, 186 ff).

Das würde hier bedeuten: Anders als Kulturpessimisten behaupten **ist die nahe, interpersonelle Kommunikation – die Interaktion unter Anwesenden – zu Zeiten der globalen, universellen Kommunikationserweiterung nicht auf der Verliererseite, sondern im Gegenteil: als die älteste und evolutionär bewährteste Form wird sie zu einer Selektionsinstanz über neue Kommunikationsformen aufgewertet.** Je mehr die medialen Angebote ausgeweitet werden, desto größere Bedeutung bekommt die außermediale Kommunikation.

21.5 Luhmann – weitergeführt

Abb. 21.8 Luhmann weiterinterpretiert: Ältere, evolutionär bewährte Kommunikationsformen dienen als Orientierungs-, Steuerungs- und Selektionsinstanz über jüngere. Z.B. in der direkten Kommunikation wird die mediale beurteilt.

Literatur

BAECKER; Dirk/ MARKOWITZ, Jürgen/ STICHWEH, Rudolf/ TYRELL, Hartmann/ WILLKE, Helmut (Hg.) (1987): Theorie als Passion. Niklas Luhmann zum 60. Geburtstag. Frankfurt a. M.

BAIER, Horst (1989): Soziologie als Aufklärung – oder die Vertreibung der Transzendenz aus der Gesellschaft. Niklas Luhmann zum 60. Geburtstag. Konstanz

BARALDI, Claudio/ CORSI, Giancarlo/ ESPOSITO, Elena (1998): Glossar zu Niklas Luhmanns Theorie sozialer Systeme. 2. Auflage. Frankfurt a. M.

BARDMANN, Theodor M./ BAECKER, Dirk (Hg.) (1999): „Gibt es eigentlich den Berliner Zoo noch?" Erinnerungen an Niklas Luhmann. Konstanz

BARDMANN, Theodor M./ LAMPRECHT, Alexander (1999): Systemtheorie verstehen. Eine multimediale Einführung in systemisches Denken. Wiesbaden

BERG, Henk de/ SCHMIDT, Johannes F. K (2000): Rezeption und Reflexion. Zur Resonanz der Systemtheorie Niklas Luhmanns außerhalb der Soziologie. Frankfurt a. M.

BERGHAUS, Margot (1999): Wie Massenmedien wirken. Ein Modell zur Systematisierung. In: Rundfunk und Fernsehen 47, Heft 2, S. 181-199

BURKART, Roland (1998): Kommunikationswissenschaft. Grundlagen und Problemfelder. 3. Auflage. Wien, Köln, Weimar

FOERSTER, Heinz von (1999): An Niklas Luhmann. In: Bardmann, Theodor M./ Baecker, Dirk (Hg.): „Gibt es eigentlich den Berliner Zoo noch?" Konstanz, S. 13-15

FUCHS, Peter (1993): Niklas Luhmann – beobachtet. Eine Einführung in die Systemtheorie. 2. Auflage. Opladen

GÖRKE, Alexander/ KOHRING, Matthias (1996): Unterschiede, die Unterschiede machen. Neuere Theorieentwürfe zu Publizistik, Massenmedien und Journalismus. In: Publizistik 41, Heft 1, S. 15-31

GRIPP-HAGELSTANGE, Helga (Hg.) (2000): Niklas Luhmanns Denken. Interdisziplinäre Einflüsse und Wirkungen. Konstanz

HABERMAS, Jürgen (1981): Theorie des kommunikativen Handelns, Band 1 und Band 2. Frankfurt a. M.

HABERMAS, Jürgen (1985): Der philosophische Diskurs der Moderne. Zwölf Vorlesungen. Frankfurt a. M.

HABERMAS, Jürgen/ LUHMANN, Niklas (1971): Theorie der Gesellschaft oder Sozialtechnologie – Was leistet die Systemforschung? Frankfurt a. M.

HORSTER, Detlef (1997): Niklas Luhmann. München

KNEER, Georg/ NASSEHI, Armin (1993): Niklas Luhmanns Theorie sozialer Systeme. München

KRAUSE, Detlef (2001): Luhmann-Lexikon. 3. neu bearbeitete Auflage. Stuttgart

KRUCKIS, Hans-Martin (1999): Abgründe des Komischen. Schlaglichter auf Luhmanns Humor. In: Bardmann, Theodor M./ Baecker, Dirk (Hg.): „Gibt es eigentlich den Berliner Zoo noch?" Konstanz, S. 47-52

LUHMANN, Niklas (1964): Funktionen und Folgen formaler Organisationen. Berlin

LUHMANN, Niklas (1968): Vertrauen. Ein Mechanismus der Reduktion sozialer Komplexität. Stuttgart

LUHMANN, Niklas (1970a): Soziologische Aufklärung 1. Aufsätze zur Theorie sozialer Systeme. Opladen. Zitate nach 6. Auflage, 1991

LUHMANN, Niklas (1970b): Öffentliche Meinung. In: Politische Vierteljahresschrift 11, Heft 1, S. 2-28

LUHMANN, Niklas (1975a): Macht. Stuttgart

LUHMANN, Niklas (1975b): Soziologische Aufklärung 2. Aufsätze zur Theorie der Gesellschaft. Opladen. Zitate nach 4. Auflage, 1991, u.a. aus den Aufsätzen:
Interaktion, Organisation, Gesellschaft, S. 9-20
Die Weltgesellschaft, S. 51-71
Einführende Bemerkungen zu einer Theorie symbolisch generalisierter Kommunikationsmedien, S. 170-192
Systemtheorie, Evolutionstheorie und Kommunikationstheorie, S. 193-203

LUHMANN, Niklas (1975c): Veränderungen im System gesellschaftlicher Kommunikation und die Massenmedien. In: Schatz, Oskar (Hg.): Die elektronische Revolution. Graz, Wien, Köln, S. 13-30 (Auch enthalten in: Soziologische Aufklärung 3)

LUHMANN, Niklas (1977): Funktion der Religion. Frankfurt a. M.

LUHMANN, Niklas (1980): Gesellschaftsstruktur und Semantik. Studien zur Wissenssoziologie der modernen Gesellschaft. Frankfurt a. M.

LUHMANN, Niklas (1981a): Soziologische Aufklärung 3. Soziales System, Gesellschaft, Organisation. Opladen. Zitate u.a. aus den Aufsätzen:
Die Unwahrscheinlichkeit der Kommunikation, S. 25-34
Interpenetration – Zum Verhältnis personaler und sozialer Systeme, S. 151-169
Ist Kunst codierbar?, S. 245-266

LUHMANN, Niklas (1981b): Gesellschaftsstruktur und Semantik. Studien zur Wissenssoziologie der modernen Gesellschaft, Band 2. Frankfurt a. M.
LUHMANN, Niklas (1982): Liebe als Passion. Zur Codierung von Intimität. Frankfurt a. M.
LUHMANN, Niklas (1984): Soziale Systeme. Grundriß einer allgemeinen Theorie. Frankfurt a. M.
LUHMANN, Niklas (1986): Ökologische Kommunikation. Kann die moderne Gesellschaft sich auf ökologische Gefährdungen einstellen? Opladen
LUHMANN, Niklas (1987a): Soziologische Aufklärung 4. Beiträge zur funktionalen Differenzierung der Gesellschaft. Opladen
LUHMANN, Niklas (1987b): Archimedes und wir. Interviews, hg. von Dirk Baecker und Georg Stanitzek. Berlin
LUHMANN, Niklas (1987c): Sprache und Kommunikationsmedien. Ein schieflaufender Vergleich. In: Zeitschrift für Soziologie 16, Heft 6, S. 467-468
LUHMANN, Niklas (1988a): Die Wirtschaft der Gesellschaft. Frankfurt a. M.
LUHMANN, Niklas (1988b): Erkenntnis als Konstruktion. Bern
LUHMANN, Niklas (1989a): Gesellschaftsstruktur und Semantik. Studien zur Wissenssoziologie der modernen Gesellschaft, Band 3. Frankfurt a. M.
LUHMANN, Niklas (1989b): Kommunikationsweisen und Gesellschaft. In: Rammert, Werner/ Bechmann, Gotthard (Hg.): Technik und Gesellschaft, Jahrbuch 5. Frankfurt a.M., New York, S. 11-18
LUHMANN, Niklas (1990a): Die Wissenschaft der Gesellschaft. Frankfurt a. M.
LUHMANN, Niklas (1990b): Soziologische Aufklärung 5. Konstruktivistische Perspektiven. Opladen. Zitate u.a. aus den Aufsätzen:
Identität – was oder wie?, S. 14-30
Das Erkenntnisprogramm des Konstruktivismus und die unbekannt bleibende Realität, S. 31-58
Gleichzeitigkeit und Synchronisation, S. 95-130
Risiko und Gefahr, S. 31-169
Gesellschaftliche Komplexität und öffentliche Meinung, S. 170-182
Ich sehe was, was Du nicht siehst, S. 228-234
LUHMANN, Niklas (1991a): Soziologie des Risikos. Berlin
LUHMANN, Niklas (1991b): Wie lassen sich latente Strukturen beobachten? In: Watzlawick, Paul/ Krieg, Peter (Hg.): Das Auge des Betrachters. Beiträge zum Konstruktivismus. Festschrift für Heinz von Foerster. München, Zürich, S. 61-74
LUHMANN, Niklas (1992a): Beobachtungen der Moderne. Opladen

LUHMANN, Niklas (1992b): Universität als Milieu. Kleine Schriften, hg. von André Kieserling. Bielefeld. Zitate u.a. aus den Aufsätzen:
Kommunikation mit Zettelkästen: Ein Erfahrungsbericht, S. 53-61
Erfahrungen mit Universitäten, S. 100 -125
Die Selbstbeschreibung der Gesellschaft und die Soziologie, S. 137-146
LUHMANN, Niklas (1992c): Die Beobachtung der Beobachter im politischen System: Zur Theorie der Öffentlichen Meinung. In: Wilke, Jürgen (Hg.): Öffentliche Meinung – Theorie, Methoden, Befunde: Beiträge zu Ehren von Elisabeth Noelle-Neumann. Freiburg i.Br., München, S. 77-86
LUHMANN, Niklas (1992d): Reduktion von Komplexität. In: Historisches Wörterbuch der Philosophie, hg. von Joachim Ritter und Karlfried Gründer. Neubearbeitete Ausgabe, Band 8: R-Sc. Basel, S. 377
LUHMANN, Niklas (1993a): Das Recht der Gesellschaft. Frankfurt a. M.
LUHMANN, Niklas (1993b): Die Form der Schrift. In: Gumbrecht, Hans Ulrich/ Pfeiffer, K. Ludwig (Hg.): Schrift. München, S. 349-366
LUHMANN, Niklas (1994): Der „Radikale Konstruktivismus" als Theorie der Massenmedien? Bemerkungen zu einer irreführenden Debatte. In: Communicatio Socialis 27, S. 7-12
LUHMANN, Niklas (1995a): Die Kunst der Gesellschaft. Frankfurt a. M.
LUHMANN, Niklas (1995b): Soziologische Aufklärung 6. Die Soziologie und der Mensch. Opladen. Zitate u.a. aus den Aufsätzen:
Probleme mit operativer Schließung, S. 12-16
Wie ist Bewußtsein an Kommunikation beteiligt?, S. 37-54
Was ist Kommunikation?, S. 113-124
Die Soziologie und der Mensch, S. 265-274
LUHMANN, Niklas (1996): Die Realität der Massenmedien. 2. erweiterte Auflage. Opladen
LUHMANN, Niklas (1997): Die Gesellschaft der Gesellschaft. Erster und zweiter Teilband. Frankfurt a. M.
LUHMANN, Niklas (1999): Öffentliche Meinung und Demokratie. In: Maresch, Rudolf/ Werber, Niels (Hg.): Kommunikation, Medien, Macht. Frankfurt a. M., S. 19-34
LUHMANN, Niklas (2000a): Die Religion der Gesellschaft. Hg. von André Kieserling. Frankfurt a. M.
LUHMANN, Niklas (2000b): Die Politik der Gesellschaft. Hg. von André Kieserling. Frankfurt a. M.
LUHMANN, Niklas (2000c): Organisation und Entscheidung. Wiesbaden
LUHMANN, Niklas (2001a): Short Cuts. Short Cuts 1, hg. von Peter Gente, Heidi Paris und Martin Weinmann. 3. Auflage. Frankfurt a. M.

LUHMANN, Niklas (2001b): Niklas Luhmann. Aufsätze und Reden. Hg. von Oliver Jahraus. Stuttgart
LUHMANN, Niklas (2002a): Das Erziehungssystem der Gesellschaft. Hg. von Dieter Lenzen. Frankfurt a. M.
LUHMANN, Niklas (2002b): Einführung in die Systemtheorie. Hg. von Dirk Baecker. Heidelberg
LUHMANN, Niklas/ FUCHS, Peter (1989): Reden und Schweigen. Frankfurt a. M.
REESE-SCHÄFER, Walter (1999): Luhmann zur Einführung. 3. überarbeitete Auflage. Hamburg
SCHIERMEYER, Sylke/ SCHMIDT, Johannes F. K. (1998): Niklas Luhmann – Schriftenverzeichnis. In: Soziale Systeme, Zeitschrift für soziologische Theorie 4, Heft 1, S. 233-263
STICHWEH, Rudolf (Hg.) (1999): Niklas Luhmann – Wirkungen eines Theoretikers. Bielefeld

Zu den Abbildungen

Die Quellen sind unter den Abbildungen angegeben. Allen, die eine Abdruckerlaubnis erteilt haben, ganz herzlichen Dank!

GEORG RÖMPP
KANT LEICHT GEMACHT
EINE EINFÜHRUNG IN SEINE
PHILOSOPHIE
(UTB FÜR WISSENSCHAFT 2707 M)

Zweifellos zählt Immanuel Kant zu den größten Philosophen in der Geschichte des Abendlandes. Seine Schriften erschließen sich jedoch dem nicht fachkundigen Leser in ihrer theoretischen Komplexität nur schwer.
Mit ihrem besonderen didaktischen Konzept eröffnet diese Einführung einen neuen Zugang in die philosophischen Denkwelten Kants. Anschaulich formuliert und durch zahlreiche Illustrationen aufgelockert, bietet sie vor allem Studienanfängern eine wertvolle Einstiegshilfe. Sie führt an die zentralen Passagen seines Werkes heran und erläutert diese ausführlich. Komplizierte Gedankengänge werden anhand konkreter Beispiele verdeutlicht, und im Übrigen so zerlegt, dass ihre Struktur durchschaubar wird. Auf diese Weise werden die wesentlichen Dimensionen des kantischen Denkens nachvollziehbar: das Wahre in den Erläuterungen zur theoretischen Philosophie, das Gute in der Darlegung der praktischen Philosophie und das Schöne in der Deutung der Ästhetik. Zudem werden alle markanten Begriffe erklärt, so dass sich dem Leser insgesamt ein umfassendes Kompendium bietet, das ihm die weiterführende Lektüre der Schriften Kants ermöglicht.

2007, 2. AUFL. 301 SEITEN. 64 S/W-ABB. BR. 170 X 240 MM.
ISBN 978-3-8252-2707-4

BÖHLAU VERLAG, URSULAPLATZ 1, 50668 KÖLN. T: +49(0)221 913 90-0
INFO@BOEHLAU.DE, WWW.BOEHLAU.DE | KÖLN WEIMAR WIEN

GEORG RÖMPP
HEGEL LEICHT GEMACHT
EINE EINFÜHRUNG IN
SEINE PHILOSOPHIE
(UTB FÜR WISSENSCHAFT 3114 M)

Zu den wenigen wichtigen Positionen in der abendländischen Philosophie gehört das Werk Georg Wilhelm Friedrich Hegels (1770–1831). Hegel war der letzte Philosoph, der die zentralen Begriffe unseres Wissens in einem einheitlichen Gedankengang zu entwickeln und zu begründen versuchte. Gleichzeitig war er sich der geschichtlichen Entwicklung bewusst, in der unsere Begriffe entstanden sind. Die Verbindung beider Gedanken macht sein Denken bis heute zu einem unvergleichlichen geistigen Abenteuer. Die vorliegende Einführung erleichtert den Zugang zu den komplexen Grundgedanken Hegels. Um einen Überblick über den Denkweg Hegels zu gewinnen, werden zunächst die Grundzüge seiner Philosophie skizziert. Die zentralen Passagen seines Werkes werden dann durch eingehende Analysen vorgestellt.
Dieses Studienbuch bietet nicht nur eine Einführung in die Philosophie Hegels, sondern eröffnet auch neue Wege für die eigenständige Lektüre und erschließt so dessen Werk auf eine nachvollziehbare Weise.

2008. 298 S. BR. 170 X 240 MM.
ISBN 978-3-8252-3114-9

BÖHLAU VERLAG, URSULAPLATZ 1, 50668 KÖLN. T: +49(0)221 913 90-0
INFO@BOEHLAU.DE, WWW.BOEHLAU.DE | KÖLN WEIMAR WIEN